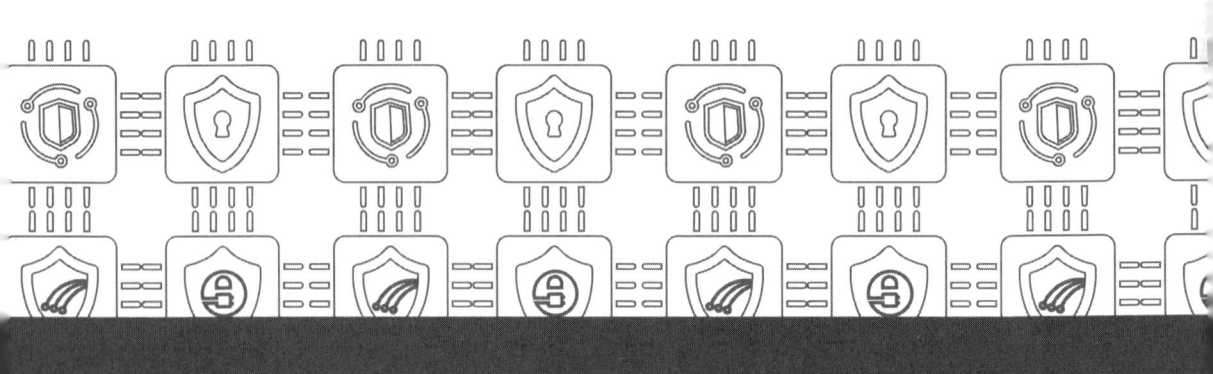

主　编　陈　蕾
副主编　崔　旺　蒋太刚　陈文静　李天庆
编　委　(排名不分先后)
　　　　苏建明　党　珊　韩　川　吴嘉禹　曲盛铭　史雪琼
　　　　廖育蕾　余　洋　李慷旭　倪　伟　邓　刚　涂　波
　　　　杨燕霞　黄梦珠　何　强　宁顺利　鲁姣姣　蒋　礼
　　　　李清春　肖成坤　王　刚　徐少飞　王文会　陈晓娟
　　　　李　海　张　波　廖超明　周华成

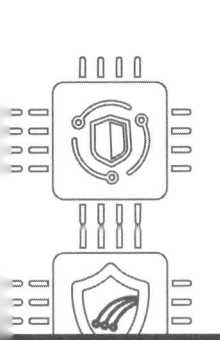

医院安保风险
应对指南

陈 蕾 ◎ 著

四川大学出版社

图书在版编目（CIP）数据

医院安保风险应对指南 / 陈蕾著. -- 成都 : 四川大学出版社，2024.10. -- ISBN 978-7-5690-7388-1

Ⅰ. D631.3-62

中国国家版本馆 CIP 数据核字第 2024KG3549 号

书　　名：	医院安保风险应对指南
	Yiyuan Anbao Fengxian Yingdui Zhinan
著　　者：	陈　蕾

选题策划：	李志勇　唐　飞
责任编辑：	刘柳序
责任校对：	王　锋
装帧设计：	墨创文化
责任印制：	李金兰

出版发行：四川大学出版社有限责任公司
　　　　　地址：成都市一环路南一段 24 号（610065）
　　　　　电话：（028）85408311（发行部）、85400276（总编室）
　　　　　电子邮箱：scupress@vip.163.com
　　　　　网址：https://press.scu.edu.cn

印前制作：四川胜翔数码印务设计有限公司

印刷装订：成都金阳印务有限责任公司

成品尺寸：170 mm×240 mm

印　　张：18.75

字　　数：356 千字

版　　次：2024 年 11 月 第 1 版

印　　次：2024 年 11 月 第 1 次印刷

定　　价：80.00 元

本社图书如有印装质量问题，请联系发行部调换

版权所有 ◆ 侵权必究

扫码获取数字资源

四川大学出版社
微信公众号

前言

医院安全保卫工作是医院管理工作的重要组成部分。做好医院安全保卫风险的预防和控制，有助于保护医院员工和就诊人群的生命财产安全，维护医院的公共安全秩序。近年来，医院安全保卫工作面临的压力越来越大，既要为整个医院的医疗、教学、科研等相关工作提供一个稳定的环境，又要应对各类人群、设施、管理上的风险点。例如，医院建筑由于年代久远，各类设施设备逐步老化，安全风险和事故发生率逐年增加；医院人员密集场所安全风险突出且管理难度较大，公共安全事故发生的后果严重；医患关系日益紧张，涉医暴力事件和医闹等群体性事件频发，社会影响恶劣。因此，如何最大限度地降低并控制风险，成为当下医院管理工作的热点。

基于此，《医院安保风险应对指南》立足医院安全保卫工作现状与行业发展趋势，从安全保卫相关的重点领域（治安、消防等）入手，系统梳理了医院存在的安全风险，并针对性地提出了风险防范的管理建议，力求为医院安全管理人员及一线工作人员提供全面、具体、系统和可实操的指导及建议。

《医院安保风险应对指南》是一本将基本技能与理论知识相结合的专业指导书籍。为提升阅读感受，在理论介绍的基础上，该书深入浅出，引用了大量医院在风险应对过程中的真实案例，通过理论与实践相结合，分享先进经验，增强参考借鉴意义。同时，为便于读者理解本书编写逻辑，本书采用总分模式编写。第一章总论，系统阐述医院安保风险应对的概述、分类及定义、脆弱性风险分析、分级管理、应急处置。第二章至第六章，分别围绕治安、消防、交通、危险化学品、智慧安防建设领域进行阐述，内容翔实，承接紧密。特别是第六章，紧密结合国家对公立医院高质量发展的要求，详述了"智慧安防技术要求""智慧安防风险防范应用""智慧安防展望"等内容。

为顺利完成本书的编写工作，本书在编写的过程中，邀请了多家医院的学者加入，经历了多次讨论、意见征询与反复修改，最终成稿。从编写到出版，历时1年多，在此，谨向参与本书的编者、所有支持和关心本书编写的人士以及参考文献的作者致以衷心的感谢！

由于编写时间有限，书中难免存在不妥、疏漏之处，敬请各位读者批评指正，以期在修订时进一步完善。

编　者

2024年1月

目录

第一章 总论 (1)
第一节 医院安保风险应对概述 (1)
第二节 医院安保风险分类及定义 (5)
第三节 医院安保脆弱性风险分析 (8)
第四节 医院安保风险分级管理 (19)
第五节 医院安保应急处置 (24)

第二章 医院治安风险应对 (34)
第一节 治安风险分析 (34)
第二节 治安风险防范 (42)
第三节 治安应急处置与案例分析 (61)

第三章 医院消防风险应对 (79)
第一节 消防风险分析 (79)
第二节 消防风险防范 (89)
第三节 消防应急处置与案例分析 (103)

第四章　医院交通风险应对 ……………………………………（108）
- 第一节　交通风险分析 ……………………………………（108）
- 第二节　交通风险防范 ……………………………………（116）
- 第三节　交通应急处置与案例分析 ………………………（139）

第五章　医院危险化学品风险管控 ……………………………（149）
- 第一节　危险化学品概述 …………………………………（149）
- 第二节　危险化学品管理制度建设 ………………………（154）
- 第三节　危险化学品全生命周期风险防范 ………………（163）
- 第四节　危险化学品常见事故的应急处置 ………………（181）

第六章　医院智慧安防建设与风险防范应用 …………………（200）
- 第一节　智慧安防概述 ……………………………………（200）
- 第二节　医院智慧安全防范技术要求 ……………………（204）
- 第三节　智慧安防风险防范应用 …………………………（259）
- 第四节　智慧安防展望 ……………………………………（280）

第一章 总 论

医院的安全保卫管理通常由医院安全保卫部负责具体实施，其服务对象具有双重性，安全管理人员不仅要给患者提供服务，同时还要满足医务人员的服务需要，而医务人员又在为患者服务。因此，医院在安全保卫管理的整体设想和策划方面，除了要考虑为医务人员和患者提供优质服务及安全保障外，还必须保证医院正常的医疗工作秩序。同时，医院安全保卫管理人员可以通过努力，对可能存在的安全风险进行评估、预防和应对，为来院就医的患者创造一个安全、文明、舒适的就医环境。

第一节 医院安保风险应对概述

一、医院安保风险应对发展历程

我国医院安保风险应对发展历程大致分为以下几个阶段。

（一）起步阶段

20 世纪 80 年代前，安保风险与威胁相对较少，我国医院安全保卫工作还处于起步阶段，当时主要以维护医院秩序和基本的保卫工作为主，缺乏针对性和系统性。

（二）规范化阶段

20 世纪 90 年代，随着新型犯罪活动逐渐增多，医院安全保卫工作面临着越来越严重的威胁。各种案件频繁发生，如医疗纠纷、盗窃、敲诈勒索、患者家属伤医等，这对医院安全保卫提出了更高的要求。与此同时，中国医院协会成立了后勤管理专业委员会，开始对医院安保工作进行规范化管理。此后，国家相关部门陆续颁布了一系列法规、规章和标准，如《医疗机构消防安全管理九项规定》等，加强了对医院安全保卫工作的监管和管理。2000年后，随着国家相关部门政策法规的出台和制度建设的不断完善，医院安全保卫工作进入了规范化发展阶段。各级主管部门加强了对医院安全保卫工作的管理和监督，医院安全工作逐渐走上正轨。

（三）科技化阶段

21世纪以来，随着信息技术的快速发展，医院安全保卫工作进入了科技化发展阶段。各级医院大力推进医院信息化建设，采用高科技手段加强安全防范措施，如视频监控、智能门禁、安防机器人等科技手段，提升了医院安全保卫的效果和水平。未来，智慧医院、智能保安机器人、智能安防系统等新型智能技术将逐渐在医院安保领域加快应用，带来更高效、更便捷、更安全的保障效果。

总的来说，医院安全保卫风险应对发展历程和社会的发展阶段有许多的关联，从起步、剧增到规范化和科技化，每一个阶段都对医院安全保卫工作管理提出了不同的要求，也增加了系统采取保卫措施的难度。为此，需要不断总结经验，推广应用新技术，健全管理制度，从而确保医院安保风险应对工作的科学发展和高效运作。

二、医院安保风险管理

医院安保风险管理是指医院为保障医疗安全和维护治安秩序，建立安保管理制度，明确安保责任和职责；对医院内部的安全风险进行评估，包括人员、设备、物资等方面的风险；加强门禁管理，确保只有经过身份验证的人员才能入医院；建立视频监控系统，监测医院内部活动和异常情况；增加安保巡逻力度，加强对医院内部的巡查和监督；强化对医院外部的安全风险评估和应对，包括周边环境、交通状况等方面的风险；建立应急预案，对突发事件进行应急处理和处置；提升员工安全意识，强化安全培训和教育，提高员工应对安全事件的能力和素质。

三、医院安保风险特点

(一) 人员密集

医院人员众多,包括医生、护士、患者及家属等,人员密集容易引发人员聚集、拥挤等安全问题。

(二) 财物聚集

医院财务日收入量大,日现金集中,医院内贵重设备、精密仪器、药品等资产价值高,加之就医群众随身都带有钱财,又常常心情焦急而疏于防范,容易发生被盗、被抢或被骗等安全事故。

(三) 危险品、危害物品众多

医院储存、使用的毒麻药品、放射源、化学制剂、氧气瓶以及压力消毒设施、电梯等高压特种设备,一旦操作不当或管理不严,极易引发重大安全事故。

(四) 患者情绪不稳定

患者因治疗效果等因素容易情绪波动,出现暴力行为等,引发安全问题。

(五) 医疗纠纷

医疗纠纷是医院安全保卫中较容易引发医患冲突、暴力伤害等安全问题的主要原因。

(六) 环境复杂

医院环境复杂,可分为医疗区、行政区、公共区等,容易出现安全漏洞和管理混乱等问题。

近年来,出现的"医闹"事件也成为危害医院公共安全的一大隐患。"医闹"不但严重影响了医院和医院内人员的人身和财产安全,还会使医疗技术人员在治疗时畏首畏尾,极大阻碍了医疗科学技术的发展。因此,医院治安保卫工作面临量大、责任大、难度大等压力。

四、医院安保风险应对的意义

医院是一个人员复杂、情况多变的场所,存在各种安全风险,包括医疗纠纷、暴力伤医、突发事件、设施安全等多个方面。医院安全风险应对的意义如下。

(一)保障患者生命安全

防止医疗事故和病人跌倒等意外伤害事件。

(二)保障医务人员安全

医护人员是医院的重要资源,应做好预防和应对工作,保障他们在工作岗位上的生命和财产安全。

(三)保障医院物品安全

医院的药品、设备、资料等都是重要的财产,必须采取措施保障其安全。

(四)防止医院突发事件发生

针对突发事件展开专业的应急处理,避免事态恶化。

(五)提高医院管理质量

有效的安全风险应对措施可以增强医院管理水平,促进医院管理质量持续提升。

因此,医院安保风险应对工作至关重要,需要医院全体人员积极投入,制订完善的安全管理机制,加强安全培训和演练,全面提高医院安全保障能力。

第二节 医院安保风险分类及定义

一、医院安全保卫风险分类

（一）按照涉及对象分类

1. 人员安全风险

人员安全风险包括医院内部员工、患者及家属、外来人员等的人身安全风险。

2. 财产安全风险

财产安全风险包括医院内部财产及患者财产的安全风险。

3. 环境安全风险

环境安全风险包括医院内部环境因素对人员和财产的安全风险。

4. 信息安全风险

信息安全风险包括医院内部信息系统的安全风险，如病历信息泄露、医疗设备被黑客攻击等。

（二）按照涉及业务分类

医院安保风险按照涉及业务，主要分为以下几个类别。

1. 消防安全风险

消防安全风险是指消防安全管理上存在潜在的、可能导致火灾发生的不利因素，可能损害人民群众的生命财产安全以及社会公共利益的风险。

2. 治安安全风险

治安安全风险是指社会治安管理方面出现的可能影响公共安全和社会稳定的不利因素和隐患，包括不法行为、犯罪事件等。

3. 危化品安全风险

危化品安全风险是指危险化学品在存储、运输、使用及废弃等环节中，可能对人体、财产、环境等方面造成的潜在伤害或损失。危险化学品的存储、使用、运输及处理极易引发安全事故，对社会公共安全带来严重威胁。

4. 交通安全风险

交通安全风险是指因医院交通流量大、车辆、人员和物资频繁出入等原因，导致医院内部和周边交通环境复杂，引发交通事故和交通拥堵等问题，从而对医院内外安全造成威胁。

针对上述安全风险，医院需要制订相应的应对策略和措施，对重点区域及重要物品实施严格的安全防范机制，确保人员和财物的安全，加强安全意识教育和制度建设，提高员工的安全保密意识。同时，医院还需要不断创新安全风险管理模式，发挥科技手段和信息技术的优势，强化安全保卫措施，保障医院正常运行和医疗质量。

二、医院安保风险应对术语及定义

（一）医疗机构

医疗机构是指依法取得《医疗机构执业许可证》，从事相关疾病诊断、治疗活动的卫生机构。

（二）医院

规模大、设备先进、医疗技术强、科研力量雄厚的医院，通常具备综合医疗服务、教学和科研等多种功能。这类医院通常拥有完整的诊疗设施和专家团队，能够提供高质量的医疗服务和诊疗方案，也是重大疾病治疗和疑难杂症诊治的重要场所。

（三）风险

风险是指事故或事件发生的可能性和严重性的组合。可能性是指事故（事件）发生的概率。严重性是指事故（事件）一旦发生后，将造成的人员伤害和经济损失的严重程度。

（四）风险点

风险点是指风险伴随的设备设施、位点、场所和区域，以及在设备设施、位点、场所和区域实施的伴随风险的工作活动（过程），或以上两者的组合。

（五）风险因素

风险因素是指可能导致人身伤害和（或）健康损害和（或）财产损失和（或）环境破坏的根源、状态、行为或其组合。

（六）风险辨识

风险辨识是动态发现、筛选并记录各类风险点的过程。

（七）风险分析

风险分析是对风险发生的可能性及其后果严重性进行分析，明确风险性质，确定风险等级的过程。

（八）风险评估

风险评估包括风险（风险因素）辨识、分析、风险分级和风险评价的全过程。

（九）风险分级

风险分级是指采用科学、合理的方法对风险因素所伴随的风险进行定性或定量评价，根据评价结果划分等级。风险分级的目的是确定风险管控的优先顺序。

（十）重大风险

事故发生（不良事件）的可能性与事故（不良事件）的后果相结合后，其风险值很高则可被认定为重大风险。

（十一）风险分级管控

风险分级管控是指根据风险不同级别、所需控制资源、控制能力及控制措施复杂和难易程度等因素确定不同控制层级的风险控制方式。

（十二）门禁系统

门禁系统指通过电子技术控制医院内部人员和车辆出入的系统，以保证医院内部安全。

（十三）监控系统

监控系统是指通过摄头等设备对医院内部进行实时监控，以防止盗窃、抢劫等安全事件的发生。

（十四）安保巡逻

安保巡逻是指医院安保人员定期巡逻医院内部和周边地区，以发现和处理安全隐患。

（十五）紧急预案

紧急预案是指医院针对突发事件制订的应急措施和预案，以最大限度地保护院内部人员和财产的安全。

（十六）火灾防护

火灾防护是指医院采取一系列措施包括安装火灾报警、灭火器等设备，以预防和应对火灾事故。

（十七）安全培训

安全培训是指医院对内部员工进行安全知识和技能培训，以提高员工的安全意识和应对突发事件的能力。

第三节 医院安保脆弱性风险分析

一、脆弱性风险分析定义

灾害是易于遭受伤害的人群与极端事件相互作用的结果，是人类面对环境威胁和极端事件的脆弱性表现。灾害由"危险源""关系链""结果"三要素构成，兼具自然和社会的双重属性，包括"天灾"层面和"人祸"层面。从灾害的定义衍生出一系列新概念，如"集体压力"（collective stress）、"极端情形"（extreme situation）、"紧急情形"（emergency situation）、"危机"（crisis）等。脆弱性分析与评价在突发灾害性事件的预警及处理中具有十分重要的作用，是各级政府、卫健行政主管部门、卫健医疗机构进行科学决策的重要依据。

医院灾害脆弱性是指医院受到某种潜在灾害影响的可能性以及它对灾害的承受能力，其特点是一种事前的预测，不能直接被观察到。其外在的表现形式是医疗环境被严重破坏，医疗工作受到严重干扰，医疗需求急剧增加。其与灾害的严重程度成正比，与医院的应对能力成反比。

二、灾害脆弱点/环节分析方法

（一）方法

通过组织相关部门负责人和业务骨干讨论分析，采用定性及半定量相结合的方式，对医院面临的潜在风险及应对状况进行评估，从而确定并筛选出医院灾害脆弱点/环节。通过预测风险的发生频率和一旦发生所造成后果的严重程度，结合应对准备等方面进行评估，根据积分对脆弱点进行优选，并制作风险量化矩阵、风险应对脆弱度量化矩阵。

（二）工具

灾害风险矩阵评价表、医院灾害风险量化矩阵图、风险与应对脆弱度矩阵图。

（三）依据

相关法规、行业标准、专家或机构内部人员的共识、已发表文献、机构内部文献。

（四）数据库

CMB、CNKI、VIP、WANFANG、PUBMED、机构内相关统计数据库等。

三、某大型综合医院安保脆弱性风险分析实践

某医院作为我国西部三级甲等医院，诊治疑难重症较多、人员复杂、流动性大，建筑密集且数量多，交通拥挤，管道、线路密集，易燃易爆物品较多。根据医院实际情况，列出公共卫生事件、社会安全事件、事故灾难、自然灾害四大类9个安保方面可能存在的风险，组织行政、后勤、门诊、住院部等相关

部门职工开展讨论，利用风险评估矩阵等管理工具开展医院灾害脆弱性调查，对可能存在的风险进行排序，开展分析，以明确医院应对的重点风险，为医院制订相关预案、提出对策和具体措施提供依据，以期不断增强医院软实力，进一步提高管理水平。

（一）医院概况

该医院位于四川盆地西部，位于102°54′E～104°53′E和30°05′N～31°26′N之间，地处亚热带湿润地区。该地区地形地貌复杂，地势差异显著，东南较低，西北较高。该地区气候属于亚热带季风气候，具有"春来早、夏闷热、秋凉爽、冬湿冷""多云雾，日照短"及空气潮湿的气候特点。年均气温16 ℃（-6 ℃～35 ℃），年降雨量1000 mm，雨季集中在7月、8月，冬春两季干旱少雨雪，偶尔会出现冰雪灾害。与此同时，该医院是集医疗、教学、科研、管理于一体的综合性研究型三级甲等医院，各项医疗质量效率指标持续保持强劲上升态势。

（二）灾害脆弱点/环节分析结果

1. 总体排序及分数

依据风险矩阵量化评估法，对该医院安保面临的主要危害进行了风险评估，评估结果见表1-1和表1-2。

表1-1　某医院安保脆弱性分析结果概要

程度	发生可能性均值（按1～3来划分）	后果严重度积分（按0～21来划分）	应对脆弱度（按0～3来划分）
低	1～1.68	1～7	0～1
中	1.68～2.36	8～14	1～2
高	2.36～3	15～21	2～3

表1-2　程度划分标准说明

风险类别	发生可能性评分均值	发生可能性	后果严重度积分	后果严重性	应急准备度积分	后果/应对比值	应对脆弱度	发生可能性后果/应对比值	优选排序
1. 医疗工作场所暴力事件	2.3	中	13	中	11.8	1.1	中	2.53	8
2. 医院群体踩踏伤害事件	2.1	中	18	高	7.7	2.3	高	4.83	1
3. 医学生、进修生意外事故	1.6	低	7	低	5.8	1.2	中	1.92	15

续表1-2

风险类别	发生可能性评分均值	发生可能性	后果严重度积分	后果严重性	应急准备度积分	后果/应对比值	应对脆弱度	发生可能性后果/应对比值	优选排序
4. 暴力抢劫财务室事件	1.4	低	9	中	8.4	1.1	中	1.54	22
5. 爆炸事件	1.6	低	17	高	12.5	1.4	中	2.24	12
6. 放射性药品、设施安全危害事件	1.6	低	11	中	9.6	1.1	中	1.76	17
7. 生物实验室安全危害事件	1.4	低	9	中	8.4	1.1	中	1.54	23
8. 电梯意外事件（坠梯、锁闭）	1.8	中	6	低	7.4	0.8	低	1.44	25
9. 火灾	2	中	17	高	9.8	1.7	中	3.4	3

2. 风险量化矩阵

通过以上分析结果，我们可以得到如下医院安保风险量化矩阵、医院安保风险应对脆弱度量化矩阵分别。（图1-1和图1-2）

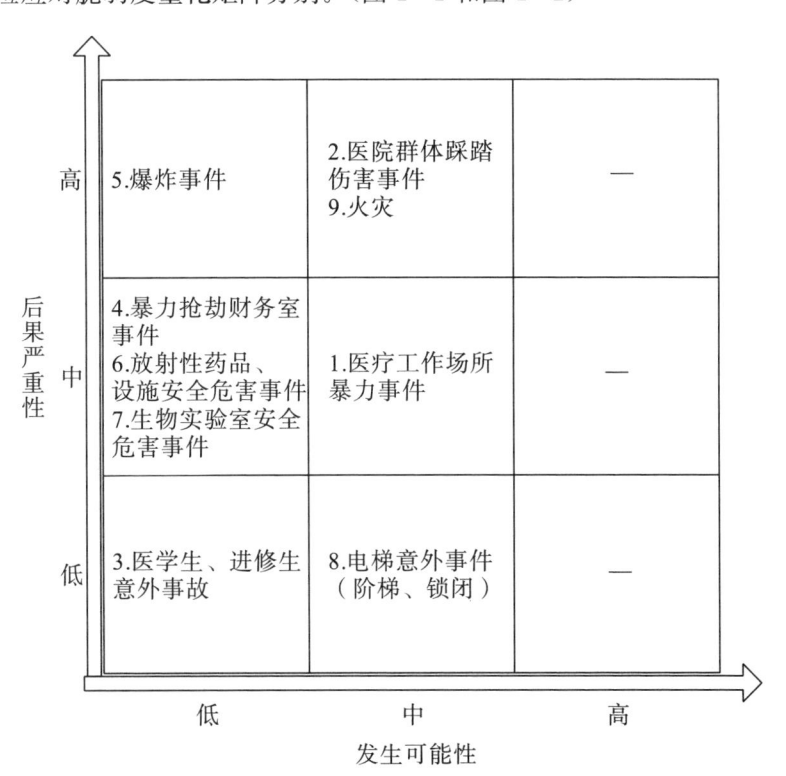

图1-1 医院安保风险量化矩阵

应对脆弱度			
高	—	2.医院群体踩踏伤害事件	—
中	3.医学生、进修生意外事故 4.暴力抢劫财务室事件 5.爆炸事件 6.放射性药品、设施安全危害事件 7.生物实验室安全危害事件	9.火灾 1.医疗工作场所暴力事件	—
低	—	8.电梯意外事件（阶梯、锁闭）	—
	低	中	高

发生可能性

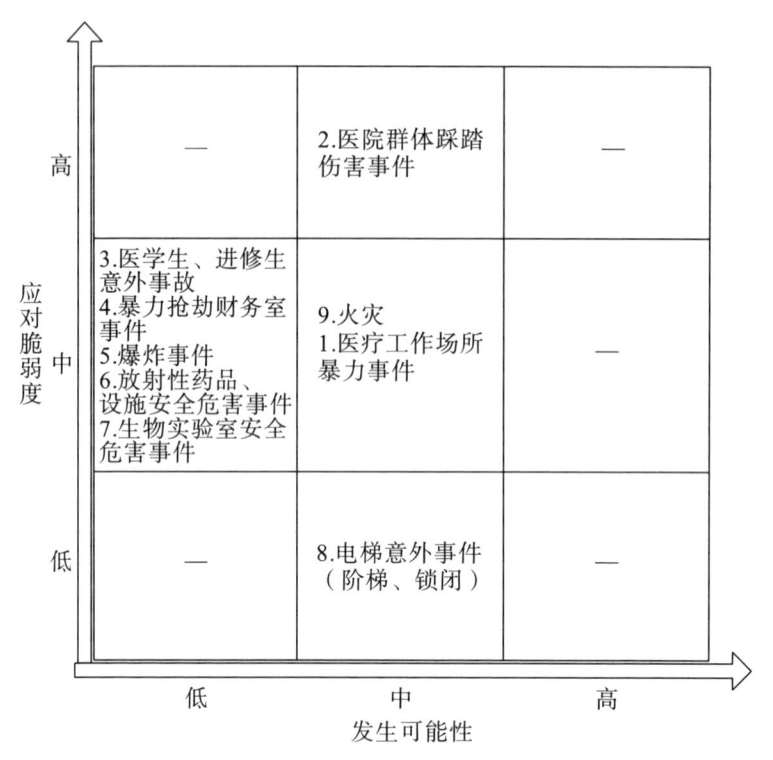

图1-2 医院安保风险应对脆弱度量化矩阵

（三）高脆弱性事件分析

1. 医院群体踩踏伤害事件

1）定义

医院群体踩踏伤害事件是指在医疗机构中，由于现场秩序失控，发生拥挤、混乱，导致大量人员被挤伤、窒息或踩踏致死的事故。医院作为公共聚集场所，其建筑功能复杂、社会性强，人员集中、构成复杂，具备了群体性踩踏事件发生的客观条件。尤其是老弱病残等弱势个体在其中占有较大比例，这些人员不仅容易成为群体性踩踏事件的受害者，而且更有可能由于其行动缓慢、容易摔倒的特点而成为引发大规模踩踏的事故原点。

相关研究表明，人群密度大，产生群集现象是群体性挤踏事件发生的直接原因；恐慌心理的出现和扩散是造成踩踏事件人员易大量死亡的心理原因；公共场所硬件设施不合理是造成群体性踩踏事件的客观原因；而管理方面的原因是公共活动应急准备不足，其根本原因是公众安全素质有待提高。

2）影响

医疗机构作为面向社会开放，为患者提供诊疗卫生服务的经营机构，在承担为患者提供诊疗服务的同时，还对进入医疗机构的社会公众具有法定的安全保障义务。最高人民法院颁布的《最高人民法院关于审理人身损害赔偿案件适用法律若干问题的解释》（以下简称《解释》）第六条规定将经营者的安全保障义务法定化。随着患者维权意识的增强，医疗机构如不履行安全保障义务，面对的不仅是传统的医疗侵权纠纷及医疗服务合同纠纷，还要面对违反安全保障义务致人损害的侵权纠纷。

医院门急诊和住院患者人数众多，尤其是日门诊高峰可到达 1.7 万~1.8 万人次，人群密度大，来院人次数量不易控制；且来院人员多为老弱病残人士，加之各种大中型活动的举行，发生群体踩踏伤害事件的风险较大。如果没有科学完善的管理措施，这类事故一旦发生，造成的人员伤亡可能十分惨痛，会产生严重的社会影响。因此，群体性踩踏事件已成为医院管理者必须考虑的重点问题，医院管理应高度重视诊疗环境、诊疗流程、诊疗服务、安保措施等是否足以履行安全保障义务，避免群体性踩踏事件发生，以保证医院诊疗工作正常进行。

3）**典型事件**

2006 年，早上 5：50，某院门诊部，病人及家属 200~300 人在门诊门口等候开门挂号。当门打开后，病人蜂拥而至涌入大厅，其中一位病人随身物品被挤掉引起前方另一位病人摔倒，即便在 5 名保安强行将后面人员分离的情况下，仍导致 10 余人被挤踩踏伤，3 人轻伤。

2002 年 10 月，重庆某中学七百余名学生晚自习放学，下楼时由于相互拥挤，造成 45 人被挤踏踩伤，其中在送往医院救治途中死亡 5 人，1 人重伤。

2004 年 2 月，北京密云灯展的主办者原计划只接待 3000 人，并做了 5000 人的预案，结果在事故当天恰逢元宵节，来了三万多游客，游客都赶往最佳的赏灯点——彩虹桥，很多人上了桥以后就不愿意下来，而另一些人则挤着要从桥上过，彩虹桥立刻变得水泄不通。其中一人被挤倒，随之产生类似多米诺骨牌一样的连锁反应，更多人出于恐惧，疯狂地从倒地者的身上踩过去，导致游人拥挤踩踏，最终酿成 37 人死亡，15 人受伤的重大事故。

4）**脆弱点/环节**

群体性挤踏事件造成的大规模伤亡使群体性活动的安全问题成为社会各界关注的热点，但笔者通过检索中文数据库，发现我国在大型医疗机构有关群体性挤踏事件方面的相关研究非常缺乏，这提示我们对其重视的程度有待增强。

即使医院未出现过群体性踩踏事件，且该事件发生的概率较小，但仍需重视，在以下方面仍有进一步改进的空间。

（1）缺乏患者及其家属在医院的位置分布及流动情况研究，导致缺乏采取安全防范措施、硬件设计改进、预案制订的基础数据。

（2）缺乏路线设计，尤其在医院大型活动中，未事先设计人群进出场路线和行进路线，以控制人群的行进方向，尽量保证单向行进。

（3）虽已制订应急预案，但未进行演练。

5) 防控措施

群体性踩踏事件的发生原因复杂，发生场所各异，具体的表现形式多种多样，必须从人、场地、管理等方面研究以预防此类事故的发生。鉴于群体性挤踏事件所具有的偶然性，还必须对事发后的处置和恢复予以考虑，以尽量减少人员伤亡。

（1）开展对来院人员的安全教育，普及安全文化。如可以通过手机短信告知，或采用视觉标识提醒。

（2）开展人员聚集及流动性研究，据之改进场所硬件设计和线路设计，避免群集现象出现。

（3）根据建筑防火设计规范的要求，增加安全出口数量。

（4）设计合理的安全出口宽度。

（5）保证安全出口畅通。

（6）利用栅栏、路障等固定物对大面积的开阔地进行分割。

（7）增设紧急照明设备，保证场所的亮度。

（8）建立现场信息传播系统，减少人群的盲目行动和恐慌心理。如可以利用已有的广播系统、扩音设备、对讲系统等。

（9）在大型活动前制订科学的应急预案并进行演练。

（10）组织训练能够在紧急情况下快速、科学反应的人员队伍。

2. 医院火灾

1) 定义

医院火灾是指在医院发生的，因火源失去控制蔓延发展而给人民生命财产造成损失的一种灾害性燃烧现象。

2) 影响

医院是救死扶伤、治病救人的公共场所，也是重点保护单位，但是一旦医院发生火灾，所造成的后果将非常严重。一方面，医院就诊和住院病人体弱行动不便，火灾发生时生命安全将受到严重威胁；另一方面，医院里的精密仪器和医疗设备都价格不菲,如果火灾发生,会造成较大的经济损失和生命财产损失,从而造成较大的不良社会影响。

3) 典型事件

2005年12月,吉林省辽源市某医院发生特大火灾事故,致使37人死亡(其中现场死亡22人,经当地医院抢救无效死亡15人),受伤95人(其中重伤46人),着火面积达5700平方米,造成直接财产损失821万元。

2005年12月,该医院药剂科西药制剂室发生火灾,此次火灾系西药制剂室内服制剂配制间内的搅拌带加热配液缸导热油遇高温燃烧所致。此次事件虽未造成人员伤亡,但引起第二住院大楼人员恐慌,影响了医院的正常医疗秩序和就诊环境。

4) 脆弱点/环节

三级大型综合医院多为高层建筑,且建筑多经过改、扩建工程。在设计时虽大多规划数条紧急疏散通道,但临床科室因考虑防盗等安全因素常将紧急疏散通道关闭,并多有堆放杂物,从而产生安全隐患。

(1) 人流量大,疏散人数多,扑救难度大。

医院作为公共场所,人员密集,垂直疏散距离长,一旦发生火灾,火势很容易在大楼各楼层间蔓延,人们极易受到浓烟、高温和火焰的直接危害;另外,疏散时人员因惊恐和"从众"心理的驱使,争相逃命,拥挤、踩踏,甚至跳楼,极易造成群死群伤的严重后果。

(2) 患者自救能力差,疏散任务重。

医院内收治患者多,大部分自救能力差,一旦发生火灾,都不能自行疏散,如小儿、年老、体弱、骨折、术后和危重患者,只能等待医务人员和救援人员施救。

(3) 医护人员业务繁忙,专注于业务工作,安全意识可能较为淡薄。

(4) 可燃物种类多,火灾情况复杂。

医院功能复杂,存放的药品或各种化学试剂中有一些危险的易燃品,如乙醚、苯、丙酮、甲醇、乙醇、二甲苯等。发生火灾时,这些物质不仅燃烧速度快,而且会产生大量的烟气,部分危险的化学品甚至有爆炸的风险。此外,医院存在一定的压力容器设备,如不经过专业培训、保管和操作,极易发生易燃易爆事故。医院病房、治疗室可燃物多(床垫、被服、床头桌、座椅、衣柜),这些物资极易燃烧,稍有不慎易发生火灾。

(5) 用电设备多,火灾隐患大。

医院拥有放射、检验等大型医疗仪器,其中核磁、CT(计算机体层成像）、复合生化检验设备均是价格高昂的贵重医疗设备，且用电负荷大，但该检查区域依照卫生系统惯例在节假日及夜间多由两三名医技人员值班，火灾发生时不易做到早发现、早报警，一旦发生火灾，将造成重大经济损失。同时，依据高端医疗市场需求添置的家用电器等，可能因常见的电路故障，如断路、短路和零件损坏等，造成电器起火。医务人员休息室多设在人员较少到达的楼道尽头，休息室多有微波炉等简单家用电器，一旦发生火灾，不易做到"早报警、损失小"。

（6）高层建筑一旦失火，扑救、疏散较为困难，且局部存在火灾隐患。

医院通常有多个高层建筑，且建筑经过多次改、扩建工程，局部可能存在建材未达到相应耐火等级，电路严重老化的问题。在设计时，虽大多规划数条紧急疏散通道，但临床科室因考虑防盗等安全因素常将紧急疏散通道关闭，并多堆放杂物，造成火灾逃生困难。

5）防控措施

为了吸取公众聚集场所火灾的教训，预防和减少火灾，尤其是群死群伤恶性火灾事故，需要我们从防火、灭火工作两个方面总结经验，研究对策，抓出成效。从防火措施上，应重点抓好以下几个方面：

（1）落实医院消防安全责任管理机制，层层落实消防安全管理责任。各科室管理人员切实做到生产、安全两手抓；职工也要履行好本职岗位职责，加强工作责任心，防止因不负责任而引起的事故发生。对不履行职责的，应该实行责任倒查制，依法依纪严查严处，把责任逐级、逐职、逐个岗位落实到位。

（2）加强对全院医务人员的消防教育和培训，提高医院人员的消防安全意识。如实行每月定时培训或开展专题培训，进行专栏、警示宣传提示，不断提高广大医务人员的消防安全意识和技能。

（3）扩大消防安全宣传教育面，采取多种有效宣传方式。如制作安全温馨提示宣传单对每位入院病人及其家属进行安全消防宣传和警示，安排安保人员进行巡查以纠正病员的消防违章行为，不断提高病员群众的消防安全意识。

（4）消防安全部门要加大检查和培训力度。巡查人员在每月巡查中，认真开展消防安全检查，督促整改火灾隐患。

（5）消防安全部门要加强监督医院各部（处）、科（室）每年组织消防应急处置演练，督促科室在演练时按照预案认真完成。

（6）相关部门必须严格把好建审关。对医院新建的公共场所，一定要严格审查，严格按消防技术规范的要求把关，在硬件设施上，必须坚持原则，不能放宽条件，不能让步，做到防患于未然。

(7) 制订相关预案，定期演练，不断完善。

3. 医疗场所暴力事件

1) **定义**

医疗场所暴力是指在医疗环境中，医务人员、患者、患者家属或其他人员之间发生的暴力行为。这种行为可能包括身体攻击，言语威胁、心理或情感上的虐待等。因此为保护职业人群健康，预防工作场所暴力的发生，科学评价工作场所暴力的作用过程和不良后果具有非常重要的意义。

2) **影响**

医疗场所暴力对个人、医疗机构乃至整个社会都将造成了广泛而深远的影响：①医疗场所暴力直接影响医务人员的身心健康，增加他们的压力和焦虑水平。长期暴露在暴力环境下可能导致创伤后应激障碍（PTSD）和其他心理健康问题。②暴力事件会干扰医疗服务的正常提供，影响医院的诊疗秩序，降低医疗服务的质量和效率。③频繁发生的医疗暴力事件会破坏医患之间的信任关系，加剧医患矛盾，导致医患关系紧张。④医疗场所暴力可能导致医务人员的从业意愿下降，影响医疗事业的长远发展，同时也可能降低医务人员的工作满意度和留职意愿。⑤医疗暴力事件频发严重影响了社会秩序的稳定，阻碍了和谐社会构建进程。

3) **典型事件**

2012年，我国发生了20多起社会影响较大的袭医事件。如2012年3月23日哈医大一院血案，一名男子突然闯入哈医大一院风湿免疫科医生办公室，疯狂砍向正在埋头工作的医务人员和实习学生，三名医务人员和一名实习学生被砍伤。2012年11月29日，天津中医药大学第一附属医院针灸科主任医师康红千被行凶者用斧子袭击，经抢救无效不幸身亡。

4) **脆弱点/环节**

(1) 缺乏系统、全面、科学的人文医学技能培训，导致部分医务人员应对危机的能力欠缺。

(2) 急诊科等科室中病人流量大，病情多与急症有关，加之相关医务人员工作量大，易与患者及家属产生摩擦，这也是导致暴力事件发生的因素之一。

(3) 住院部虽安装了门禁系统，但其管理有待加强，未能有效限制非医院工作人员的活动范围。

5) **防控措施**

(1) 提高医务人员对工作场所暴力的应对能力。

从组织角度的预防措施包括积极开展宣传教育活动和强化训练；利用心理

学的方法和技术开展卫生服务，减少或消除医务人员对暴力的恐惧心理以及由恐惧带来的不良后果。

从个人角度的预防措施包括积极参加有关有效沟通的培训，制订有效的个人计划来达到从个体角度防止自身成为工作场所暴力的施害者或受害者等。

（2）提高医院的组织应对能力。

提供工作场所暴力预防设施，制订并完善医疗场所暴力联动预案，以预防和控制工作场所暴力的发生。

（3）完善系统、全面、科学的培训体系。

建立并完善培训体系，通过提高服务质量和医疗水平减少暴力的发生，如加强职工的业务学习，提高医疗水平等。同时，还要加强职工的素质教育与人文技能培训，以改善医患关系，构建和谐的医疗环境。

（4）强化医务人员安全意识，健全安保系统的管理，在各个科室将其管理职责落实到人，限制非医院工作人员的活动范围。

（5）加强对医患纠纷高危人员的甄别和跟进处理。

4. 电梯意外事件（坠梯、锁闭）

1）定义

电梯意外事故是指在电梯使用、维修、维护保养、改造或检验过程中因设备自身或外在（人为）因素导致发生损毁、失效、故障而造成人员伤亡、财产损失或者造成重大影响等后果的突发事件的总称。电梯事故类型分为人身伤害事故和设备损坏事故。

2）影响

（1）可能造成人员伤亡，导致民事纠纷。

（2）医院内电梯乘客大部分是病人，心理素质较差，可能导致病人情绪不稳定，甚至出现昏厥等情况，导致医疗纠纷。

（3）自电梯大规模使用以来，这一类型的伤亡事件在世界各地一直存在，成为电梯使用相关死亡事件发生的主要原因之一，无论是发展中国家还是发达国家，至今都没有很好的解决办法。根据相关资料显示，由厅门打开而坠入井道造成死亡是主要的事故原因。

3）典型事件

2003年3月，山东省某公司职工刘某，到威海市中心医院看望病员后，在9层欲乘电梯，由于等待电梯时间过长，便强行打开层门，从9层井道坠落到停在1层的电梯轿厢顶上，当场死亡。

2008年9月8日傍晚，台湾省某医院一辆载满21名师生的病床用大电梯，从顶楼 21 楼快速坠落到最底层地下 4 楼，师生在急坠中惊叫连连。电梯停住后，检查发现两名主治医师小腿骨折，19 名医学生则受轻伤。

2013 年 5 月，云南省玉溪市某医院发生患者坠入电梯井事故。一名在医院看病的患者从住院楼 6 楼电梯口坠下身亡，在撞击停在 3 楼的电梯后，电梯中的灯罩掉下，又将电梯里的一名医院护工砸晕。

4）脆弱点/环节

（1）高层建筑电梯多，人员流动量大，电梯负载大，使用率极高，发生锁梯、平层等一般故障的频率高。

（2）针对电梯被困后，操作人员对被困人员的施救不规范、不统一。

5）防控措施

（1）进一步完善医院的电梯操作工和维护保养人员的工作要求，禁止无证上岗。作为电梯的维修和管理单位，加强管理，进一步完善电梯管理制度，对每类电梯都要指派专人管理，并配备专职维修人员，发现问题及时解决，把可能出现的故障隐患扼杀在萌芽期。

（2）在医院电梯轿厢内制作提示标语：提醒电梯乘客，在电梯内遇到紧急情况被困时，及时按压报警按钮或拨打报警电话。

（3）加强电梯操作人员的应急处置能力，能及时到场安抚电梯被困人员，使被困人员保持良好的状态（尽量不要制造紧张的气氛）。如遇电梯工不能打开电梯门时，应及时报专业维保人员到场处置。

第四节　医院安保风险分级管理

医疗卫生行业是健康中国建设的重要基础，大部分的优质医疗资源主要分布在大中城市。一般来说，为追求更好的医疗服务，医院的人流量也是相对集中的，作为特殊场所，医院应准确把握安保风险的特点和规律，本着"全员参与、全过程控制、全方位覆盖"的原则，坚持风险预控、关口前移，划定范围、突出重点，全面开展安保风险辨识、评估，推行安全风险分级管控，持续推动重特大事故预防工作科学化、信息化、标准化，构建并完善安全风险分级管控工作机制，有效管控安全风险，提升安全整体预控能力。

一、风险辨识、评估与分级

（一）风险辨识

风险辨识是动态发现、筛选并记录各类风险点的过程。基于"全面系统"的原则，对风险点进行辨识，系统掌握风险点的种类、数量和分布状况，摸清安全风险。医院的风险因素辨识应覆盖所有场所和区域内的工作环境、设备设施、工作流程及员工操作流程，充分考虑人的因素、物的不安全状态、环境的不安全因素和管理缺陷等4个要素，分析风险出现的条件和可能发生的风险或者风险类别。

（二）风险评估

风险评估是量化测评某一事件或事物带来的影响或损失的可能程度。医院应按照安全生产相关法律、法规、规章、安全技术规范、标准，结合自身实际，分析安全隐患风险大小以及确定风险是否可容许的全过程。

（三）风险分级

风险分级是根据风险发生的可能性和后果严重程度确定风险的大小和等级的过程。在风险分级的过程中，应严格按照医疗、服务保障功能、空间界限相对独立的原则，将全部工作场所网格化，在风险辨识的基础上，对风险进行评估，确定不良事件发生的可能性和严重程度，从而确定各事件的风险层级。

安全风险等级从高到低可划分为I级（重大风险）、II级（较大风险）、III级（一般风险）和IV级（低风险）四个等级，分别用红、橙、黄、蓝四种颜色标示。

医院建立风险评估标准和方法，可选用适用的风险评估方法，对已经辨识定性的危害因素进行定量分析，判定风险等级。

二、风险管控

（一）风险管控原则

（1）医院应结合风险特点和安全生产相关法律、法规、规章、标准、规程的规定制订风险控制措施，包括专业技术、安全管理、人员培训、个体防护、应急处置。

（2）医院应建立安保风险分级管控工作制度，制订工作方案，分别落实领导层、管理层、员工层的风险管控职责，确保风险分级管控各项措施落实到位。

（3）分类、分级、分层、分专业，逐一明确医院各层级各岗位的管控重点、管控责任和管控措施。

（4）按照消除、限制和减少、隔离、个体防护、安全警示、应急处置的顺序控制。

（5）风险控制资源投入应分级，如安全专项资金、升级改造、监测监控等应根据风险等级确定优先等级。

（6）医院应建立风险清单，包括风险因素、风险名称（类别）、风险点位、风险等级、风险管控措施、应急处置措施、责任部门、责任人等。主要风险清单及风险管控措施样表见表1-3。

表1-3 主要风险清单及风险管控措施样表

序号	风险因素	风险名称（类别）	风险点位	风险等级	风险管控措施		应急处置措施	责任部门	责任人
					设施设备及技术	控制措施			

医院安全生产管理机构要高度关注运营情况和风险因素变化后的风险状况，动态评估、调整风险等级和管控措施，确保风险始终处于控制范围内。

（二）风险告知

医院安全生产管理机构应建立并完善风险公告制度，针对辨识评估出的风险，加强风险教育和处置培训，确保所有管理者和员工都掌握风险的基本情况及防范、应急措施。可采用以下方式进行风险告知。

1. 区域风险四色图和作业条件危险性分析评价法

绘制风险四色图，首先要对辨识出的安全风险进行分类梳理，参照《企业职工伤亡事故分类》（GB 6441—86），综合考虑起因物、引起事故的诱导性原因、致害物、伤害方式等，确定安全风险类别。对不同类别的安全风险，采用相应的风险评估方法确定安全风险等级。其中，重大安全风险应填写清单、汇总造册，按照职责范围向属地安全生产监督管理部门报告。要依据安全风险类别和等级建立安全风险数据库,绘制"红橙黄蓝"四色安全风险空间分布图。

安全风险等级从高到低划分为重大风险、较大风险、一般风险和低风险,分别用红、橙、黄、蓝4种颜色标示(图1-3)。医院可以将工作场所、诊疗和后勤保障设施等区域存在的不同等级风险标示在总平面布置图或地理坐标图中,并设置在醒目位置,向医院的医护人员及来院患者公示风险分布情况。

| 重大风险 | 较在风险 | 一般风险 | 低风险 |

图1-3 安全风险四色图

作业条件危险性分析评价法(简称LEC法)。通过给L(likelihood,事故发生的可能性)、E(exposure,人员暴露于危险环境中的频繁程度)和C(consequence,一旦发生事故可能造成的后果)的三种因素的不同等级分别确定不同的分值,再相乘获得乘积D(danger,危险性)来评价作业条件危险性的大小,即$D=L\times E\times C$值越大,说明该作业活动危险性大、风险大。

因此,医院在进行风险划分的时候,严格按照事件可能造成的严重程度进行等级划分,同时对该事件可能的发生频次进行分级,再对照表1-4,综合确定该事件可能的风险等级。

表1-4 作业条件危险性分析LEC法

可能性等级 \ 严重程度等级		一般 1	较大 2	重大 3	特大 4
很可能	4	高度	高度	极高	极高
可能	3	中度	高度	高度	极高
偶然	2	中度	中度	高度	高度
不太可能	1	低度	中度	中度	高度

2. 风险比较图

利用统计分析的方法,采取柱状图、饼状图或曲线图等将难以在平面布置图、地理坐标图中示例风险等级的医疗和服务保障、工作流程、关键任务按照风险等级以从高到低的顺序标示出来,如危化品使用、医疗垃圾处理、消防报警处置等,在醒目位置或工作场所等将作业风险比较图对医护人员和来院患者进行公告。

3. 岗位风险管控应知应会卡

在有风险的工作岗位设置岗位风险管控应知应会卡，标示相关作业人员本岗位存在的主要危险、有害因素、后果、风险管控措施、应急处置措施、应急电话等信息。

4. 安全风险公告栏、告知牌、告知卡

在有重大风险的场所和设备设施的醒目位置设置重大风险告知栏、告知牌，发放告知卡，标明风险因素名称、风险等级、风险因素、后果、风险管控措施、应急处置措施、应急电话等信息。

鉴于风险点的动态变化性，医院安全生产管理机构应定期对风险点进行动态复查、监测、评估、定级。

（三）风险管控措施

1. 风险评估结果为Ⅰ级重大风险时（红）

极其危险，必须立即整改，不能继续作业。只有当风险已降低时，才能开始或继续工作。如果无限的资源投入也不能降低风险，就必须禁止工作，立即采取隐患治理措施。

2. 风险评估结果为Ⅱ级较大风险时（橙）

必须采取措施进行控制管理，具体由医院安全生产管理机构和各职能部门根据职责分工落实。当风险涉及正在进行中的工作时，应采取应急措施，并根据需求为降低风险制订目标、指标、管理方案或配给资源、限期治理，直至风险降低后才能开始工作

3. 风险评估结果为Ⅲ级一般风险时（黄）

需要控制整改。医院及相关科室（部、处）应引起关注，由所属科室（部、处室）具体落实；应制订管理制度进行控制，努力降低风险，仔细测算并限制预防成本，在规定期限内实施降低风险措施。在有严重伤害后果相关的场合，必须进一步进行评价，确定伤害的可能性和是否需要改进的控制措施。

4. 风险评估结果为Ⅳ级低风险时（蓝）

可以接受（或可容许的）。相关科室应引起关注，由所属科室（部、处室）具体落实；不需要额外的控制措施，应考虑投资效果更佳的解决方案或不增加额外成本的改进措施。需要确保控制措施得以维持现状，并保留记录。

医院应对不同级别的风险实行差异化管控，加强对较大及以上安全风险检查的频率和力度。对较大、重大安全风险等级每年定期进行分析、评估、预警，强化风险管控措施，把可能导致的后果限制在可防、可控范围之内。

第五节　医院安保应急处置

一、医院安全应急管理概述

随着经济全球化的日益加深、安全生产要素跨地区流动不断增强，各类安全事件频发，医院作为维持社会运作的重要卫生机构，同样需要面对各类安全突发事件，例如火灾、涉医暴力、暴恐袭击、地震、洪涝、疫情等。

医院安全突发事件通常具有事发突然、情况复杂、影响广泛等特点，再加之医院是典型的人员密集场所，具有人流量大，人员复杂，病患行动能力弱、人员疏于防范等特点，若医院安全突发事件不能及时得到处置，极易导致严重的人员伤亡、财产损失，造成恶劣的社会影响。因此，医院安全突发事件的应急管理已成为现代医院安全保卫工作的重点内容。

当前人民群众对医疗服务的需求不断提升，医院的人流量与日俱增，各大医院面临的安全事件突发的情况愈发广泛，诱因复杂且具有不确定性，这对医疗体系的安全防范预警和安全应急管理提出了更高的要求。在如此严峻的形势下，为保障在各类安全突发事件发生时医院正常的诊疗秩序及各项工作的顺利开展，医院需加强顶层设计，构建全方位、立体化的安全防范机制，建立高效的安全应急管理体系，采取强有力的保障措施和完善的预警机制来应对各类安全突发事件，不断提高安全应急管理水平和能力，确保医院的安全稳定。

二、应急处置原则

1. 以人为本，安全第一原则

把保障人民群众生命财产安全，最大限度地预防和减少突发事件所造成的损失作为首要任务。

2. 统一领导，分级负责原则

在本单位领导统一组织下，发挥各职能部门作用，逐级落实安全生产责任，建立完善的突发事件应急管理机制。

3. 依靠科学，依法规范原则

科学技术是第一生产力，利用现代科学技术，发挥专业技术人员作用，依照行业相关安全生产法规，规范应急救援工作。

4. 预防为主，平战结合原则

认真贯彻安全第一、预防为主、综合治理的基本方针，坚持将突发事件应急与预防工作相结合，重点做好预防、预测、预警、预报和常态下风险评估、应急准备、应急队伍建设、应急演练等项工作。确保应急预案的科学性、权威性、规范性和可操作性。

三、医院安全应急管理

（一）医院安全应急管理的定义和原则

医院安全应急管理（hospital safety emergency management）是指医院在面对安全突发事件时，要有涵盖事前预防、事发应对、事中处置和事后恢复整个危机生命周期的应急管理机制，并采取一系列必要措施，保障公众的人身、财产安全，确保医院各项业务工作正常开展的管理行为。

医院安全应急管理的工作原则为"以人为本，减少危害；居安思危，预防为主；统一领导，分级负责；依法规范，加强管理；快速反应，协同应对；依靠科技，提高素质"。

（二）医院安全应急管理的目的

医院安全应急管理的核心目的是防范和应对安全突发事件的发生，并最大限度地减轻人员伤亡与财产损失，降低安全突发事件造成的不良社会影响。

（三）医院安全应急管理的特点

1. 全员参与性

医院安全应急管理是一项需要全员参与的管理工作，需要联合医疗、行政、后勤等多个业务部门共同完成，而并非某个单一部门或者几个部门联合就可完成。

2. 复杂性

医院安全应急管理，涉及指挥协调、现场应急处置、医疗急救、后勤保障、信息发布、善后处置等多个环节，且各个环节存在大量需要配合的内容，本身具有较强的复杂性。

3. 不确定性（突发性）

医院安全应急管理所面对的安全事件通常具有较强的不确定性，也可称为突发性。安全事件在何时何地因何事发生，通常是无法准确预估的，同时受涉事人员差异、现场实际情况变化等因素影响，事件的发展同样无法准确预测。这对应急处置人员的随机应变能力的要求较高，进一步提升了应急管理的难度。

4. 及时性

医院安全应急管理具备及时性的特点，安全突发事件若处置不及时，可能会导致更为严重的人员伤亡与财产损失，严重影响医院的正常运作。因此，通常情况下，医院安全应急管理要求现场处置人员能够快速反应，及时到位，妥善处置。

四、医院安全应急管理体系

（一）组织架构

如图1-4所示，医院安全应急管理组织架构通常呈现为两级架构，分为应急领导小组（Ⅰ级：指挥协调组）与各工作小组（Ⅱ级：医疗急救组、应急处置组、善后处置组、后勤保障组、信息发布组）。

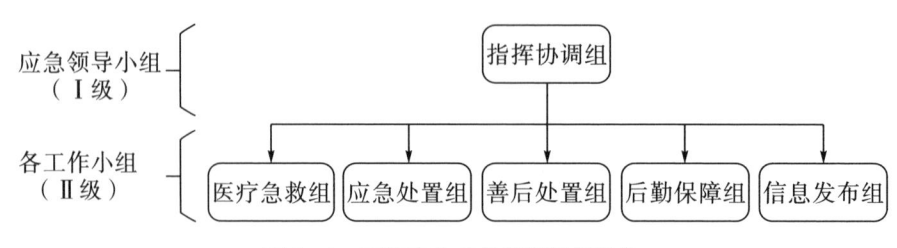

图1-4 医院安全应急管理组织架构

（二）应急领导小组（Ⅰ级）

应急领导小组主要由医院党政领导成员及各职能部门负责人组成。其中医院党委书记、院长担任组长，分管安全的副院长担任副组长，党委办公室、院长办公室、保卫、医务、护理、宣传、急诊、设备、总务（运维）、人力、财务等职能部门负责人作为小组成员。应急领导小组通常作为指挥协调组发挥作用。

（三）各工作小组（Ⅱ级）

各职能部门根据应急分工建立各工作小组（Ⅱ级），分为应急处置组、医疗急救组、后勤保障组、信息发布组与善后处置组。

（1）应急处置组成员通常包含保卫部门、事发科室等，根据不同的事件类型，应急处置组成员存在变化。

（2）医疗急救组成员通常包含急诊、医务、护理等部门。

（3）后勤保障组成员通常包含保卫、设备、总务（运维）等部门。

（4）信息发布组成员通常包含党委办公室、院长办公室、宣传、保卫等部门。

（5）善后处置组通常包含党委办公室、院长办公室、宣传、保卫、总务（运维）、设备、人力、财务等部门。

（四）分工职责

（1）指挥协调组主要负责现场统一指挥及重大事情决策。

（2）应急处置组主要负责医院安全突发事件的现场应急处置。

（3）医疗急救组主要负责现场伤员救治、协调伤员优先入院救治等。

（4）后勤保障组主要负责应急物资保障、能源供给保障等。

（5）信息发布组主要负责代表医院统一对事件的处理信息进行上报或公开，并对舆论进行控制与引导。

（6）善后处置组主要负责事件结束后的现场清理、信息收集、伤员救治、人员慰问、工伤申报等。

（五）配套管理制度

为保证应急管理的及时有效性，基于国家"一案三制"的基本要求，医院应建立相应的配套制度、机制、预案等。

1. 医院总体应急管理制度

医院总体应急管理制度通常作为总领性质的制度，对医院整体的应急架构、分工职责、工作内容等进行规范。

2. 应急队伍日常管理制度

应急队伍日常管理制度主要用于规范应急队伍的日常管理，可针对不同的应急队伍进行单独设置，例如治安处突队伍、义务消防队、微型消防站等。

3. 应急物资管理制度

应急物资管理制度主要用于规范应急物资的规范，包含物资目录，库存管理，效期管理等内容。

4. 应急处置培训、教育与演练制度

应急处置培训、教育与演练制度主要用于规范对医院教职工、应急队伍的培训、教育与演练，通常包含培训内容、形式、周期设置等方面。

5. 档案管理制度

档案管理制度主要对各类应急突发事件全生命周期的信息记录进行规范化管理，以确保应急完成后的后期复盘与总结的顺利进行。

6. 考核与奖惩制度

考核与奖惩制度主要针对应急队伍的日常管理、应急处置进行绩效考核，并给予奖惩，以确保人员在应急工作中的执行效率与效果。

7. 突发事件预警与监测机制

突发事件预警与监测机制主要用于及时发现突发事件，便于在其初期阶段给予适当的处置。

8. 突发事件信息上报机制

突发事件信息上报机制主要用于规范突发事件发生时的信息上报流程，以避免信息不对称影响指挥决策的问题。

9. 突发事件应急预案

根据医院实际面临的安全突发事件种类，应急预案通常针对火灾、洪涝、地震、暴力伤医、反恐防暴等方面，它们均独立设置，共同构成医院整体的应急预案体系。

以上仅列举了具有代表性的配套制度、机制与预案，医院可根据实际管理及自身薄弱环节，建立更具针对性的管理制度与机制，以满足自身管理的需求。

五、医院安全应急管理基本流程

医院安全应急管理是对安全突发事件的全过程管理。根据医院安全突发事件发展的危机生命周期,医院安全应急管理可分为防范与准备、响应与处置、善后与恢复三个部分,下面针对防范与准备作具体介绍。

(一)医院安全应急防范与准备

医院安全应急防范与准备是指医院采取一系列必要措施,建立必要的应对制度、机制、预案,预防突发事件的发生,提升医院应急能力,保障医院安全。应急防范与准备是医院应急管理的基础工作和起始阶段,两者意义重大、缺一不可。既要坚持预防为主,努力将各类突发事件化解于萌芽状态,也要认识到预防不是万能的,突发事件必然要发生。只有做好各项准备工作,才能更有效地应对各类突发事件。

医院应急防范与准备重点通常包含以下三点:一是做好预案编制与管理,明确各类突发事件的防范措施和处置程序;二是经常性开展宣传、培训与演练,提升全员安全意识与应急处置能力,促进各部门间的协调配合;三是强化人、财、物等方面保障,增强医院应急保障能力。

(二)应急预案的编制

应急预案的编制是医院安全应急防范与准备阶段最为重要的内容,一部完善的应急预案能够充分指导医院应急管理工作的开展。

1. 风险识别与灾害脆弱性分析

要构建适用于医院自身实际管理需求的应急预案,首先需要对医院面临的安全风险进行总体识别,对医院自身面临的安全风险进行分析,以保证医院安全应急管理的效果。

1)理论基础

灾害脆弱性分析(hazard vulnerability analysis,HVA)是一种针对医院安全管理实际,以曾经发生过的或者可能发生的安全风险为切入点,从事件发生概率、后果严重程度、应急准备程度等方面对风险事件进行综合评估的一种数学分析方法。其核心目的是有效识别风险,并对风险进行排序,以辅助安全管理人员进行有效决策。

2) 模型工具

相关模型工具包括灾害风险矩阵评价表、医院灾害风险量化矩阵图、风险与应对脆弱度矩阵图、凯撒（Kaiser）模型等。可根据实际管理需求与操作难易度进行选择。

3) 分析步骤

(1) 医院成立灾害脆弱性分析工作小组，参考相关文献、国家法律法规、行业规范、专家及资深从业者相关意见，构建医院灾害脆弱性分析问卷。问卷通常包含自然灾害、人类活动、技术、设备、物资等维度，并采用李克特量表等对指标进行量化。若要添加指标或修改量表，需进行信效度分析，以确保问卷的有效性。

(2) 问卷构建完成后，为确保问卷调查的全面性与客观性，需要对医院党政班子、中高层干部、基层管理人员、一线工作人员等各层级人员开展问卷调查，总体人数建议不少于 200 人。

(3) 数据收集完成后，采用相应的模型工具，对医院安全风险及应对状况进行评估，从而确定并筛选医院安全风险脆弱点，并制作风险量化矩阵、风险应对脆弱度量化矩阵等。同时根据风险排序，结合医院管理实际，制订对应的应对措施及预案。

2. 应急预案基本框架

基于风险识别与灾害脆弱性分析的结果，参考国务院办公厅印发的《省（区、市）人民政府突发公共事件总体应急预案框架指南》，医院应急预案应分为总体预案及对应事件分支预案，整体框架应包含以下内容。

1) 总则

明确目的、工作原则、编制依据、适用范围。

2) 组织机构与职责

明确医院应急领导小组及各下属工作小组或部（处）科（室）的职责、权限。

3) 应急处置

(1) 应急处置程序。

明确应急启动、抢险救助、现场监控、人员疏散、安全防护、社会动员、损失评估、现场应急结束等程序和要求，明确应急处置程序中各相关机构、责任人、组织方式、队伍调遣、物资使用、调用等要求。

(2) 信息共享和处理。

明确事件信息上报及对外发布、舆情引导等工作的相关部（处）科（室）、责任人、组织方式等。

4）善后处置

现场善后，应明确人员医疗救助、心理疏导、物质补偿、事故后恢复、污染物收集、现场清理与处理等的程序和要求。调查和总结，要明确突发事件事后调查的相关部门和人员。

5）保障措施

保障措施包括通信保障、队伍保障、物资保障等。应建立物资调拨方案，根据实际情况和需要，明确具体的应急物资储备。

6）宣传、培训和演习

明确演习的队伍、内容、范围、场所、频次、组织、评估和总结等。

以上模板仅呈现了较为通用的内容，医院可根据自身实际管理需求，在编制应急预案时增加更多的针对性内容。

3. 宣传、培训与演练

医院作为公共场所，人员结构复杂，不同的人应对突发事件的能力也参差不齐。只有通过宣传、培训、演练等方式全面提升医院人员的安全意识、危险感知及预判能力、应急处置能力，才能有效应对突发事件，不断提高医院应急管理水平。

1）安全宣传

医院除医护人员及行政、科研、后勤工作人员外，还有很多自救能力较差的病患及陪伴人员，很多应急响应行动与上述人员息息相关。因此，医院对不同的对象，需制作针对性宣传材料，并利用多元化的方式开展安全宣传。不仅要让全院职工掌握，而且还要让院内病患及陪伴人员等其他非医院工作人员也积极参与其中，做到人人知晓、人人参与，这样才能有效应对各类突发事件。

2）安全培训

安全培训是提高医院人员应对突发事件整体素质和业务能力的重要途径。医院应高度重视培训工作，可将医院安全培训纳入全院教育培训考核体系，每年通过编发培训材料、举办培训班等方式组织全院各部（处）、科（室）开展安全培训，全院各部（处）、科（室）也应组织内部安全培训，保障培训工作落到实处。医院安全培训的重点包括安全法律法规、火灾事故案例、火灾及反恐应急事件响应与处置等。

3）预案演练

应急预案演练是检验预案是否具备科学性、合理性、可行性和有效性的有效途径，医院每年应根据相关法律法规要求，组织全院各部（处）、科（室）

开展应急预案演练。各部（处）、科（室）演练前须研究制订应急演练策划方案，结合实际确定演练方式，对开展应急演练过程中的相关要点提出具体要求，作为指导开展应急演练的工作指南。演练结束后，还应对演练情况和应急预案进行评估，总结经验，及时进行修订完善。

4. 应急保障

医院需根据职责分工、预案要求，切实做好应对突发事件的通信、物资、应急队伍、交通运输、医疗卫生等方面保障，以保证应急工作顺利开展。

1）通信与信息保障

医院应配备必要的报警与现场联络工具，定期对应急指挥机构、应急队伍、应急保障机构的通讯联络方式进行更新。保证在紧急情况下，参加应急工作的部门、人员信息沟通畅通。

2）应急队伍保障

医院需针对不同事件，建立相应应急队伍，如义务消防队、微型消防站、应急医疗队等。定期梳理应急队伍的人员名单、联系方式，建立应急队伍动态数据库，定期组织人员进行理论与实际操作培训，提升人员应急救援能力。

3）物资保障

明确应急物资的实际储备情况，建立应急物资动态数据库，做好应急物资的及时补全，建立健全物资调拨方案。

4）经费保障

医院需设立应急专项资金，用于预防与应对安全事故，保障日常应急物资、装备采购，应急预案实施等。

5）能源保障

确保在应急状态下供水、供电、供气等公用设施的安全和正常运行，保证医院基本的用水、用气、用电。

6）交通运输保障

制订突发事件期间的一系列措施，如交通管制、车辆调度等，以保证人员、应急物资的正常运送。

7）医疗救援保障

建立医疗保障动态数据库，明确医疗救治的资源分布，制订医疗卫生队伍和医疗设备、药品、防疫物资的调度方案。

8）现场安全保障

针对各类突发事件的特性来配置安保人力和安防设施设备，建立健全人力调度、集结、布控方案、执勤方案、行动措施，确保对情况进行 24 小时监控。

9）紧急避难场所保障

应规划和建设突发公共事件的人员应急避难场所，建立相应信息库，充分掌握其功能、可容纳人数、目前使用状况等信息。

10）技术储备和保障

医院要大力整合资源，建立健全突发事件安全预测、预防、预警网络体系，提升医院综合安防能力。

参考文献

Fares S，Femino M，Sayah A，et al. Health care system hazard vulnerabilityanalysis：an assessment of all public hospital in Abu Dhabi. Disasters，2014，38（2）：420-433.

晏会，董潇杨，胡海，等. 西南地区某三级甲等医院灾害脆弱性分析［J］. 华西医学 2023，38（11）：1736-1741.

赵东方，王志伟，卢斌. 医院后勤安全管理指南［M］. 北京：研究出版社，2019.

陈昌贵，谢磊. 医院后勤应急管理指南［M］. 北京：研究出版社，2018.

第二章　医院治安风险应对

第一节　治安风险分析

一、治安共性风险分析

治安风险是一种危害国家安全、危害社会秩序以及人民生命财产安全的可能性。这种可能性所指向的损害结果就是产生危害社会治安秩序和公共安全的治安问题。一般来说，正常状态下，社会的各种事物都是按照一定的规律有秩序地运行，不会有治安风险的存在；只有发生了一定的异常变化，即出现了治安风险的征兆，产生了治安方面的异常状态，才会产生治安风险。

医院是保障人民生命健康，提供医疗服务的专业机构，是全天候开放的人员密集场所，根据相关案例统计的数据，医院近几年主要面临的治安问题包括暴力伤医、寻衅滋事、聚众扰乱医院秩序、盗窃、抢劫、火灾等。医院治安风险除具备其他公共场所治安风险的普遍性外，又有其自身的特殊性，医院治安安全的特殊性和复杂性如图 2-1 所示。

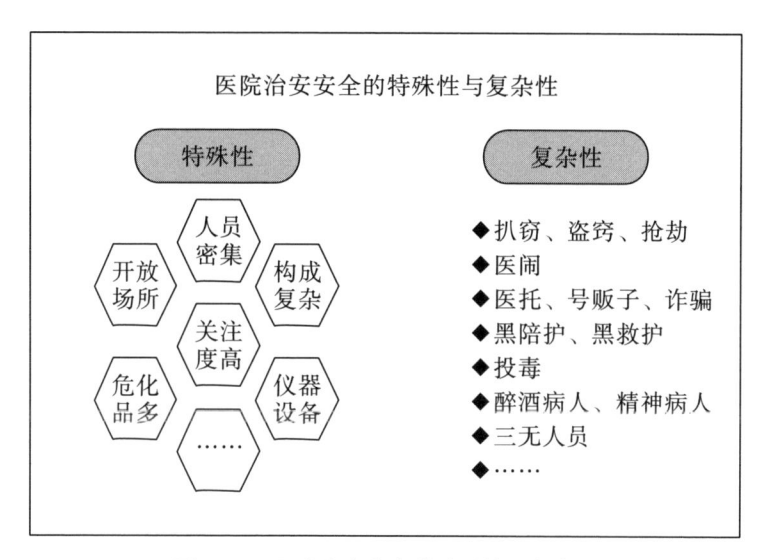

图 2-1　医院治安安全的特殊性和复杂性

（一）场所开放性强

根据《基本医疗卫生与健康促进法》，医疗卫生的执业环境被定义为：为大众提供医疗卫生服务的场所。医院作为一个专门救助和治疗的地方，必须确保患者和他们的家属可以顺利进出。多数医院的住院部门对外开放，而且病人家属探望时间也相对不受限制。因此，医院的各个出入口往往是开放的，让人员自由进出，这增加了管理上的挑战性，比如可能有人携带违禁物品如管制刀具进入。再者，住院病人在做检查或治疗时可能需要离开自己的床位，这给了一些有恶意的人机会假扮家属或趁病人深睡时窃取物品。

[案例] 2021 年 9 月 21 日，福州某医院发生一起恶性暴力伤医事件。患者诱骗被害医生说看不清药盒上的字迹，趁医生在低头帮他写用药事宜的时候，关紧病房大门，掏出准备好的美工刀，从被害医生后面割其脖颈。当医生挣脱出来大声求救之际，第二位受害医生从办公室跑出来救自己同事，又被刺脖。[1]

（二）人流量大且人员身份复杂

（1）医院 24 小时全天候开门应诊，就诊患者多，陪护、探视人员多，老、

---

[1] 刘晓宇. 福州 2 名医生被人持刀割伤嫌疑人当场抓获已采取刑事强制措施 [N]. 人民日报客户端福建频道，2021-09-22.

弱、病、残、孕患者多，且年龄跨度大。

（2）就诊人员结构复杂，有打架斗殴致伤病人、酗酒病人、精神病人等特殊的危险性病人，还有发放传单、贩卖商品、提供各类服务，甚至休闲乘凉的闲杂人员。

（3）随着医院的规模扩大和后勤服务的社会化变革，大批的劳务派遣员工开始在医院工作，包括保洁人员、职业陪护人员、安保人员、停车场管理人员、外来施工队伍以及其他临时居住在内的人员。

以上因素造成医院内人员结构复杂，不便于登记，无法查问、难以管控，导致了进入医院人员身份的复杂性，人员素质也参差不齐。犯罪分子混入其中，有的利用患者及家属病急乱投医的心理，冒充好心人，将患者骗至不正规医院医治，赚取利益，最终导致患者耽误病情，损失钱财；还有的利用病患的同情心，冒充聋哑人等乞讨或骗取钱财的；更有贩卖号源的"黄牛"，从病患身上牟取暴利。尤其是在一些高水平医院，每天在医院院内活动的"医托""号贩"等群体数量十分惊人，医院安保人员并不能凭借自己感觉精准判断人员的身份，甄别不法分子，给医院制造了多种治安隐患，事实上也催生了治安事件的发生。

[案例] 2022年7月，侯某因投资失败、家庭琐事而决意发泄情绪、报复社会，在上海某医院内持刀劫持群众持刀连续捅刺、追砍并劫持多名病患、家属及医护人员，造成被害人分别重伤、轻伤、轻微伤。[①]

（三）贵重仪器、贵重物品多

（1）来院就医的患者或陪同人员都随身带有一定数量的现金、手机等贵重物品，在就医过程中一般专注于排队、挂号、取药、检查、治疗等就诊事宜，或因担心病情变化而焦急慌乱、疏于防范，容易被不法分子实施盗窃。

（2）为了促进医疗、教学、科研等的正常开展，医院购置有大量的贵重仪器、设备，会成为犯罪分子的盗窃目标。

（3）医院内的机动车和非机动车停车场场所开放、人流复杂，部分患者及家属自我防范意识不强，时有忘记关闭车窗、车门的情况，电动车、自行车通常仅配备简易锁，且部分医院存在管理人员不足的问题，有时会发生盗窃车内财物、偷盗电瓶车、自行车的案件。

---

① 季张颖. 死刑！瑞金医院持刀杀人案宣判[N]. 上海法治报，2023-10-23.

（四）管控药品、危险品分散

因诊疗救治需要，医院存储了大量国家管控的药品、麻醉品、放射源、化学制剂等危险物品。此类物品存放点位分散，医务人员进出频繁，犯罪分子可能混在患者、陪同人员、探视人员中伺机作案。

（五）医疗纠纷频繁发生

（1）医疗资源分布不均，部分医院存在过度医疗的现象。

（2）医生职业素养参差不齐，个别医护人员态度冷漠，与患者及其家属沟通缺乏交流技巧。

（3）患者普遍对医疗专业知识的了解不足，部分患者对医院不信任，对治疗效果存在较高的期望，导致维权意识日益增长。

（4）医患纠纷解决渠道不畅，个别媒体的片面报道与负面导向致使舆论恶化。

（5）社会上出现了"医闹"这一特殊的群体，这一群体通常和存在医疗纠纷的患者和家属互相利用，通过在医院聚众滋事、大声吵闹的方式，甚至采用在医院内拉横幅、堵塞大门等方式向医院施压，以达到牟利的目的。

我国目前存在医疗资源供给不足、分布不均等深层次结构性矛盾，医患之间信任也较为缺失，以上这些问题都会使得医患矛盾具现化。一旦医患双方的意见不统一，极易引发矛盾，产生肢体冲突，更甚者会走极端，导致治安纠纷或刑事案件，影响医院正常的医疗秩序。根据中国医师协会最新发布的《中国医师执业状况白皮书》显示，有66%的医师经历过暴力伤医事件。

［案例］2019年12月，民航某医院内，孙某因不满医生对其母亲的治疗，趁其不备，持刀将医生杀害。[①]

二、治安重点区域风险分析

医院具有开放性强、人员密集、贵重物资和危险品多、纠纷频发等特点，面临复杂治安风险。

---

① 王俊. 涉医犯罪零容忍！民航总医院杀医案入选最高法典型案例［N］. 新京报，2020-05-11.

（一）治安安全管理重点

根据医院安全管理重点和治安风险特点，可结合实际划分治安安全重点部位、重点人群和重点时段（图 2-2）。

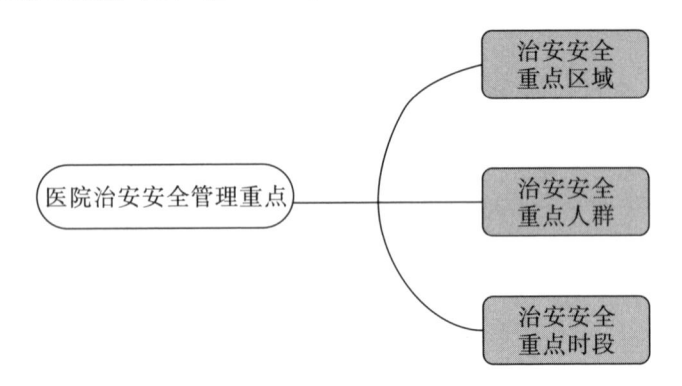

图 2-2　医院治安安全管理重点

1. 治安安全重点区域

国家卫生健康委员会办公厅印发的《医疗和疾控机构后勤安全生产工作管理指南（2023 年版）》根据发生安全事件时的影响类别，对治安安全重点部位区域进行了以下判定和分类。

（1）发生安全事件人员密集集中部位：门诊、急诊、住院部。

（2）发生安全事件造成人身伤害部位：

①特殊医疗服务部门：手术室、ICU 病房、急诊科、妇产科、儿科等；

②食堂后厨、备餐及发餐区域。

（3）发生安全事件造成财产严重损失部位：

①供电、供水、供气、供氧、供暖等动力部门及监控中心等部位；

②拥有贵重、稀有、关键的机件、仪器、设备及药品的部位；

③掌握重要秘密文件、图纸、病案、珍贵文物、图书、资料的部位；

④使用或保管易燃易爆、剧毒、致病性微生物、放射源等危险品的部位；

⑤承担重要科研项目研究、实验、药剂试剂制备任务的部位；

⑥存放大量现金的部位；

⑦机动车与非机动车存放区、行政办公区。

（4）发生安全事件造成恶劣社会影响的部位：领导、外宾、院士及国家知名专家的门诊诊室、病房。

2. 治安安全重点人群

(1) 寻衅滋事,扰乱医院安全秩序的醉酒、吸毒、严重精神障碍等人员。
(2) 携带易燃易爆物品、管制刀具等危险物品的人员。
(3) 因医疗纠纷侮辱、威胁、恐吓、殴打医务工作者的人员。
(4) 拉横幅、设灵堂、烧纸钱等闹丧人员。
(5) 实施盗窃、抢劫等违法犯罪行为的人员。
(6) 倒卖挂号凭证人员。
(7) 医托、诈骗人员。
(8) 预测可能发生重大医疗纠纷事件的当事人员。
(9) 有自杀倾向的人员。
(10) 涉及非法政治意图、涉疆涉藏、邪教组织等问题的人员。

3. 治安安全重点时段

(1) 患者就诊高峰时段：工作日上午，尤其是周一上午。
(2) 人员值守薄弱时段：重大节假日、双休日、早中晚休息时间。
(3) 发生医疗事故或医疗纠纷时。
(4) 发生停电、停水、停气、断网、火情等紧急情况时。
(5) 发生突发暴力事件或盗窃等治安事件时。
(6) 发生突发自然灾害、事故灾难、重大传染病疫情、群体性不明原因疾病、重大食物和职业中毒等突发事件时。

(二) 重点区域涉及治安事件类型分析

重点区域涉及主要治安事件类型可分为如图2-3所示的6大类。

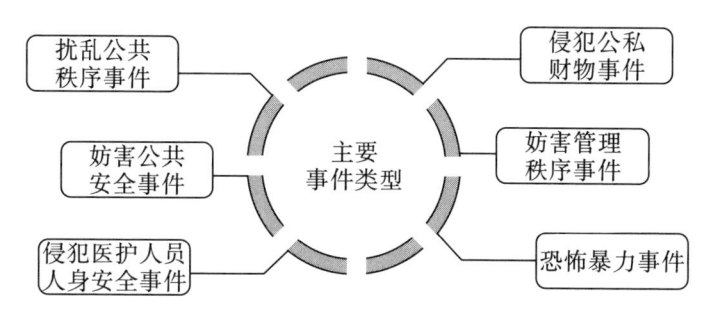

图2-3 重点区域主要治安事件类型

1. 发生扰乱公共秩序事件

(1) 与医疗无关的闲杂滞留人员在院区内扰乱秩序，如"黑护工""黑救护"，无照游商和乱贴发小广告的人员等。

（2）"号贩子""医托""医闹"等违法人员在院内扰乱正常就医秩序。

"号贩子"通过现场排队或者网络等渠道争抢霸占专家号源后加价出售，非法牟利，伤害了就医群众利益和医患关系，侵害了医疗资源的公平分配，让患者因看病难、看病贵引发对医疗机构的不满，从而加剧矛盾。

"医托"、诈骗人员在病人在医院候诊时，以找更权威的专家为诱饵，欺骗病人及家属随他们去"江湖小门诊"就诊，收取高额的诊疗费用，并将普通便宜的药品以高价卖给病人；甚至有"医托"在欺骗病人就诊的过程中下迷药诈骗钱财；冒充医院工作人员或自称有关系可帮助病人快速就诊为由骗取钱财；患者在上当受骗后不仅经济上受到损失，还延误了病情，并对正规医疗机构名誉造成了损害。

"医闹"人员采取非正常手段维权，在发生医疗纠纷后故意扩大事态、敲诈勒索，在医院内大声喧哗、吵闹，扬言或实施暴力行为；在医院及周边违规停尸、设灵堂、摆放花圈、阻塞通道、聚众滋事等；侮辱、威胁、恐吓、殴打医务工作，非法限制医务人员人身自由；在诊室、医护办公室、领导办公室内故意滞留。

（3）寻衅滋事。醉酒、吸毒、精神障碍患者等高风险人员就诊时寻衅滋事，扰乱医院正常工作秩序。

（4）组织非法集会、示威、散发传单等。部分人员因个人诉求未达到而发布煽动性言论，组织策划非法集会，游行、示威、散发传单等，扰乱医院公共秩序。

（5）破坏损毁运行保障设备设施、危险设施、危险品等。供电、供水、供气、供氧、供暖等动力部门及计算机中心、安防监控中心等部位被人为破坏，可能造成医疗业务瘫痪，耽误病人救治，甚至造成病人死亡；放射性物质因人为破坏泄漏，会造成环境污染和健康危害；易燃易爆物品人为引发爆炸造成人员伤亡、经济损失、社会负面影响。

（6）自杀。

医院难以预料和防范患者自杀行为，而患者的家属则普遍认为是医院救治或监管不力导致。此类事件会对医院声誉造成不良影响，且往往附带经济赔偿。自杀的主要原因有：①精神病患者，尤其是抑郁症患者中有自杀倾向者不在少数；②老年患者或者久病无治愈希望的患者选择放弃治疗，一些人不愿意继续经受疾病的折磨，另一些人则是因为高额的医药费，失去了生存下去的希望；③有些患者术后恢复效果不理想，与医院发生医患纠纷，医院不肯赔偿就以死相逼；④有些患者无钱治病，请求外界帮助无果，在医院自杀。

2. 发生妨害公共安全事件

（1）投放有毒有害物质、放射性物质、传染病病原体等危险物或以其他危险方法危害公共安全。如违法人员非法潜入食堂后厨、备餐区、发餐区、饮用水源等工作区域，实施投毒，侵害公共安全，致人重伤、死亡等严重后果。

（2）严重精神障碍患者危害或可能危害他人安全。

（3）非法携带管制器具或危险物品进入医院。如怀有不良企图的人员非法携带枪支、弹药、匕首等管制器具，或爆炸性、毒害性、放射性、腐蚀性危险物品，以及菜刀、斧头、棍棒等物品进入医院，发生暴力伤人事件。

3. 发生侵犯医护人员人身安全事件

对医护人员进行追逐、拦截、辱骂、恐吓、限制人身自由、暴力伤害等。

4. 发生侵犯公私财物事件

（1）盗窃、抢劫公私财物。

患者就诊过程中因身体不适防范意识弱，或洗漱、外出检查、睡觉时疏于防范被犯罪分子盗窃其贵重财物。"毒、麻、精"药（物）品被盗后流入非法渠道，向吸食、注射毒品的人群提供，或非法滥用使人形成瘾癖。院区内存放现金的区域固定；存储贵重医疗器械的区域人员出入频繁，无法随时锁闭，存在发生盗窃案件的风险。档案及病案被盗，造成保密信息和个人隐私泄露。放射类药（物）品被盗后若有人因非正常原因接触此类药（物）品，轻则出现头晕、恶心、腹泻等症状，重则导致身体出现溃烂，人体的血液循环系统、消化系统以及生殖系统改变，甚至导致人员死亡。

因医院收取医疗诊治费用存有大量现金，银行到医院进行运钞交接的区域及路线相对固定，存在发生抢劫案件风险。

（2）工作人员将其在履行职责或者提供服务过程中获得的公民个人信息出售或者非法提供给他人谋取利益。如工作人员与"号贩子""医托""黑护工""黑救护"等违法人员内外勾结，谋取私利。

5. 发生妨害管理秩序事件

（1）兜售不符合国家标准、行业标准的医疗器械、医用卫生材料。

（2）散发伪造凭证或开具虚假凭证、伪造印章以及内部人员提供虚假证明文件。

（3）非法侵入计算机信息系统，出售或非法利用取得数据获利。

计算机数据中心、安全监控中心等重要机房网络受到不法分子恶意攻击，被盗取、篡改或者拒绝授权用户访问计算机，导致计算机存储或者通信中的数据信息被盗取，患者个人信息、治疗数据等保密资料被窃取，或诊疗系统无法运行，都将对医院工作产生不利影响。

（4）组织利用邪教组织、迷信活动等蒙骗他人实施犯罪，破坏医院和社会的稳定和谐。

6. 发生恐怖暴力事件

因人员密集，在医院内发生涉恐涉暴事件，可能会伤及无辜百姓，引起社会恐慌，造成巨大的经济损失，并加剧社会矛盾。同时，发生恐怖暴力事件等突发公共事件时，易导致人员恐慌而大量聚集，堵塞公共区域和安全出口，极易发生群体伤亡，特别是医院内多有老年人、儿童、妇女、残疾人等弱势群体，更易在踩踏中受到伤害。

第二节　治安风险防范

医院人员密集且流动性大，治安管理风险相对较高。为做好医院内部治安纠纷、医患纠纷、暴力伤医袭医、群体性闹事、电信诈骗、盗窃、抢劫等治安事件的防范，维护医院正常工作秩序，不断提高动态条件下治安风险防范能力和管控能力，医院应当建立健全治安保卫组织机构和工作制度，明确治安保卫安全管理责任，针对不同岗位开展治安相关教育培训，落实日常巡查检查、应急保障和处置措施。

一、治安制度建设

根据《企业事业单位内部治安保卫条例》（中华人民共和国国务院令第421号）、《关于推进医院安全秩序管理工作的指导意见》（国卫医发〔2021〕28号）、《卫生部、公安部关于维护医疗机构秩序的通告》（卫通〔2012〕7号）、《医疗和疾控机构后勤安全生产工作管理指南（试行）》（2023年版）等政策文件要求，为了维护医疗机构的工作秩序并使得各个诊疗流程能够顺利进行，医院必须建设和完善其治安管理制度。这些管理措施和制度应当达到科学、规范和标准的水平，从而有效地推动医院的治安管理。

(一) 管理机构与工作职责

医院主要负责人为医院治安安全管理第一责任人,应建立医院治安安全管理组织架构(图2-4),健全治安保卫管理工作领导机制,设置专职保卫机构(保卫部、处、科等)作为治安安全主管部门,明确工作职责。各职能部门和临床医技等科室明确本部门治安管理工作负责人,齐抓共管、携手联动,形成主要领导负总责、分管领导具体抓、专职保卫机构组织实施、相关职能部门密切配合的工作机制和工作格局。

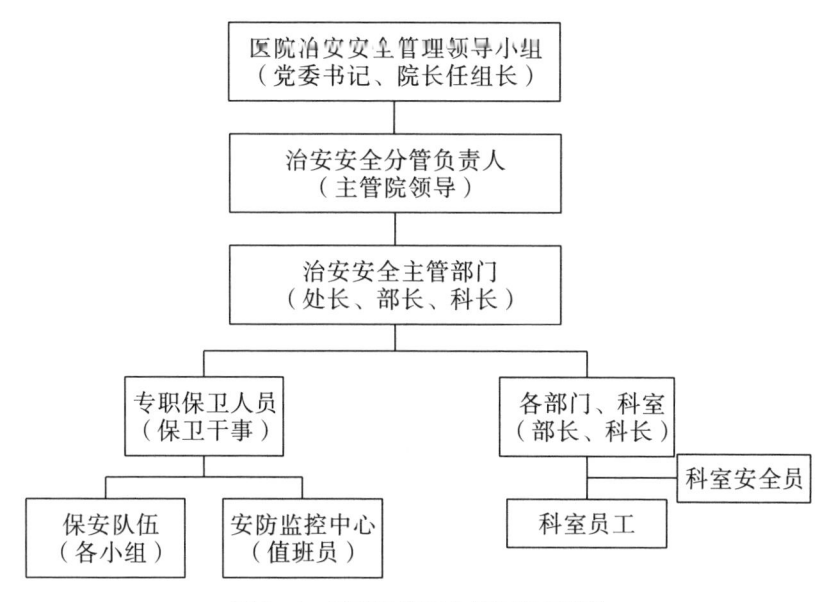

图2-4 医院治安安全管理组织架构

1. 医院治安保卫管理领导小组

建立医院治安保卫管理领导小组(可由安全生产委员会等机构兼任),党委书记、院长任组长,分管治安保卫院领导任副组长,其他院领导和相关职能部门、业务部门负责人为成员。

工作职责包括:贯彻落实医院治安保卫工作相关的法律法规和政策文件精神,全面领导、检查、监督医院治安保卫管理工作;组织制订相关制度和预案,研究部署安全保卫工作,落实工作责任制;定期召开会议,听取治安保卫管理工作情况汇报,研究推进措施,将医院安全秩序管理工作与医疗服务工作同谋划、同部署、同推进、同考核;保障治安保卫工作所需的资金、人员、物资等;掌握、收集、分析和上报治安保卫工作相关信息和情况,检查并督促组织、落实治安安全工作和相关防范措施；组织开展治安安全宣传、教育、培训、演练工作；完成上级单位交办的其他治安工作任务。

2. 专职保卫机构

1）治安安全管理部门

医疗机构属于治安保卫重点单位，应设置安全保卫部、保卫处或保卫科等与医院治安保卫任务相适应的治安保卫机构，作为治安安全主管部门，配备专职保卫人员和保安员，提高专业化水平，并将治安保卫机构的设置情况和人员的配备情况报主管公安机关进行备案。

工作职责包括：在医院治安保卫管理领导小组和分管领导的领导下，落实医院治安保卫管理日常工作；贯彻落实医院治安保卫相关的法律法规、政策文件和医院管理制度；编制、修订医院治安保卫相关制度、应急预案、岗位职责等；组织开展日常巡查和专项检查，检查监督医院治安保卫工作情况，发现问题及时整改；针对安保人员、医护人员等不同岗位，开展相适宜的法制和治安防范宣传、教育、培训，增强职工法治观念和自我防范意识；组织、指导各类治安事件的应急演练；及时应对各类治安突发事件，快速响应，进行现场应急处置并按要求上报公安部门和行业主管部门；与辖区公安机关建立联动协调、应急处置和信息沟通机制；做好治安安全分管负责人委托的其他治安安全管理工作。

2）专职保卫人员

医院治安安全风险高、涉及面广，需要专职、专业的保卫人员，在治安安全主管部门负责人的领导下，落实医院治安安全管理具体工作举措。

工作职责包括：服从医院和部门领导安排，宣传、贯彻、执行医院治安法律法规、方针政策、规章制度和上级要求，协助部门领导建立健全治安工作制度、应急预案等；根据职责分工组织落实巡查守护、应急处理、反恐防暴等医院内部治安管理具体工作；落实全院特别是重点部位的治安防范措施，及时消除不安全因素；落实重点人员、内部矛盾、医患纠纷排查，加强源头预防；落实对治安防范设施的建设和维护，确保完好有效；监督安保人员履职情况，确保依法、文明、守纪；协助属地公安机关处理院内各类违法犯罪行为；完成上级交办的其他治安安全工作任务。

3）保安队伍

医院应综合考虑人流量、地域面积、建筑布局以及当地社会治安形势等实际情况，建立保安队伍；保安员应取得《保安员》证书，持证上岗。

工作职责包括：服从医院和上级领导安排的各项任务，严格遵守相关法律法规和医院管理制度，严格履行岗位职责；积极参加培训、演练和体能训练，熟练掌握治安保卫知识、应急处置流程，熟悉防暴器械使用方法，熟悉医院功能布局和重点部位；保安员上岗着保安员服装，佩带全国统一的保安服务标志，着装整齐，仪表端正；根据规定路线、点位开展巡查工作，维护医院治安秩序；禁止"医托""号贩子"及其他不法分子在院内活动；对可疑人员或可疑物品，要文明礼貌地进行盘查，及时发现事故苗头并消除；对安全监控中心发出的到位查看指示，必须快速做出反应，立即到场查看处置；根据预案妥善处置医疗纠纷、突发治安事件等并及时向治安安全主管部门或总值班等上报，保护医护人员不受伤害；做好日常检查、巡查、隐患整改、交接班等工作。

(4) 安全监控中心

安全监控中心是医院治安管理重点部位，也是全院治安安全管理的"眼睛"和调度中心，务必严格管理，实行双人 24 小时值班制。

工作职责包括：严格执行相关法律法规和医院管理制度、操作规程，严格履行岗位职责；严格执行劳动纪律，不得随意摆弄监控设备，不得无故中断监控，不得删除录像资料，严禁脱岗、串岗、睡岗；熟悉并掌握医院安防监控设施的功能和操作规程；积极参加培训和演练，熟练掌握治安保卫和安防监控知识、应急处置流程，熟悉医院功能布局和重点部位；提高责任心，保持警惕，密切关注监控视频，发现可疑人员、可疑物品或治安事件等，立即通知保安人员前往查看处置，酌情及时向治安安全主管部门或总值班等报告警情并记录；定期检查监控设备设施安全情况，发现安全隐患及时处理和上报；严格执行监控视频资料查阅和拷贝相关制度要求，任何人未经审批不得查阅、拍照、拷贝监控视频资料；严格遵守保密制度，不得外传、外泄监控视频内容；做好日常检查、来访登记、异常情况、隐患整改、交接班等工作。

3. 其他部门、科室

医院治安保卫管理工作不只是治安安全主管部门的责任，也是全院其他部门、科室的责任。根据"管行业必须管安全，管业务必须管安全，管生产经营必须管安全"的原则，医院各职能部门和临床医技等科室负责人也是本部门治安管理责任人。各部门、科室应指定 1 名安全员，协助治安安全主管部门及部门负责人做好部门内部的治安安全管理工作。

工作职责包括：贯彻、执行医院治安保卫相关的法律法规、政策文件和医院治安保卫相关管理制度；组织本部门工作人员参加治安保卫相关培训和应急演练，提升风险防范、应急处置和自救互救能力；定期排查本部门治安风险并进行整改，如短期无法整改或发现重大风险，应及时通知治安安全主管部门或医院治安保卫管理领导小组；与治安安全主管部门保持密切联系，如发生治安事件，立即向治安安全主管部门报警。

（二）治安安全管理主要制度

根据《关于推进医院安全秩序管理工作的指导意见》（国卫医发〔2021〕28号）要求，医院应制订风险排查、安全防控、守护巡查、应急处置、教育培训、定期检查等安全保卫工作制度并落实。医院治安安全管理主要制度如图2-5所示。

```
                    医院治安安全管理主要制度
   ┌──────┬──────┬──────┬──────┬──────┬──────┐
  风险排查  安全防控  守护巡查  应急处置  教育培训  定期检查
   制度    制度    制度    制度    制度    制度

 ◆重点区域 ◆人防管理 ◆门岗及重 ◆应急预案 ◆培训频次 ◆检查范围
 ◆重点人群 ◆物防管理  要部位值守 ◆应急演练 ◆培训类别 ◆检查内容
 ◆重点时段 ◆技防管理 ◆日常巡逻 ◆应急处置 ◆培训内容 ◆检查标准
                  ◆秩序维护                    ◆检查频次
                  ◆入院安检
                  ◆安防监控
                   中心管理
```

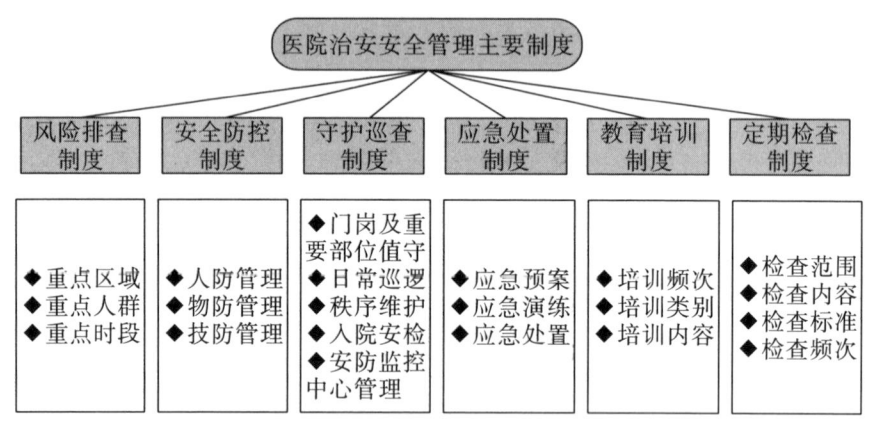

图2-5 医院治安安全管理主要制度

1. 风险排查制度

医院应根据工作量、人流量、建筑布局、人群特点、所在地社会治安形势等实际情况，针对重点区域、重点时段、重点人群等制订风险排查制度，医院治安安全主管部门及时组织摸排、识别医院各区域治安风险，根据双重预防机制对风险进行评估并划分等级，针对不同级别的风险进行分级管控和处置。医院治安风险排查管理如图2-6所示。

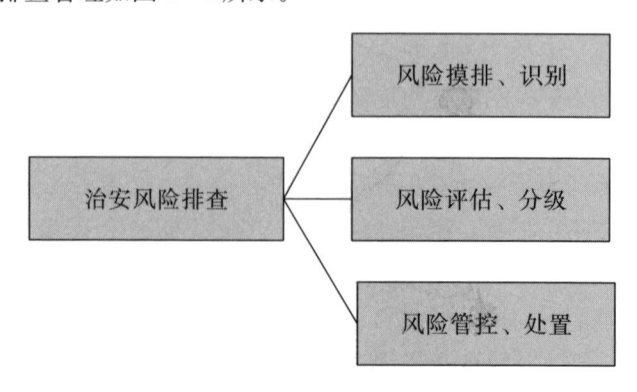

```
                    ┌── 风险摸排、识别
        治安风险排查 ├── 风险评估、分级
                    └── 风险管控、处置
```

图2-6 医院治安风险排查管理

2. 安全防控制度

医院应当结合实际情况和相关文件政策，加强医院人防、物防、技防管理，制订安全防控制度。

1）人防管理制度

医院应制订人防管理制度，加强巡逻巡视、值班值守、秩序维护、应急处置等人力防范措施，抓好保安队伍的规范化建设。

（1）人员管理。医院应拟定制度，对保卫人员和保安员的配置和聘任等要求等进行规定，配备专职保卫人员和足够的保安员，并对聘用的保卫人员和保安员的背景进行严格审查，防止可疑人员上岗，确保安全防范力量满足工作需要。保卫人员和保安员须经培训，考核合格后持证上岗。

（2）职业保障。针对现阶段保安员普遍年龄大、学历低、收入少、晋升难、流动性大的问题，医院应当完善保卫人员和保安员招聘、职级晋升、职业培训等职业保障制度，做好职业权利保障、职业收入保障、职业安全保障、职业地位保障、职业教育保障和职业监督保障工作，维护保卫人员和保安员的收入待遇、职业尊严和其他合法权益。通过上述职业保障措施的实施，医院也可以适当提高招聘门槛，招聘年龄和学历适宜，文化和身体素质较好的保安员，提升保卫综合力量，从而形成良性互动。

（3）岗位管理。医院岗位应包括门岗值守、日常巡逻、秩序维护、安全检查、安防监控中心值守、突发事件处置等岗位，需要合理布防，并通过相关制度将工作任务和管理责任明确到岗位和个人。

2）物防管理制度

医院应制订物防管理制度，保障物防经费需求，加强医院物防设施建设，提高实体防范能力。

（1）设施配置。医院物防系统工程的设计应满足相关标准、规范要求，符合医院实际情况；物防设施符合国家相关标准要求，牢固、可靠。同时，应为保卫人员和保安员配备对讲机等必要的通信设备和防护器械。

（2）日常管理。制订并严格落实"毒、麻、精、放"药（物）品、易燃易爆物品的安全管理制度，将上述物品存放于符合安全防范标准的专用库房内。制订财务安全管理制度，对于无法及时送交银行的现金，应存放在符合行业标准的保险柜。专用库房和保险柜实行"双人双锁"管理制度。

（3）维护保养。定期对物防设备设施进行检查和维护、维修。建议至少每季度进行清点核对，及时做好各类物资的清洁维修，以延长其使用期限。建立通信设备和防护器械配发、保管、领用、检查养护管理制度，妥善保管、正确使用，减少损坏率。

3）技防管理制度

医院应制订技防管理制度，根据相关要求和实际情况加强医院技防系统建设，在人力防范和实体防范的基础上，通过技术手段对安全防范能力进行补充和加强。

(1) 系统配置。医院应当按照《安全防范工程通用规范》（GB 55029—2022）、《安全防范工程技术标准》（GB 50348—2018）、《视频安防监控系统工程设计规范》（GB 50395—2007）、《入侵报警系统工程设计规范》（GB 50394—2007）、《出入口控制系统工程设计规范》（GB 50396—2007）、《电子巡查系统技术要求》（GA/T 644—2006）等国家标准和行业标准，建立综合安全防范体系，对人员密集场所及重点要害部位安装必要的安全防范设施，配备并完善视频监控系统、入侵报警系统、出入口控制系统和电子巡查系统等，实现系统间的互联互通。

(2) 日常管理。设置安全监控中心，中心符合相关标准和管理制度要求，有完整的监管记录和维护记录。安全监控中心对本单位各类技防系统的安全信息进行集中统一管理，通过视频监控、人脸识别、越界报警、入侵报警、一键报警等技防系统，及时发现可疑人员、可疑物品、纠纷苗头，确保能第一时间调度保安人员进行现场处置，有效应对各类突发治安事件。

(3) 维护保养。制订安防系统维护保养制度，由专人或委托专业公司定期对技防系统和设备设施进行检查和维护、维修。对故障、问题要立即采取措施进行维修、维护，确保安防系统处于正常工作状态。

3. 守护巡查制度

医院应建立守护巡查制度，对门岗及重要部位值守、日常巡逻巡查、秩序维护、安全检查、安防监控中心管理等工作进行规范化要求。

(1) 门岗及重要部位值守制度。严格医院各出入口的管理，查验出入人员、车辆的证件；辨识出入人员、车辆和携带物品的异常现象，及时发现可疑情况并报告；操作出入口安全设备设施，控制车辆、人员和物品进出；处置出入口发生的突发事件，如院内发生案件要立即报警，在保证自身安全的前提下对实施违法犯罪的人员进行堵截，防止其逃跑。医院供水、供电、供气、供热、供氧等地点，"毒、麻、精、放"药（物）品、易燃易爆物品存放库房等重点要害部位，夜间值班科室要实施24小时值班守护制度，安排专人值守。

(2) 日常巡逻巡查制度。加强安全防范动态管理，根据医院实际规划巡逻任务、时间、路线和点位，组织巡逻人员开展巡逻工作，第一时间掌握安全总体情况；及时发现巡逻区域内的可疑人员或可疑物品并进行先期处置。其中，医院出入口、停车场、门（急）诊、住院部、候诊区和缴费区等人员活动密集场所要有针对性地加强巡查，夜间巡查时应当至少 2 人同行，并做好巡查记录；及时与安防监控中心联系，上报各类异常情况；及时制止违法犯罪行为，并立即报警，做好现场保护措施，配合公安机关开展相关工作。

(3) 秩序维护制度。严格院内秩序维护管理，秩序维护人员根据岗位负责所辖片区的就诊秩序；发生吵架、打架、医疗纠纷等突发事件时，进行现场处置、维护秩序，视情况进行警戒；禁止小偷、医托、倒卖挂号凭证人员及其他不法分子在院内活动；及时与安防监控中心联系，报告现场情况、请求增援等；组织引导人员安全疏散，引导外部应急力量进入现场。

(4) 入院安检制度。建立并完善安全检查制度，根据需要于医院入口或者重点区域入口配备相应的安全检查设施，在兼顾患者就医体验和急危患者安检绿色通道的同时，使用安检设备对人员和可疑物品进行安全检查，及时发现、处置并上报安全检查现场的异常情况，防止人员携带刀具、爆炸物品、危险物品等物品进入医院。

(5) 安防监控中心管理制度。严格安防监控中心管理，实行双人 24 小时值班制；值守人员应对医院视频安防监控系统、入侵报警系统、一键报警系统、电子巡查系统、出入口控制系统等安防系统进行巡查和密切关注；及时发现可疑人员、可疑物品等，及时报告、有效处置治安事件；判别各类系统报警和故障信息，判断报警和故障原因、位置、紧急与重要程度，及时报告并记录；制订监控视频资料查阅和拷贝相关制度，严格监控视频资料管理。

4. 应急处置制度

医院应建立应急处置管理制度，并在属地公安机关的指导下完善各类突发事件的应急处置机制和预案，定期组织开展应急演练，规范治安纠纷、医患纠纷、暴力伤医袭医、群体性闹事、电信诈骗、盗窃、抢劫等各类治安事件的应急处置流程。

保卫人员和保安员应随时接受安全监控中心调度，对院内各类突发事件进行快速反应和处置；根据各类预案妥善处置医疗纠纷、突发治安事件等并及时向治安安全主管部门或总值班等上报；根据情况设置警戒线，保护现场；如遇违法、犯罪行为，配合警方开展工作。

此外，医院应与辖区公安机关紧密联系，有效促进警医联动，做好相关信息上报，加强舆情监测和引导，防止事态升级，确保恶性突发事件能及时、有效得到处置。

5. 教育培训制度

医院应当结合实际情况，建立全员安全生产教育培训制度，特别是对重点岗位和新进员工加大培训力度，确保培训效果。

（1）原则上每半年至少开展1次全员治安安全培训，参培人员应包括在职职工、实习生、进修生、研究生、规培生以及为医院服务的第三方工作人员等。

（2）加强对保卫人员和保安员的培训和管理，每年至少开展2次专门培训和考核。

（3）每年新入职人员上岗前开展治安安全培训。

（4）举办重大活动前应进行专项治安安全培训。

6. 定期检查制度

建立定期治安安全检查制度，及时发现治安风险隐患并切实整改。制度应明确规定治安安全检查范围、检查内容、检查标准、检查频次、整改要求等。通过定期安全检查及时了解和掌握医院各部门、各场所、各时期治安安全管理和现场情况，以利于发现问题和解决问题。

二、安全教育与培训

为提高医院各类人员的治安风险防范意识和技能，最大程度避免和降低伤害，医院应针对不同岗位开展全方位、多形式的宣传、教育和培训工作。

（一）加强保卫人员和保安员专业知识、技能培训

医院内部治安保卫人员应当接受有关法律知识和治安保卫业务、技能以及相关专业知识的培训并进行考核，切实提高保卫人员和保安员的业务素质和工作水平。培训内容见表2-1。

表2-1 保卫人员和保安员主要培训内容

序号	培训类别	主要内容
1	职业道德	保卫人员和保安员职业道德基本知识、职业守则、基本素质和行为规范等
2	法律政策	与医院治安保卫相关的法律法规、文件政策等
3	专业技能	保安勤务、守护、巡逻、安全检查、主动防卫、被动防护、紧急救助、安防设施操作、体能和治安事件实操训练等

续表2-1

序号	培训类别	主要内容
4	医院情况	建筑布局、重点部位、管理制度、应急预案、工作流程等

（1）职业道德：保卫人员和保安员职业道德基本知识、职业守则、基本素质和行为规范等。

（2）法律政策：对《中华人民共和国宪法》《中华人民共和国刑法》《中华人民共和国治安管理处罚法》《企业事业单位内部治安保卫条例》《保安服务管理条例》《关于推进医院安全秩序管理工作的指导意见》《卫生部、公安部关于维护医疗机构秩序的通告》等必要的法律基础知识和医院治安保卫相关文件政策进行培训。

（3）专业技能：根据岗位实际需要进行专业知识技能培训，如保安勤务、守护、巡逻、安全检查、主动防卫、被动防护、紧急救助等知识；入侵报警系统、视频监控系统、出入口控制系统、一键报警系统、电子巡查系统、安全检查设备器材等主要设备设施操作及报警信息分析、处置能力等；保安员列队、体能和治安事件实操训练等。

（4）医院情况：对医院建筑布局、重点部位、管理制度、应急预案、工作流程等进行培训；并根据岗位开展各类专项培训，确保培训内容符合医院实际，便于快速响应处置。

（二）加强医务人员安全意识和防范能力培训

医院应在公安机关指导下，针对医务人员的不同岗位，有针对性地开展安全防范教育和技能培训，提高医务人员安全防范意识和突发事件应对能力（表2-2）。

表2-2　医务人员主要培训内容

序号	培训类别	主要内容
1	法律政策	医疗纠纷处置、医院安全秩序管理等方面的政策文件
2	防范意识	医患沟通技能、诊疗活动环节风险、暴力伤医风险评估、安全防范意识
3	应急能力	自我防护、紧急避险、警情上报等

（1）法律政策：重点加强《医疗纠纷预防和处理条例》《关于推进医院安全秩序管理工作的指导意见》《卫生部、公安部关于维护医疗机构秩序的通告》

等政策文件的宣传培训，提高医务人员的法律意识和法律知识水平。

（2）防范意识：组织医务人员开展安全防范意识培训，特别是针对妇产科、骨科、急诊科、儿科等医疗纠纷高发科室，结合医院实际情况和既往案例对诊疗活动各环节的风险进行分析，提升医务人员对各类暴力伤医事件的风险评估能力和安全防范意识。同时，可开展医患沟通技能培训，将关口前移，降低医疗纠纷发生率。

（3）应急能力：在发生突发治安事件时，医院安保力量和附近警力到达通常需要一定时间，因此医务人员应接受自我防护、紧急避险、警情上报等方面的专业培训，提升自我防护能力和应急处置能力，第一时间采取措施制止或避开暴力伤医行为，最大限度避免或降低伤害。

（三）加强重要岗位治安风险培训教育

（1）针对财务室、收费处、药房、高值耗材库房等重点岗位工作人员开展防盗、抢培训，提高职工的责任意识和安全意识，避免现金、有价证券、贵重物品、重要物资等被盗抢。

（2）对供水、供电、供气、供热、供氧等重点区域，计算机数据中心，安全监控中心，档案室、病案室，大中型医疗设备等重点岗位工作人员开展反恐防暴培训，防止上述重要部位遭到恐怖袭击或恶意破坏。

（3）对致病性微生物、血液、"毒、麻、精、放"药（物）品、易燃易爆物品等高危物品存放、使用的重点岗位工作人员开展反恐、防盗培训，防止人为破坏或者安防设备设施老化、损坏，避免高危物品被盗等。

（4）对食堂、营养厨房、二次供水等重点岗位工作人员开展防投毒培训，防止食物和饮用水被投毒。

（四）加强日常法治宣传教育

除了内部培训，医院还应加强对患者、家属及其他外来人员的日常法治宣传教育。在医院主要出入口、门（急）诊、住院部、候诊区和缴费区等区域张贴严厉打击涉医违法犯罪、医院安全防范工作宣传的海报、标语提示和有关维护医院秩序的法律法规和文件等；对《中华人民共和国治安管理处罚法》《医疗纠纷预防和处理条例》《关于依法惩处涉医违法犯罪维护正常医疗秩序的意见》《严密防控涉医违法犯罪维护正常医疗秩序的意见》等法律、法规进行宣传，结合法治案例对涉医违法犯罪行为的后果进行警示教育，引导患者通过合法途径解决争端、维护权益，避免个人极端案件发生。

（五）加强正面宣传和舆论引导

医院可联合媒体加大对医疗卫生事业和医务人员的正面宣传力度，充分利用报纸、书籍、广播、电视等传统媒体和互联网新媒体平台，创新宣传形式，多途径弘扬医务人员崇高职业精神，提高社会对医院安全秩序管理工作重要性的认识，争取群众理解和社会支持，提高遵纪守法和文明就医意识，培育理性就医行为，形成健康舆论环境。

三、安全巡查与检查

为防范和应对治安风险，医院应加强日常巡查和定期安全检查，落实隐患整改，强化医院日常治安安全管理。

（一）各科室治安安全自查

医院各科室应履行安全责任，安全员根据科室具体情况每日开展治安安全自查，对自查情况进行记录并存档。

1. 自查内容

检查科室是否有可疑人员或可疑物品，安防设备设施是否损坏，是否有小偷、医托、倒卖挂号凭证人员、黑护工、商贩、三无人员等，是否有医疗纠纷或闹事苗头，诊疗秩序是否良好，是否有其他治安安全隐患等。

2. 隐患及问题处置

对自查发现的隐患、问题，应当及时采取措施予以消除；如隐患无法即时整改，检查人员应立即报告治安安全主管部门，共同研究确定隐患整改措施或制订整改计划协助解决；对违反治安安全法律、法规及制度的行为，应及时制止并通知安防监控中心、科室负责人和治安安全主管部门，由安保人员进行处置，防止事态恶化，情节严重的应立即上报公安机关。

（二）安保人员安全巡查

医院治安安全主管部门应根据相关规定和医院制度，由专职保卫人员组织巡逻人员对重点点位开展每日治安安全巡查，确定巡查点位、巡查路线、巡查人员、巡查频次、巡查内容等。夜间、节假日和重要活动期间应加强巡查，并做好巡查记录。

1. 巡查频次

巡查频次不宜低于 2 小时 1 次的区域包括：致病性微生物，血液，"毒、麻、精、放"等管制药（物）品，易燃易爆物品，贵重金属等鉴定、制备、存放和集中销毁的场所、部位及出入口；实验室、化验室、手术室、重症监护室、放疗室、隔离病房；收费处、财务室；药房、药库；计算机中心、档案室（含病案室）的出入口；大中型医疗设备存放场所；供水、供电、供气（含医用气体）、供热、供氧等设备间；医疗废物集中存放场所；室外的主要通道、人员密集场所等公共区域；出入口、挂号处；电梯轿厢内和各楼层电梯厅、自动扶梯区域；太平间区域；非机动车集中存放处等部位。

2. 巡查内容

（1）可疑人员及可疑物品巡查。如各通道及隐蔽位置是否有形迹可疑人员长时间徘徊，是否有长时间无人认领的不明包裹等可疑物品，是否有可疑车辆（机动车或非机动车），是否有携带管制刀具、爆炸物品、危险物品的人员，是否有医托、倒卖挂号凭证等人员。

（2）闲杂人员巡查。如每日治安巡查路线中是否存在多人聚集现象，是否存在社会治安纠纷或医患纠纷事件，夜间楼宇内是否有闲杂人员逗留，各通道及隐蔽位置是否有醉酒人员或三无人员等留宿现象。

（3）安防设备设施安全巡查。如摄像头、门禁等设备设施是否完好有效，办公室、机房等房间的门窗外观是否完好，门窗、锁是否有被撬痕迹，锁是否完好可用，下班离人房间的门窗是否已经锁闭等。

（4）环境秩序安全巡查。如就诊、挂号秩序是否良好，出入口车辆及人员通行秩序是否良好，是否有扰乱医院正常工作秩序的人员和情况。

3. 隐患及问题处置

（1）可即时整改的问题及隐患。

对于巡查过程中发现的可现场整改的安全隐患，由巡逻人员现场进行整改或责令当事方立即整改；对于巡查发现的闲杂人员、可疑人员或可疑物品，由巡逻人员现场进行清理或报警处置；对于巡查路线中发现的轻度临时性纠纷（言语冲突、轻微肢体冲突），巡逻人员要立刻上前沟通处置，避免事态扩大或引发群体性事件，并做好围观人员的隔离保护，同时将现场情况反馈至治安安全主管部门和安防监控中心，评估事件风险，必要时应立即报警。

（2）无法即时整改的安全隐患。

对于巡查中发现的不具备条件进行现场整改的安全隐患或是现场整改存在

困难的，由巡逻人员对现场情况进行拍照并汇报保卫管理人员，协调相关科室对问题及隐患进行整改。若值班时段仍未整改完成的，需进行工作交接并由下一班次人员继续跟进后续整改工作。隐患整改结束前应采取相应安全防范措施，所有整改过程及工作交接情况应详细记录，包括整改问题清单、科室沟通情况、科室联系人及联系方式、整改完成时间等内容。

（3）拒不整改的安全隐患。

对于屡次发现的安全隐患，如多次协调未果，或当事方、当事科室对安全隐患拒不整改的，由治安安全主管部门统一组织人员与相关部门（科室）协调限期整改。若经治安安全主管部门协调后，当事科室仍然未按要求整改的，应将相关情况反映至医院治安保卫管理领导小组，并对当事科室发送限期整改通知单。

（4）特殊问题处置。

对于治安巡查中发现的人员聚集、门窗被破坏、财物失窃、大中型社会治安纠纷或医患纠纷等问题，巡逻人员要第一时间将情况汇报至治安安全主管部门和安防监控中心，并实施现场秩序维护、群众隔离及疏散、协助医务人员对伤员进行救治等保护性措施。安防监控中心值机员应将监控视频调到大屏密切跟踪现场动态，并组织人员到场支援，必要时报公安机关介入处理。本班次未完成的问题处置要做好对下一班次的工作交接，处置情况要做好记录，做好事件基本信息、处置过程、现场处置照片或执法记录仪录制现场视频资料的收集和记录工作。

（三）医院及治安安全主管部门定期安全检查

治安安全主管部门应定期组织对重点部位进行治安安全监督检查，主要从治安防范层面进行督查，同时结合受检科室的不同职能，设置个性化安全监督检查项目，通过检查清单逐项检查发现安全隐患。

1. 检查频次

（1）月检。每月至少1次，由治安安全主管部门组织开展。

（2）季检。每季度1次，由分管治安保卫院领导带队开展。

（3）年检。每年不低于2次，由党政主要领导、分管治安保卫院带队开展。

（4）专项检查。在重大节假日、重大活动前，由分管治安保卫院领导带队开展专项检查。

2. 检查内容

（1）治安管理检查。如各科室治安责任是否落实，治安制度规程是否落实，治安安全自查是否落实，治安培训教育是否落实，治安应急管理是否落实，治安隐患是否限期整改等。

（2）人员履职检查。如巡逻、值守等保安员是否在岗在位，有无脱岗、漏岗、睡岗现象，应急响应是否及时，岗位职责和工作流程是否熟练掌握等。

（3）设备设施检查。如视频监控、入侵报警、一键报警、电子巡查、出入口控制、安全防护门、防护窗、安检设备等设备设施是否完好有效，各类通信设备和防护器械是否齐全有效等。

（4）环境及秩序检查。如院内诊疗秩序是否良好，有无可疑人员活动迹象，有无闲杂滞留人员等。

3. 隐患及问题处置

对于现场可即时整改的隐患，当场要求受检科室进行整改。对于不具备条件现场即时整改的隐患，检查人员应在检查记录本上做好记录，同时要求受检科室限期整改，隐患整改结束前应采取相应安全防范措施，隐患整改结束后进行复查，形成"检查—整改—复查"的闭环监管机制。对于屡次提出整改要求而未落实整改的，医院治安保卫管理领导小组将通过行政职能手段向受检科室发送整改通知书，责令限期整改。每次治安安全监督检查，受检科室的安全员要亲自参加或安排专人对接参加，检查人员和受检人员同时在安全检查记录本上签字确认。

四、安全应急保障

为预防和减少治安事件及其造成的损害和影响，保障职工、患者生命和财产安全，切实维护医院安全和正常医疗秩序，医院应根据《中华人民共和国突发事件应对法》《中华人民共和国反恐怖主义法》《企业事业单位内部治安保卫条例》等法律法规，结合实际建立健全治安事件应急保障机制，落实各项治安安全应急保障措施。安全应急保障的主要措施如图2-7所示。

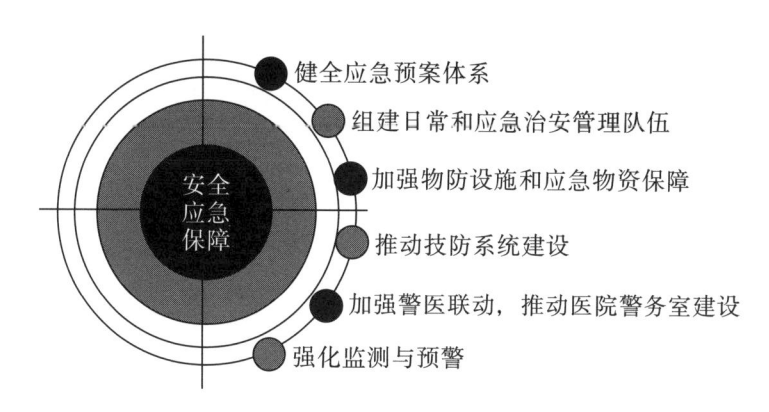

图 2-7 安全应急保障主要措施

(一) 健全应急预案体系

医院应根据有关法律、法规、规章、政府及其有关部门的应急预案以及医院实际情况，针对治安事件的性质、特点和可能造成的危害，在公安机关指导下制订完善的治安事件应急预案，预案应包括治安事件应急管理工作的组织指挥体系与职责，治安事件的预防与预警机制、处置程序、应急保障措施以及后续恢复措施等内容。其中，院级预案应包括治安防暴应急处置预案、综合治理类应急预案；治安管理部门预案应包括群体性突发事件应急预案、反恐防暴应急预案和暴力伤医事件应急预案；临床医技科室预案应包括治安防暴等应急预案；重点岗位预案应包括防盗窃、防破坏、防袭击等应急预案。

医院至少每半年组织开展一次应急演练，及时做好演练小结和评价工作，针对演练中暴露出的问题隐患，根据实际需要和情势变化对应急预案进行调整优化和修订完善，提高应急预案的实用性和科学性，力争做到事态早控制、事件快处置、矛盾不升级。演练时应设置明显标识并事先告知演练范围内的人员，避免职工、患者恐慌，防止引发踩踏等安全事故。

(二) 组建日常和应急治安管理队伍

医院应当在公安机关指导下组建日常和应急治安管理队伍，做好保卫人员、安保队伍和科室安全员的配备、培训及日常管理等工作，强化日常应急处突准备，提高涉医突发事件等治安事件的现场处置能力。保安员配置数量应遵循"就高不就低"原则，按照不低于在岗医务人员总数的3%或20张病床1名保安或日均门诊量3‰的标准配备，确保人防力量到位。如医院由第三方公司提供安保服务，则须审核公司资质，确保向正规保安公司聘用保安员，提供专业化安全防范服务。

院级应急队伍可由安保队员组成，治安安全主管部门负责日常管理；治安应急队伍应与当地公安部门密切联系，加强联防联控，应急队员遵守工作职责，绝对服从管理部门的统一调度、指挥；配备专业的突发事件应急处置装备，并掌握使用操作方法；医院内遇有违法、治安等事件发生时，治安应急队伍应当立即采取必要手段制止，迅速控制行凶者，救助受伤人员。科室安全员协助治安安全主管部门及科室负责人，积极组织参加应急演练和治安事件应急处置等工作。医院根据人员变化情况，及时进行治安应急队伍的人员调整和补充，并向管理部门备案。

（三）加强物防设施和应急物资保障

医院应根据相关规定和医院制度要求落实物防措施，及时装备、更新、完善各类设施设备，并配备足够的应急物资。

（1）医院周界及出入口防护。

医院周界要设置围墙或栅栏等实体防护设施，在出入口、挂号处等人员密集处要设置隔离疏导设施。出入口、周界围墙应设置符合标准的照明设施，夜间照明设备点亮率和照度满足工作需要。医院出入口宜设置机动车阻拦装置，适宜位置划定警戒线，实行人车分流。

（2）入院安检设施。

医院应当根据安检工作实际需求，配备通过式金属探测门、微剂量X射线安全检查设备、手持式金属探测器等相应安检设备。其中，日均门诊量5000人次以上或者床位1000张以上的大型医院应在主要出入口实施安检，防止可疑人员携带刀具、爆炸物品、危险物品进入医院。

（3）重点部位安全防护。

医院供水、供电、供气、供热、供氧中心、计算机数据中心，安全监控中心，财务室，档案室（含病案室），大中型医疗设备、血液、药品和易燃易爆物品存放点等区域，应当按照《防盗安全门通用技术条件》（GB17565-2007）等标准规范，安装防护门等安全防护设施。

（4）通讯信备和防护器械。

医院应结合实际为保卫人员和保安员配备必要的通信设备和防护器械。通信设备包括固定和移动电话、对讲机等，其中对讲机为必配设备；防护器械包括防暴头盔、防刺服、防割手套、防暴棍、防暴钢叉、盾牌、防爆毯、强光手电、催泪罐等。同时，为及时收集固定证据、规范行为、保护权益，还应为保安员配置执法记录仪。

(5) 应急物资。

医院应根据实际情况在门急诊、警务室等适宜点位配齐各类防护器材和治安装备等，确保发生暴力伤医、恐怖袭击等突发治安事件时，保卫人员和保安员能够及时获取上述器材和装备，有效处置各类突发治安事件，保护员工不受伤害。

(四) 推动技防系统建设

医院应设置安全监控中心，对视频监控、入侵报警、一键报警、出入口控制、电子巡查等技防系统的安全信息进行集中统一管理，提升技防能力。

(1) 视频监控系统。

医院应实现内部公共区域、重点区域视频监控全覆盖，供水、供电、供气、供氧中心，计算机数据中心，安全监控中心，财务室，档案室（含病案室），大中型医疗设备、血液、药品及易燃易爆物品存放点，门卫值班室和投诉调解室，各出入口和主要通道均要安装视频监控装置。其中投诉调解室要安装声音复核装置。医务人员办公室等区域的出入口可视情况安装视频监控装置。视频监控保存时间不低于30天，重点区域视频保存的周期建议不低于90天，时长不超过30秒。其中，重点部位应安装200万以上像素高清彩色摄影机的视频监控装置。安防监控中心应配备通信设备和后备电源，保证断电后视频监控系统工作时间不少于1小时；视频监控系统故障要在24小时内消除。

(2) 入侵报警系统。

危险化学品存储、财务保管、实验室、药品库等重点部位须加装入侵报警系统；入侵报警系统应具有与视频监控系统、出入口控制系统联动的功能。安防监控中心应配备后备电源，保证断电后入侵报警系统工作时间不少于8小时。

(3) 一键报警系统。

医院门卫室、急诊室、诊疗科室、医生办公室、护士站、安检口等重点要害部位应配备一键报警装置，与医院安全监控中心和警务室联网，并接入属地公安派出所，确保发生突发事件时能及时通知保卫人员、保安员和警方，迅速到达现场进行处置。

(4) 出入口控制系统。

医院应在重点部位的主要通道、出入口设置出入口控制系统，包括门禁系统、道闸系统等。

(5) 电子巡查系统。

危险化学品存储、财务保管、实验室、药品库等重点部位和周界、室外偏僻区域需加装电子巡查点位。电子巡查系统应能查阅、打印各巡查人员的到位时间，应具有对巡查时间、地点、人员和顺序等数据的显示、归档、查询和打印等功能。

随时科技进步和时代发展，医院还应积极利用物联网、5G、大数据等现代科技手段，按照有关国家标准和行业标准，推进智慧安防建设，进一步提升技防能力。

（五）加强警医联动，推进医院警务室建设

(1) 设立警务室。

三级医院和有条件的二级医院应设立警务室，由公安机关配备必要警力；尚不具备条件的二级医院根据实际情况在周边设立治安岗亭（巡逻必到点）。医院应当为警务室提供必要的工作条件，便于警方快速对医院发生的警情和刑事、治安案件等进行出警、受理，依法快速处置。警务室（站）民警可指导医院进行法律法规及安全常识宣传培训，完善治安保卫制度及安保队伍建设，改进重点部位人防、物防、技防等安全防范措施，协助医院处置医疗纠纷等治安事件，并定期向医院通报治安信息，全方位提升医院总体安全防范能力。

(2) 加强警医联动。

进一步深化警医合作，加强医院和公安机关之间的数据共享，最大限度防范危险因素，提升医院安保能力。强化警医联动协作长效机制，院方与警方充分发挥各自职能，优势互补，问题共治，高效防范、妥善处置各类突发治安事件，完善医院治安风险管理机制，推动形成良好的医院诊疗秩序和公共治安环境，有效增强医务人员和患者的安全感、满意度。

（六）强化监测与预警

(1) 借助信息化平台实现高风险人员预警。

医院应推行实名制就诊和非急诊预约挂号诊疗，与属地卫生健康行政部门、公安机关密切联系，建立高风险人员预警提醒机制，做好对各类涉医安全信息的收集掌握、分析研判工作，及时发现倾向性、苗头性线索；依托当地医院安全保卫信息平台等实现智能精准预警。如遇扬言实施暴力、多次到医院无理缠闹、醉酒吸毒、有肇事肇祸风险的严重精神障碍患者等高风险就诊人员，医院治安安全主管部门应及时提醒医务人员，并安排安保人员陪诊，必要时可

向公安机关报告，有效防范高风险。

（2）建立医疗纠纷信息沟通和预警机制。

医院应加强医疗纠纷风险排查，建立完善医疗纠纷信息沟通和预警机制，治安安全主管部门与各临床科室、医务、护理等部门加强沟通协作配合。各部门不定期组织开展医疗纠纷信息沟通协调会，统计医疗纠纷情况，分析纠纷原因、研判纠纷性质、评估风险等级，同步医疗纠纷处置进程，商讨医疗纠纷处置措施。临床科室医务人员在医疗活动中一旦发现医疗纠纷苗头或涉医暴力倾向，应及时将相关情况向医务部门和治安安全主管部门通报。治安安全主管部门及时梳理、掌握并处理院内可能引发纠纷事件的问题，提前介入、妥善处理、多元化解医疗纠纷，防止矛盾激化和事态扩大。对于早期医疗纠纷，在掌握了基本情况，经过综合分析研判后，认定存在事态扩大风险的，医院应提前采取介入手段，积极与公安机关、卫生健康行政部门协同处置，防止矛盾升级，把风险扼杀在萌芽状态；对医患沟通未解决且适宜通过人民调解解决的医疗纠纷，引导到当地医疗纠纷人民调解组织解决，严防发生极端案件。

第三节　治安应急处置与案例分析

医院治安安全管理工作应当以人为本，坚持预防为主、突出重点、保障安全的原则，以人防为保障、以物防为基础、以技防为核心，通过增加人员、配置设备、改善条件、健全制度和严格管理等措施，建立运转高效的安全防范系统，及时消除医院安全隐患，增强医院自防自护能力，预防和减少医院内部的刑事案件和治安案件的发生，维护正常诊疗秩序，创造良好就医环境，保护医患双方合法权益。此外，医院还应建立起相关各类突发事件的应急处置措施，确保院区发生治安事件后，保卫人员能够及时响应，快速处置，保证医院诊疗秩序平稳，就医环境稳定。

一、治安应急处置原则

《企业事业单位内部治安保卫条例》规定，医院应当根据治安保卫工作需要，设置治安保卫机构或配备专职或兼职的治安保卫人员，单位要有适应单位具体情况的内部治安保卫制度、措施和必要的治安防范设施，治安保卫人员应当接受有关法律知识和治安保卫业务、技能以及相关专业知识的培训和考核。治安保卫重点单位应当确定本单位的治安保卫重要部位，设置必要的技术防范设施，国家公安部门指导、监督全国的单位内部治安保卫工作。单位内部治安保卫工作贯彻预防为主、单位负责、突出重点、保障安全的方针。单位应当根据内部治安保卫工作需要，设置治安保卫机构或者配备专职、兼职的治安保卫人员等。在医院治安事件发生后，治安事件的应急处置往往涉及多部门的联合反应，这是一种有组织有计划的持续动态的管理过程。具体而言治安应急处置应遵循如图2-8所示的原则。

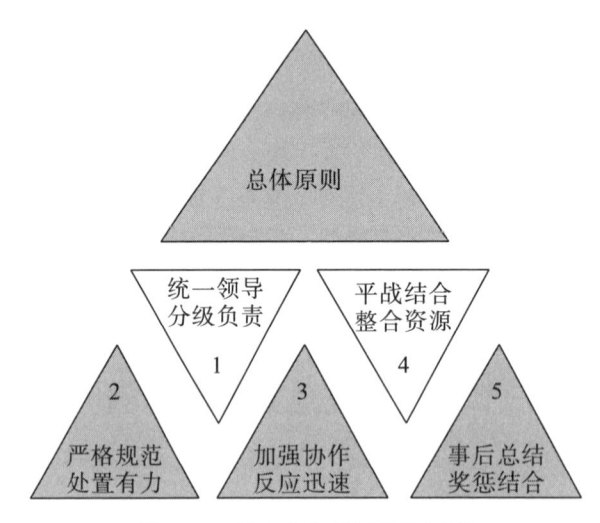

图2-8 治安应急处置总体原则

1. 统一领导，分级负责

处置治安突发事件要在医院相关应急领导小组的统一指挥下进行，由安全保卫部门主要负责医院的治安突发事件的应急处置工作，其他部门、科室应积极配合安全保卫部门，按照分级响应、分级管理的要求，落实应急处置的责任制。

2. 严格规范，处置有力

处理治安突发事件要做到"建章科学化、工作制度化、行为规范化、办事程序化、监督过程化"，科学制订各类治安突发事件的应急预案，并严格执行，不断提高处置治安突发事件的能力。

3. 加强协作，反应迅速

在处置治安突发事件时，若涉及医院各科室、各职能部门、有关单位的，要主动配合，密切协作，形成合力。同时相关的信息渠道要保障畅通，确保重要信息内容的及时准确传递，处置果断有力。

4. 平战结合，整合资源

要将治安突发事件的事前预警与事后应急相结合，按照应对突发事件的要求，将应急处置的各项工作落实在日常管理中，做好经常性应对突发事件的思想准备、机制准备。加强宣传和培训教育工作，提高职工自救、互救和应对各类突发事件的综合素质。

5. 事后总结，奖惩结合

治安突发事件应急处理工作要在事后及时复盘，总结处置过程中的经验与教训，并及时对相关的制度、机制和流程进行改进与优化。同时要做到奖惩结合，对在治安突发事件应急处置工作中作出突出贡献的集体和个人，要给予表彰和奖励；对迟报、漏报、瞒报、谎报治安突发事件重要情况或在应急处置过程中有其他失职、渎职行为的，对有关责任人实行失职追究或给予行政处分；构成犯罪的，依法追究刑事责任。

二、治安应急处置措施

（一）治安事件事前预防措施

1. 完善安全防范制度

医院要根据《刑法》《治安管理处罚法》《企业事业单位内部治安保卫条》等法律法规及其他规范性文件的规定，建立健全各项日常安全保卫制度和应急预案并随时根据情势变化不断修改完善。建立的各项制度和预案必须切合实际，具有可操作性，同时，医院还应建立安全生产长效机制，把各类隐患排查工作作为常规工作，避免潜在隐患的突然发生。

2. 加强人防系统建设

（1）提升待遇，提高门槛。

在总体提高保安人员到待遇的基础上实行定岗制和轮岗制，并加强保安人员服务质量的考核，奖罚分明，激励其保质保量完成工作，同时，医院也要加强外聘保安的评选工作，对年龄偏大、身体残疾、智力低下等不适合安保工作的人员坚决拒收，并把保安人员的工作情况作为考核保安公司的标准之一，促进保安公司加强保安人员的管理工作。

(2) 依据标准，足额配备。

严格按照《关于加强医院安全防范系统建设的指导意见》的要求配备足额的保安人员。保安员数量应当遵循"就高不就低"原则，按照不低于在岗医务人员总数的3‰或20张病床1名保安或日均门诊量的3‰的标准配备。

(3) 加强培训，提高技能。

培训对象覆盖安保人员和医务人员。安保人员的培训必须实现常态化和多元化，于每月固定时间分批次对所有保安人员进行培训，体现在人员的全覆盖和时间的经常性和长期性上。所谓多元化是指培训内容的全面性和培训教官的多层级，培训内容包括熟悉医院院情、院史，纪律保密意识培训，工作方式方法培训等。培训教官包括保安公司的专职教官、医院保卫部门管理人员及辖区派出所民警等，新进安保人员必须培训合格后方能入职。医务人员的培训主要集中在应急处突、自我防护和安全意识的提高上，医务人员的培训更应引起医院的重视，并将其纳入常规工作之中。

(4) 组建应急梯队，加强应急演练。

将班组人员、巡逻队员、备勤人员中的年轻人员、退役人员等人员集中起来，参考应急处突队员的选拔考核标准进行考核，组建医院应急处突队，分组、分事件、分等级处理医院内部各类突发事件。在岗期间，应急处突队员应不定期在医院急诊科、医技科室等治安事件重点部位开展各类应急处突演练，明确个人职责，熟悉处突流程，提高应急处突技能。确保在院期间的常规治安突发事件得到及时妥当的处理。

(5) 合理布防，加强巡查。

建立巡查制度。首先，根据医院的实际情况，在公安机关的指导下，将医院划分片区，进行合理的安保点位布防并设置巡更打卡标签（加强对急诊科、医技检查科室巡逻频次）。其次，医院应急处突队携带必要的防护装备，采取"车巡+步巡"相结合的方式，对院区各重点部位、人员密集场所进行不定点、不定时的巡查，发现可疑情况立即处置并及时报警，保护现场、保留证据。

3. 加强物防系统建设

(1) 配备必要的防暴器材。

在每层楼的护士站或医生办公室配置必要的防御性器材，如钢叉、盾牌、防割手套、防刺背心、防护头盔等，便于安保人员或医务人员处理突发事件时及时取用。同时，医院安全管理部门应制订统一的防暴器材使用管理规定，并就使用方法进行培训。各楼层的防暴器材由各科室安全管理员严格按照规定进行保管，保卫处定期和不定期对器材的保管情况进行巡查，确保安全有效。

（2）配备必需的防护设施。

医院实验室，财务室，供气、供电、供热中心等重点部位安装"三铁一器"等安全防护设施；医院"毒、麻、精、放"药（物）品、危险化学品等严格按照相关规定进行专人专柜、双人双锁管理，并配备应急处置箱，防止意外事件发生。

4. 加强技防系统建设

（1）设置安全监控中心。

医院要设置安全监控中心，对本单位技防系统的安全信息进行集中统一管理。实地调研视频监控的布防情况，实现重点部位全覆盖。实时根据相关文件精神及技术发展情况，合理选择视频监控图像的保存时间。定期对安全监控中心值班人员进行业务培训和纪律培训，确保医院视频监控工作高效、稳妥的开展。

（2）完善四个系统建设。

按照《安全防范工程技术规范》（GB50348—2004）、《入侵报警系统工程设计规范》（GB50394—2007）、《视频安防监控系统工程设计规范》（GB50395—2007）、《出入口控制系统工程设计规范》（GB50396—2007）及《电子巡查系统技术要求》（GA/T644—2006）等行业规范，建立完善入侵报警系统、视频监控系统、出入口控制系统和电子巡查系统，实现四个系统的互联互通。

（3）安装一键式报警装置。

在医务部纠纷调解办公室、急诊科各诊室、财务室等医院重点要害部门安装一键式报警装置，并与医院安全监控中心联网，确保发生突发案（事）件时能及时通知安保人员到场处置。

5. 跨界合作，加大综合治理排查力度

医院联合辖区街道、派出所、交巡警平台在医院及周边开展社会治安重点区域专项整治行动，打击医院周边游摊、医托、乱发传单等行为，整治医院周边治安环境。邀请相关部门讨论医院关于非正规护工管理、丧事处理、无人认领的病逝患者遗体处理等难点问题的处理办法，探讨院内综合治理措施等，排查潜在矛盾隐患。

6. 设立警务室，打击涉医违法犯罪行为

医院与辖区派出所合作，建成标准化警务室，由派出所民警常驻医院进行安全工作指导。警务室的建立，能够实现警务前移，快速出警，并能指导医院治安防控机制的健全和完善。警务室民警既能进行日常巡查，威慑各类潜在隐患人员，又能及时处理各类治安案件，维持正常工作秩序。

7. 强化单位内部的维稳情报工作

为预防单位内部治安突发事件，情报工作十分重要。只有掌握苗头性、预警性情报，才能及时将事件扼杀在萌芽状态；只有掌握内幕性、深层次的情报，才能掌握预防工作的主动权。为此，应高度重视并建立一支单位内部的维稳信息员队伍，加强与医院属地派出所的沟通协调，建立情报信息渠道，及时掌握高风险人员来院就诊、探视等信息并加强防范。要建立健全信息情报的综合分析研判机制，加强对各种不稳定因素发展变化趋势特别是可能引发单位内部治安突发事件的预测，提高情报信息工作的准确性、时效性、实用性。

医院需要及时排查工作中存在的不稳定因素，有效消除潜在的隐患以及漏洞，做到防患于未然。医院治安管理工作需要根据内部治安事件发生的规律，充分掌握医院内治安情况的动向并进行调查，最终制订针对性的处理措施以及控制办法。医院治安管理需要开辟更多的获取信息途径，积极关注保卫范围内的人物事件，预防违法犯罪行为出现。

8. 建立有力的单位内部纠纷排查调处机制

要在单位内部建立健全由专人负责的排查调处工作机制，针对纠纷苗头及时组织排查调处，针对伤医袭医及其他医疗纠纷引发的群众性聚集等事件，需要严格遵循教育疏导的原则，当发现搅乱正常秩序的苗头时，需要尽早介入，并充分做好当事人的思想工作，疏导情绪，避免治安管理混乱情况的发生。通过科室—机关—医院三级医疗纠纷防控体系，采取果断措施控制事态发展。在国家、省市、医院重大活动、重要节庆日、政治敏感期等关键时期，应加强情报收集和分析研判，以预防在这些敏感日期发生治安突发事件。

9. 单位内部建立完善的安保体系和治安应急处置与预案

当前医患问题频发，医院安全保卫部门，需要做的不仅仅是保护医护人员，维持医院环境的稳定，更重要的工作在于防止治安事件的发生。当今社会经济快速发展，由于种种原因，社会消极因素四起，有许多故意生事的社会闲散人员。针对这种故意扰乱医院诊疗秩序的行为，建立并完善相关安保体系显得尤为重要，如果还是沿用以往的安保体系，就很难跟上社会发展的脚步。实行医院安保措施已经成为未来医院建设的必行举措，如果不能有效地建立起完善的安保体系，势必会对医院的正常诊疗工作产生影响。在当前的社会治安形势下，故意影响医院正常工作的行为已经鲜有发生，而发生冲突的大部分源自医生与患者或家属之间的冲突。而医生与患者之间发生冲突的原因有很多，患者不理解医生在治疗中的举措，而医生则不能理解患者的焦虑，长此以往发生冲突的概率就会上升。因此想要将医院安保管理工作做到最好，不仅需要安保工作人员的努力，每一位患者与每一位医生都应当为"零冲突"的美好愿景而努力。

（二）医患纠纷处置措施

在日常工作中，医院主要的治安事件来源于医患纠纷，下文将对医患纠纷作出详细说明。

1. 医患纠纷的概念

医患纠纷是指在医疗过程中，医患双方对医疗过程和结果在认识上产生意见、分歧引发争议，未能通过正常途径解决，从而发生危害医院财产和医务人员、患者人身安全及破坏正常医疗秩序的行为，直至引发的社会治安事件或群体性事件。

2. 医患纠纷分级

按照医患纠纷的性质、参与人数、严重程度、可控性和影响范围等因素可将医患纠纷大致分为五级：特别重大（Ⅰ级）、重大（Ⅱ级）、较大（Ⅲ级）、一般（Ⅳ级）、较小（Ⅴ级）。

（1）特别重大医患纠纷（Ⅰ级）。

社会影响恶劣，诱发社会稳定问题，有下列情形之一的为特别重大医患纠纷事件：

①有职业医闹或涉黑势力参与，造成打、砸、抢、烧等严重违法行为；

②聚众闹事 50 人及以上的群体性事件或社会治安事件；

③其他严重违反《治安管理处罚法》及严重扰乱正常医疗秩序的行为。

（2）重大医患纠纷（Ⅱ级）。

医院总体秩序受到严重干扰，工作不能正常开展，有下列情形之一的为重大医患纠纷事件：

①在医疗机构内，有身着孝服、设灵堂、烧纸钱、摆花圈、拉横幅标语、张贴大字报、围堵大门、堵塞交通等行为；

②医务人员、工作人员生命财产安全受到严重威胁的；

③抢夺尸体，在医院的公共场所停放或故意将尸体从太平间移到医疗场所

陈尸等严重恶劣事件；

④聚众闹事 30 人及以上的群体性事件或社会治安事件。

(3) 较重大医患纠纷（Ⅲ级）。

医院部分科室或诊疗场所工作不能正常开展，有下列情形之一的为较重大医患纠纷事件：

①在公共场所散发传单、散播谣言、静坐、下跪等造成恶劣影响的；

②拒不将尸体移至太平间，经劝说无效或者尸体存放时间超过规定时间，又阻碍有关部门按照规定处理等行为；

③有限制医务人员、工作人员人身自由或围攻、殴打医务人员、工作人员等行为；

④聚众闹事 20 人及以上的群体性事件或社会治安事件。

(4) 一般重大医患纠纷（Ⅳ级）

医患双方不能通过正常途径解决医患纠纷，有下列情形之一的为一般重大医患纠纷事件：

①写恐吓信或者多次发送侮辱、恐吓等信息，公然侮辱或者捏造事实诽谤、辱骂医务人员，干扰医务人员及其家属正常工作、生活；

②抢夺患者或他人医疗文书，以及与医患纠纷相关的医疗证物，经劝说无效的；

③强拿硬要或故意损毁医务资料或医疗器械，占据办公、诊疗场所，影响医院正常工作的；

④聚众闹事 5 人及以上的。

(5) 较小医患纠纷（Ⅴ级）。

医患双方对医疗过程和结果在认识上产生分歧和争议，有下列情形的为较小医患纠纷事件：

①在诊疗区域或办公区域大声吵闹，对正常医疗活动及办公秩序产生影响的；

②以非理性方式维权，在医疗机构缠闹，情绪激动、言辞犀利，甚至扬言报复、有暴力倾向的；

③参与人数在 5 人以内的。

3. 医患纠纷处置流程

为确保医患纠纷得到及时、有效处置，保障医院正常医疗工作秩序，有效控制和打击"医闹"，维护患方合理诉求，保护医院及医务人员的合法权益，建立和谐医患关系，最大限度预防和减少因医患纠纷引发的群体性事件，维持社会稳定，医院应根据《中华人民共和国医师法》《医疗纠纷预防和处理条例》等法律法规，结合自身实际情况，制订医患纠纷应急处置预案，并每年至少开展一次应急演练。

（1）医患纠纷处置机构。

医院的安保部门应建立医患纠纷应急处置小组，安保部门主要领导担任组长及副组长，负责医疗纠纷应急处置的现场总指挥及副总指挥，小组成员为安保部门各业务口的主管及若干年轻安保人员（处突队员），处突队员人数根据医院具体规模和工作安排设置。医患纠纷应急处置小组的工作职责如下：

①发现有纠纷或"医闹"苗头的，需要进行前期的调查和基本情况的搜集，研判发生的原因和性质，对事件进行风险评估，确定是否派专人予以守护或加强巡逻；

②纠纷事件有蔓延发展或事态扩大的趋势，应在第一时间与医疗综合科进行沟通，商讨应对处置的方案；

③负责向分管院领导汇报整个事件的处置情况；

④联系公安机关、政府职能部门做好善后工作。

（2）医患纠纷预警机制。

医院安保人员在日常巡逻时或接到报警赶赴现场后，发现下列十种行为之一的，应立即上报公安机关和安保部门领导：

①在医院区域内寻衅滋事的；

②故意损毁或抢夺公、私财物的；

③侮辱、威胁、恐吓、殴打医务人员，甚至非法限制医务人员人身自由的；

④非法占据医院办公区域、诊疗场所，堵塞通道，限制他人正常出入的；

⑤在医院内外拉横幅、设灵堂、张贴大字报、堵塞交通的；

⑥抢夺尸体，在公共区域停尸或拒不将尸体移送太平间或殡仪馆的；

⑦抢夺医疗文件及医患纠纷相关证物（如病案记录、医用物资等）的；

⑧纠集人员扰乱医院正常医疗及工作秩序的；

⑨有自杀、自残倾向，甚至有可能危害到其他患者及家属人身安全的；

⑩符合出院条件，但蛮横无理占据病床拒不出院的。

（3）医患纠纷一般处置流程（图2-9）。

①启动预案：医患纠纷发生后，涉事科室医务人员通过一键报警器或电话向安保部控制中心报警求助，控制中心值班领导立即通知就近处突队员到场查

看，最先到场的处突队员对纠纷基本情况作出分析研判：如果患方并未出现闹事苗头，且对医院正常医疗秩序未造成显著影响，则由医务部门负责纠纷调解的工作人员自行与患方沟通处置；如果医患纠纷初步沟通效果不佳，事态未平息或患方突然情绪激动甚至失控，且出现预警机制中涉及十条中的任意一条时，安保部门应立即启动应急预案。

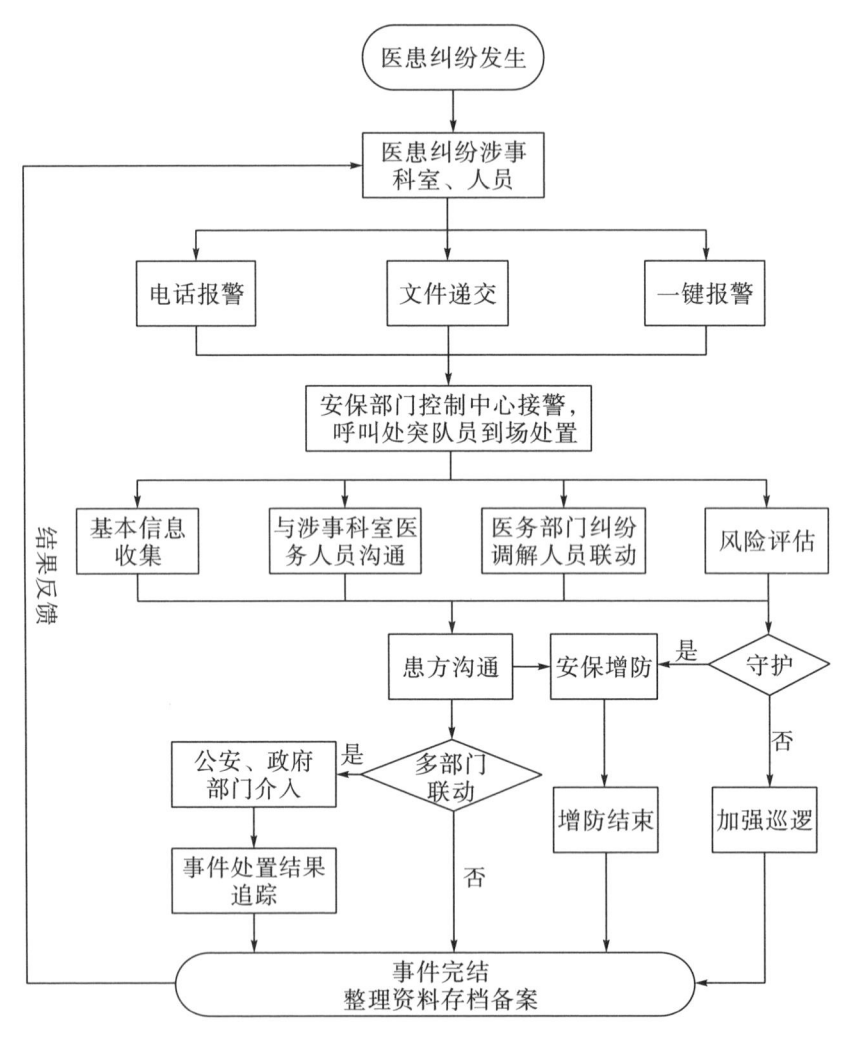

图 2-9 医患纠纷一般处置流程

②现场处置：处突队员接到领导小组指令后，在第一时间携带摄像、防暴装备赶赴事发地点，按职责分工迅速投入处置工作。现场设处置组（主要负责保护当事医务人员安全）和警戒组（主要负责做好纠纷患者及其家属心理疏导

工作，并掌握纠纷基本情况），现场处置要确保医务人员及周围其他患者的人身安全和公共财物安全，协助涉事科室或医务部门工作人员封存患者病历及相关实物。对于死亡的患者，应报公安机关到场处置，在公安机关的协助下，无条件强制要求家属将遗体送往太平间。

③善后处置：医患纠纷处置结束，待医患双方无异议，事态平息，纠集的人员撤离现场，医疗工作秩序恢复正常后，安保部协助公安机关对聚众闹事、破坏医院设施、损毁公私财产的主要人员开展调查，并将相关情况记录备案。如果医患纠纷处置无疾而终，或者患方对处置方案不认可，甚至扬言后续实施威胁、报复等恐吓言论，安保部应与公安机关做好信息联动，据实加强对涉事医务人员的工作区域的巡逻，或给予涉事医务人员定点安全守护的强化安保措施，直至纠纷解决。

（三）盗窃治安事件的应急处置措施

（1）维持好现场秩序，控制、搜寻现场，询问相关人员，减少人员流动。

（2）及时报警并做好门、窗、地面等可以为公安部门提供线索的现场保护工作。

（3）对可疑人员进行询问，查找线索。

（4）提示其他患者，保管好贵重物品与现金，避免发生混乱。

（5）提供有价值的线索，协助公安机关做好侦破工作。

（四）刑事案件的应急处置流程

（1）遇有院内人员意外伤害事件时，应立即通知急诊科值班人员，由急诊科负责组织实施抢救和记载病历。

（2）遇有人员意外死亡事故、自杀或他杀时，要在第一时间保护现场，报告保卫科，由保卫科报告派出所。

（3）遇突然发病导致死亡人员，应先确认其是否可救，如能抢救，应就地实施抢救；如确定已经死亡，应协助公安人员查验死亡原因。

（4）对自杀、他杀死亡人员，保卫人员首先应保护现场，劝阻无关人员远离事发现场，待公安机关到达后，配合搜寻证据材料。

（5）对其他刑事案件，保卫科首先保护现场，观察周围有无可疑人员，阻止无关人员靠近，待公安人员到达后，汇报情况并提供有关线索。

（五）遭遇情绪失控（精神病患者）的应急处置流程

（1）遭遇情绪失控人员后，首先保持沉着冷静，身体做好防御姿势，与其交谈，尽量平复其情绪，控制事态避免激化矛盾。

（2）寻找机会脱身或设法通知他人，立即报警。

（3）利用好身体附近的物品，以备危急时刻的自身防护。

（4）注意观察并记住暴徒最为显著的体貌特征。

（5）人员逃走时，注意走向，为破案提供线索。

（六）恐怖袭击事件的应急处置流程

（1）接到恐怖袭击事件报警后，安全保卫部门在尽量问清发生恐怖袭击的位置、方式和人员情况后，立即启动反恐怖事件应急处置预案。

（2）安全保卫部门值班人员通知安保人员到就近的反恐防暴装备配置点集结，并向属地公安部门进行报警，同时将恐怖袭击事件情况向医院总值班报告。

（3）安保人员在装备配置点集结后，统一携带反恐防暴装备（如灭火器、防烟面罩、盾牌、防暴棍、防刺背心、腰叉、脚叉、防爆毯等），第一时间赶到指定位置，控制现场，疏散人群，做好警戒隔离和安全防护工作。

（4）公安机关到场后，安全保卫部门协助封锁医院通道，配合警方围捕恐怖分子。

（5）现场安保人员根据现场人员受伤及现场控制情况，及时通知医疗急救人员到现场对受伤人员进行救治。

（6）恐怖袭击事件处置结束后，医院应对受伤师生员工、病人及家属进行清点和记录，收集、汇总、备案（事）件的详细资料；保存事发地监控等影像资料，配合公安机关调查取证；后由医院统一组织人员，对受伤人员及家属进行安抚慰问。

（七）踩踏类事件的应急处置流程

（1）接到踩踏类事件报警后，安全保卫部门应立即通知就近的安保人员，第一时间赶到事发地，同时向属地公安机关进行报警。

（2）消防监控中心的监控员将事发地监控投放到大屏，时刻关注现场动态，并与现场安保人员保持信息沟通。

（3）现场安保人员可通过大声呼喊、扩音器呼喊等方式疏导人群，保护工作人员、病人及家属的人身安全，防止人员受到二次伤害，并及时通知医疗急救人员到场救治伤员，请求增援。

（4）增援人员赶到现场后，通过扩音器、指挥棒疏散人群，引导人员疏散方向，维护现场秩序，避免混乱，同时劝导其他区域的群众不要进入踩踏区域，根据事件情况做好信息上报。

（5）踩踏事件处置结束后，医院应对受伤员工、病人及家属进行清点和记录，收集、汇总、备案（事）件的详细资料；保存事发地监控等影像资料，配合公安机关调查取证；后由医院统一组织人员，对受伤人员及家属进行安抚慰问。

三、治安案例分析

（一）医院医疗纠纷处置案例

1. 纠纷背景

2019年11月，某三甲医院的手术室内，心电监测仪发出了一声长长的"滴——"，医生们拼尽全力，但患者还是未能挺过这一关。这个消息传到了在手术室外等待的家属耳中，他们本身紧绷的情绪，达到了崩溃的边缘。部分家属拿着患者的病历、检查报告，质疑医生的治疗方案，想要找到情绪和不满的宣泄点，同时家属也拒绝将病人的遗体送入太平间。很快，病人去世的消息在亲友中传开，更多家属的到来，让现场的气氛十分紧张，矛盾一触即发。家属认为，这一切都是医院的失误导致的，是纯粹的医疗事故，医院理应进行赔偿，并与医护人员发生争吵。为保护现场医护人员的安全，手术室的值班人员按下了安全保卫部的一键式报警器，并向医务部上报了该起事件。

2. 应急处置过程

针对这一突发事件，医务部首先安排纠纷调解的专业人员出面安抚家属的情绪，了解情况，告知他们尸体处理、尸体解剖、病历封存及医疗纠纷处置的相关流程。随后，在医务部的纠纷接待室，医院安排了主治医生与7名死者家属进行面对面的沟通。

为确保此次沟通的平稳，保障现场人员安全，安全保卫部启动了应急处置预案。首先，安全保卫部按照"安保人员与家属的比例为2∶1"的原则，配备了足够的安保人员。每一名安保人员均接受过专业处突培训，了解在突发事件的应急处置方法与流程。其次，按照整体的安排，安保人员将防暴盾牌等应急防护装备准备到位。同时，考虑到可能出现的不稳定因素，安全保卫部还向属地派出所进行报备，请求必要时的支援与帮助。

医生通过易懂的语言，耐心地向死者家属解释手术过程和可能的并发症，解释了手术过程中的每一个细节，并表示将全力配合任何需要的调查。随着双方的沟通逐渐深入，治疗细节逐渐清晰。但一名死者家属突然情绪激动起来，直接冲向主治医生，试图将其推倒，现场安保人员迅速反应，组成人墙，将主治医生与该名家属实行了物理分隔。在处置过程中，安保人员全程开启了执法记录仪，确保记录下整个过程的真实情况，并向属地派出所呼叫增援。

接报后，属地派出所警方赶到了现场，了解基本情况后，开始对双方进行法治教育和纠纷调解。在警方的调解和医院的配合下，双方最终达成了一致意见：患方家属同意通过法律途径解决问题，不扰乱医院正常的诊疗秩序，而医院则表示将全力配合。

3. 反思总结

本起事件得到了平息，但这起事件也为医疗系统敲响了警钟。医患关系如何建立？如何确保患者及医护人员安全？如何及时、有效地处理突发事件？这些问题是每个医疗机构都必须深思的。医患纠纷在当今社会时有发生，而妥善处理这些纠纷的关键在于医院各部门的协同合作和预先的培训。以下是针对此类事件处置的一些建议：

（1）熟悉应急预案与流程：对于医院的每一位工作人员来说，熟悉应急预案和流程至关重要。这确保了在纠纷发生时，每个人都知道自己的职责和应执行的任务。这种熟悉度不仅能够加快响应速度，还能确保各部门之间的高效协作。

（2）强化警医联动机制：安保部门在处理纠纷中扮演着关键角色，他们必须确保医生、员工和其他患者的安全。同时，与当地公安部门保持紧密合作也至关重要，特别是在需要法律干预或存在安全威胁的情况下。

（3）加强信息传播与宣传工作：在医患纠纷中，信息传播的速度和准确性对医院的声誉有着直接的影响。医院宣传部门需要迅速、准确、公正地传递信息，避免错误信息的传播或舆论失控。

（4）提供心理辅导服务：对于经历纠纷的医生、员工和患者，提供必要的心理辅导同样重要。医患纠纷可能会给他们带来巨大的心理压力，而及时的心理干预和支持可以帮助他们更快地恢复和调整。

(二) 医院周边治安秩序管控案例

1. 管控背景

某三甲医院作为全国排名靠前的知名医院,单日就诊量可达 2 万～4 万,在如此庞大的人流量下,医院周边的治安秩序管理面临诸多挑战。首先,医院周边街道上聚焦了大量商贩,他们四处兜售盒饭、口罩、水果,宣传小旅馆、租借轮椅等,这不仅阻塞了医院周边的通道,还影响了病人的就诊体验。其次,医院周边随处可见摩的、二轮车等私人运营人员,他们在医院出口招揽生意,且在道路上横冲直撞,带来了潜在的交通安全隐患。最后,医院周边还有医托、"黄牛"、号贩等非法从业人员,他们通过非法倒卖医疗资源、诈骗病人及家属等方式,严重扰乱了正常的医疗秩序。这些人员通常以团伙形式活动,无疑增加了该三甲医院周边治安秩序管控的难度。

在这样的背景之下,该医院联合属地派出所、交警大队、街道、社区等力量,共同构建"区域治理—五方联动"的治安秩序管控机制,旨在有效改善医院周边治安状况。

2. 管控模式内容

"区域治理—五方联动"机制主要是为了维护医院周边安全有序、和谐稳定的就诊环境,全面防控重点人群和严厉打击涉医违法犯罪活动而形成的。"区域治理—五方联动"机制如图 2-10 所示。

该管控模式涵盖医院周边 3 条主要的街道,由医院安全保卫部、属地派出所、属地交警大队、街道城管、社区网格员联合组成,5 方单位联动抽调 15 名精干力量,形成 3 个战斗小组,采用轮值联席机制,划分网格对医院周边治安秩序进行管控。主要针对医院及周边区域的医托、号贩、闲杂人员的违法行为、交通秩序(摩的、共享单车)、扒窃等治安案件、虚假广告进行综合治理。

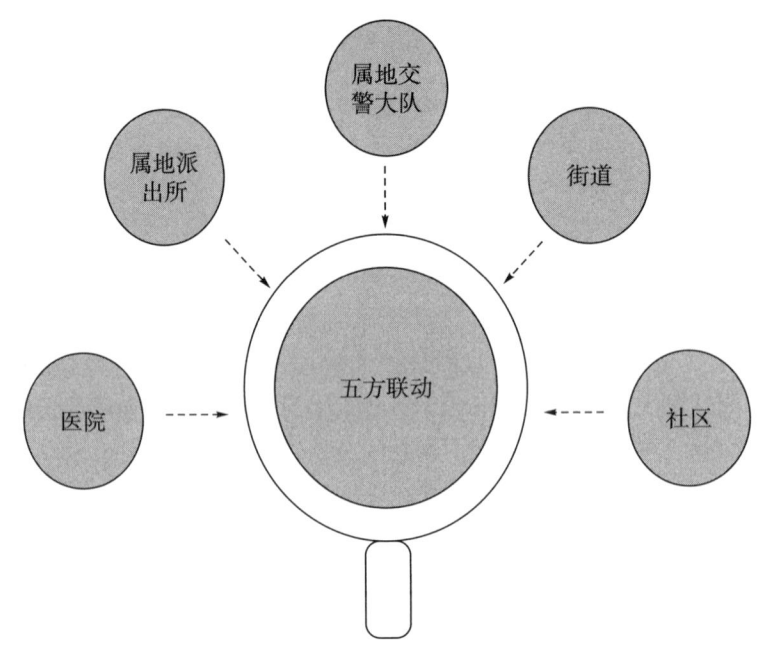

图 2-10 "区域治理—五方联动"机制

具体工作流程为：每日五方联动人员进行集合点名，确认人员到齐后按照"1 医院安保＋1 派出所协警＋1 城管队员"的形式，在医院门诊出入口、急诊出入口等周边区域进行分布值守，对区域治安环境进行管控。交警大队人员在街道路口值守，对周边摩的、三轮车等进行管控，并对交通进行疏导。社区网格员则分散至相对应的社区网格，对相关乱象进行监督与上报。每日人员到位及工作情况，由五家单位派遣管理人员轮流进行点名、督查，必要时安排五方人员集合，对周边区域进行集中整治。在这样的工作模式下，五方联动人员各司其职，共同维护医院周边的治安秩序。

3. 管控成效

该模式正式启动后，平均每日对医院周边管控区域进行全覆盖拉网整治 3 次，医院周边警情同比下降 60% 以上，社会治理成效已基本显现。整体而言，基于该模式持续开展及不断优化创新，能有效破解医院周边治安安全难题，进一步强化责任意识，抓细抓实联合治理工作，有效净化医院周边区域的就医环境，提高病人的就医体验，为医院高质量发展提供安全稳定保障。

（三）黄牛、号贩专项打击案例

1. 整治背景

心肌病患者张某来到当地著名三甲医院就诊，因其病情复杂，希望能够挂到该医院专家号，但张某每日通过医院官方 App 进行专家号的预约却均因抢不到号而告终。无奈之下，张某只能寻求医院周边号贩、"黄牛"的帮助，并最终加价 500 元挂到了专家号。

走进诊室，专家对张某的病情进行了耐心询问，并结合检查报告很快进行初步诊断，同时在 HIS 系统上为张某开具了住院预通知单，让他入院做好了准备。临走之前，张某也向医生倾诉，自己来问诊医院的大专家，属实不易，费时费力，医院的专家号都被"号贩子"抢完啦，自己都是通过加价买号才有资格进入专家的诊间。医生在听闻患者的情况后，立即上报了医院，希望医院相关领导能够引起重视，营造公平就医的诊疗环境。医院组织相关职能部门，开始进行"号贩子"进行专项整治。

2. 整治措施

针对医院周边"黄牛"、号贩的实际情况，医院组织门诊部、信息中心、安全保卫部等多部门联合行动，并协同属地派出所，对"黄牛"、号贩进行集中打击，具体措施如下：

（1）加强宣传引导。

医院通过门诊大楼 LED 屏幕、巡逻车 LED 屏幕滚动播放"不要相信黄牛、号贩，避免吃亏上当"标语，公布举报电话等内容，向广大患者宣传"黄牛"、号贩的危害性和打击的必要性，提醒患者通过正规渠道挂号就诊，号召群众积极提供相关线索，形成全社会自觉抵制"黄牛"、号贩的氛围。

（2）强化号源管控。

医院深入剖析号贩获取、转卖号源的方式和渠道，认真梳理并研究挂号、退号流程中每一个环节可能存在的漏洞，对内部人员绿色通道进行管控与溯源，对相关人员进行排查，对与"黄牛"、号贩勾结的内部职工进行从重处罚。医院信息中心同时联合公安网监部门，通过技术手段在网络挂号端对异常访问进行实时监控，并及时屏蔽阻断相关 IP，从源头上、技术上对号贩现象进行封堵。

（3）常态高压治理。

医院与属地派出所达成深度联合，成立了"黄牛"、号贩综合打击治理小组，将打击医院周边区域的"黄牛"、号贩作为重要工作内容，管控范围辐射医院周边街道。

安全保卫部设置专班治理团队，通过"定时＋不定时""便衣＋制服"的巡逻模式，加大对院内号贩活动区域的日常巡逻力度，以"嫌疑必查"为准则，强化对号贩的管控和发现跟踪。此外，安保部门还专门建立了"号贩信息库"，收缴就诊卡、票据及宣传卡片，加大对号贩的重点盯防力度，一旦发现线索并掌握其实质交易证据，立即将其扭送至派出所依法处置。

3. 整治成效

自打击整治"号贩"的专项治理行动开展以来，该医院共挡获"黄牛"、号贩百余人，全部移交属地派出所处置。其中 30 余名"黄牛"、号贩存在实质交易证据，受到公安机关罚款的行政处罚。

第三章 医院消防风险应对

第一节 消防风险分析

一、消防共性风险分析

医院属于人员密集场所,人员高度集中且结构复杂,由于医院存在病患自救能力差、人员消防安全意识薄弱、易燃易爆物多、医疗设备多等特点,一旦发生火灾,火势没能得到有效控制,极易造成群死群伤的严重后果。

医院的消防风险等级高、消防安全隐患多,要有针对性地对医院的消防安全进行检查,医院的消防共性风险主要有以下几类。

(一)用电安全风险

(1)医院内电气线路敷设不符合要求,电气线路老化、绝缘层破损、线路受潮;电气线路存在过热、锈蚀、烧损、熔焊、电腐蚀等痕迹,易造成漏电、短路、超负荷等问题。

(2)电气线路选型不当、连接不可靠;电气线路、电源插座、开关安装敷设在易燃可燃材料上;线路与插座、开关连接处松动,插头与插套接触处松动。

(3)医院内大型医疗设备、制冷系统、辅助功能区域用电设备等大功率用电设备处于24小时工作状态,运行环境闭塞,散热较差,易导致用电设备温度上升。

(4)用电设备停、送电不规范,线路实际荷载超过额定荷载;应急电源运行异常或无法实现切换,蓄电池超期使用、容量不足。

（5）配电箱未按要求安装漏电保护装置，强、弱电线路共用一个配电箱，配电箱周围堆放易燃可燃物品，配电箱距离风机位置较近，配电箱线路出现温度过高现象。

（6）弱电井、强电井内强电与弱电线路交织，弱电井内违规安装强电线路；弱电井、强电井后期改造放置信号放大器等大功率设备，导致电井温度上升等问题。

（7）工作人员、病患及家属在病房内私拉乱接，违规使用大功率用电设备，导致线路负荷过大等问题。

（二）施工改造风险

（1）医院的很多施工改造区域所处的楼层大多都处于运营中，通道、电力、通风系统等跟未施工改造区域共用，容易因通道堵塞、电力过载等风险引发火灾。

（2）施工区域进行电焊、气焊时，操作电焊、气焊的工作人员无证上岗，操作时未采取必要的安全措施，开展电焊、气焊工作前未事先办理动火动焊审批手续。

（3）施工单位未对明火火源进行严格管理，消防安全管理不规范，未安排专门人员进行现场安全管理，施工现场吸烟等违规现象未及时杜绝。

（4）建筑材料未按易燃、可燃物进行分类，未按安全距离堆放。

（5）施工用电随意拉线连接，未按照《施工现场临时用电安全技术规范》要求进行"三级配电二级保护"，未满足"一机一闸、一漏一箱"的要求。

（6）为施工方便，堵塞消防通道，或长时间占用消防通道；大面积停用与施工区域不相关的消防设施（火灾自动报警系统、室内消火栓、消防喷淋系统等）。

（7）施工单位在施工现场未配备足量的消防器材（灭火器），无保障工程安全的具体措施。

（三）易燃易爆物品风险

（1）医院存放着大量的危险化学品，如乙醚、苯、丙酮、甲醇、乙醇等易燃易爆物品。着火时，这些物质不仅燃烧迅速，还会产生大量有毒、有害烟气，有些危险化学品甚至有爆炸的危险。

（2）由于治疗需要，医院有制氧站及密集的输氧管道，由于氧气具有助燃性，易导致相关区域的火势无法控制。

（3）医院住院部由于居住需要，存在大量易燃物（床单、被褥等），一旦发生火灾极易迅速蔓延，并且住院部楼层相对较高，病患及陪护人员很难在短时间内完成应急疏散。

（四）疏散通道堵塞风险

（1）医院由于安全需要（院感、防盗等），住院部大部分通道都处于关闭状态（锁闭或有门禁系统），一旦发生火灾会导致疏散困难。

（2）住院部大楼过道常有加床，楼梯间堆放有医疗用具、铁皮柜等杂物，占用了疏散通道，造成人员疏散困难。

（3）医院就医人员众多，医院的停车压力大，很多就医人员在院内违规停放车辆，堵塞楼栋疏散通道，占用消防车通道，占用消防停车登高操作场地，发生火灾时消防车不能及时停靠，开展疏散救援。

（4）为了通行方便，楼梯间常闭式防火门保持常开状态，在火势到来时不能形成封闭的防烟楼梯间，导致烟气迅速蔓延，疏散楼梯间失去原有作用。

（五）防火、防烟分隔不规范

（1）建筑施工期间不重视消防系统的完善性，忽视防火、防烟分隔的重要性，部分管井、通道防火封堵不到位，不能形成完善的防火、防烟分隔。

（2）很多医院占用防火卷帘下降空间，用作便民服务、绿化等他用，一旦发生火灾，不能形成有效的防火、防烟分隔。

（3）由于各科室需求，在弱电井、强电井增设用电设备、通信设备等，在施工过程中破坏原有的防火封堵，施工完毕后未及时恢复，发生火灾时造成烟气、火势极快蔓延，形成烟囱效应。

（4）部分楼层、房间的使用用途发生改变，重新进行装修时，破坏了原有的防火、防烟分区，在装修结束后未进行恢复或重新分区，带来了消防安全隐患。

（六）占用消防设备间

由于医院空间的局限性，部分消防风机房、消防水泵房等设备间被一些科室违规占用，堆放废旧医疗设备、杂物等，在火灾发生时相关消防设备不能及时有效启动。

（七）病患由于火灾带来的衍生伤害

（1）医院火灾具有特殊性，人员相对密集，病患自救能力差，特别是骨折病人、烧伤科病人、ICU 病人和手术中的病人，一旦发生火灾，很难对患者进行快速疏散，疏散任务重，难度大。

（2）发生火灾时需要切断非消防电源，一些危重病人在输液、输氧情况下，可能因电源的切断，而有生命危险。

（3）一些心脏病、高血压病人遇火灾时，由于精神紧张，有可能在疏散过程中导致病情加重，甚至猝死。

（八）消防系统未保持完整、有效

（1）在建设初期，建筑消防设施系统的设计还不够完善，设施的抗火能力欠缺科学性和可靠性，存在施工质量问题。

（2）在医院运行过程中如 EPS 应急照明、疏散指示灯等易耗品，在达不到标准照度及时长的情况下，未及时发现并更换。

（3）消防设备标识不明确，防火卷帘下缺失警示标识、灭火器和消火栓使用方法脱落、疏散示意图缺失或施工改造后未及时更换等。

（4）移动式消防设备（灭火器等）挪作他用或未及时巡查或未在有效期内；消防水带破损未及时发现。

（5）建筑装修改造时破坏了原有火灾自动报警系统回路、相邻火灾自动报警系统回路及联动系统。

（6）由于系统软件或硬件出现问题，或者是由于系统操作不当，导致消防主机系统故障，未及时恢复。

（九）人员整体消防安全意识不强

（1）依赖"技防"，忽略"人防"。

（2）未对新进员工进行岗前消防安全培训。

（3）未形成人人都是消防责任人的意识。

（4）领导不重视消防安全投入，误认为资金投入"只进不出"。

（5）消防监控人员未持证上岗，消防设备及系统操作不熟练，跑位不及时。

二、消防重点区域风险分析

随着医院规模扩大，人员流动增加且内部结构复杂，极容易出现火灾险情，一旦出现火灾，将会影响到民众生命安全且给医院造成巨大经济损失。在日常工作中需要对医院的重点部位的消防风险更加重视。

医院的不同重点区域存在有不同的消防风险，下面我们就不同重点部位的消防风险进行分析。

容易发生火灾的部位，包括手术室、重症监护病房（ICU）、实验室、供氧站、锅炉房、食堂、药剂科库房、配电室、贵重设备机房、病案资料库等。

（一）手术室

（1）医院手术室使用的酒精、麻醉剂（如乙醚、甲氧氟烷、环丙烷）等易燃、易爆危险物品，应严格执行危险品领取登记和清退制度，以免引发火灾。

（2）在对病人进行麻醉的场所应有良好的局部通风。

（3）应组织专业人员对手术室的电气设备及过滤器进行定期检查，并及时更换老化的电气线路和损坏的电气插座、电感整流器等，避免由于过热、过流带来的火灾隐患。

（4）激光、电刀、电锯、电钻、除颤器、纤维光导光源等医疗设备应由专业人员负责维修、保养，操作时应远离易燃物品；操作时应尽量调低吸氧浓度，当吸氧浓度在 5～10 L/min 时应使无菌巾下的氧气自由流动，以免蓄积；能够暂停吸氧的在操作前应暂停吸氧，降低火灾隐患。

（5）手术室不使用时，应关闭电源和供氧设施。

（6）手术室应与医院的其他场所采取有效的防火分隔措施，降低其他场所火灾对手术部的影响。

（二）ICU

（1）ICU 的病患都是严重病患，不能自主行动，如遇火灾，疏散难度极大，病房内的房门、床头及病房公共区域的明显位置应设置安全疏散指示图，指示图上应标明疏散路线、疏散方向、安全出口位置及人员所在位置和必要的文字说明。

（2）由于 ICU 内病患疏散难度大，超过 2 层的病房内应配备一定数量的防护面罩、应急照明设备、辅助逃生设施及使用说明。

（3）ICU内治疗用的仪器设备应由专人负责管理和使用并贴有"不得私用"等标识；不使用时，应切断电源。红外线、频谱等用电加热的器械，应与窗帘、被褥等可燃物保持安全距离，以免引发火灾。

（4）由于治疗需要，护士站内存放有酒精、乙酸等易燃、易爆危险物品，为降低火灾风险，这些药品应由专人负责，专柜存放，并存放在阴凉通风处，远离热源、避免阳光直射。严格执行危险品领取登记和清退制度，禁止超额储存。

（5）为保证用电安全，应禁止在病房内做饭、烧水；除医疗必须使用外，病房内不应使用电炉、石英取暖器等高温设备。不应擅自改变病房内的电气设备或在病房的线路上加接电视机、电风扇等电气设备。

（6）病房内不应堆放纸箱、木箱等可燃物，用过的纱布、棉球等应暂存在指定地点，并定时清理。

（7）病房内的通道以及公共走道应保持畅通，不应堆放物品，保证疏散安全。

（8）重症监护室应自成一个相对独立的防火分区，为有效防止火灾蔓延，通向该区的门应采用甲级防火门。

（9）病房、重症监护室由于病患自主行动力差，疏散困难，宜设置开敞式的阳台或凹廊，窗口、阳台等部位不应设置影响逃生和灭火救援的栅栏。

（三）实验室

实验室应严格执行易燃、易爆危险物品领取登记和清退制度，禁止超额储存。

（1）实验室使用的汽油、酒精等易燃危险品，乙醚、丙酮等自燃危险品，乙炔、氢气等爆炸危险品以及其他危险品应存放在指定位置，并远离热源和可燃物，避免阳光直射。

（2）自燃危险品应单独存放，不应与其他试剂混放，且应放置在阴凉通风处。

（3）实验室不应随意乱接电线，擅自增加用电设备，严禁私自安装电闸、插座、变压器等。当工作需要时，应由具有相应资质的人员或机构负责接线、安装。

（4）实验室仪器设备应由专人负责管理，并经常检修线路，防止老化和漏电。

（四）制氧站

由于氧气是助燃物，作为燃烧的必要条件，氧气是消防检查的重点。供氧站、高压氧舱等用氧部位，应明确岗位消防安全职责，严格执行安全操作规程。

（1）供氧站与热源、火源和易燃、易爆场所的距离应符合国家相关标准的规定。不允许在安全距离内擅自建设其他建筑或占用停车等。

（2）供氧、用氧设备及其检修工具不应沾染油污。

（3）供氧站内的氧气空瓶和实瓶应分开存放，并由工作人员负责瓶装氧气的运输。氧气灌装应由具备相应资质的人员操作，不应在供氧站内灌装氧气袋。

（4）病房内氧气瓶应及时更换，不应积存。采用管道供氧时，应经常检查氧气管道的接口、面罩等，发现漏气时应及时修复或更换。

（5）高压氧舱排氧口应远离明火或火花散发地点。不允许在排氧楼附近施工及作为车辆通道。

（五）锅炉房

定期检修锅炉。点火前，应测试锅炉安全阀，发现问题应及时检修。

（1）锅炉周围应保持整洁、空旷，不应堆放木材、纸箱、棉纱等可燃物。

（2）不能向锅炉的炉膛内投烧废旧物品。

（3）应每年检修一次动力线路和照明线路，明敷线路应穿金属管或封闭式金属线槽，且与锅炉和供热管道保持安全距离。

（4）对于燃煤锅炉，应每日清运炉渣到指定地点，并用水浇湿。

（5）对于燃油、燃气锅炉房，应定期检查供油供气管路和阀门的密封情况，并保持良好通风。设有可燃气体报警装置的锅炉房，应查看可燃气体报警装置的工作状态是否正常。

（六）食堂

（1）由于厨房内有明火，日常工作中为避免发生火灾，在有明火操作时应注意以下事项：

①厨房应保持清洁，染有油污的抹布、纸屑等杂物，应随时清除。灶具旁的墙壁、抽油烟罩等易污染处应每天清洗，油烟管道应至少每两个月清洗一次。

②油炸食品时，锅里的油不应超过油锅的三分之二，并留意避免水滴和杂物掉进油锅；油锅加热时应采用温火。

③厨房工作人员进行加热、油炸等操作时不应离开岗位。

(2) 厨房内的燃气燃油管道、法兰接头、阀门应定期检查，非专业人员不得擅自接、改拆电线、煤气管道、电源和气源。如发现燃气燃油泄漏，应立即关闭阀门，及时通风，并严禁使用任何明火和启动电源开关。

(3) 厨房应尽量减少使用燃气瓶，如确需使用的，燃气瓶应集中管理，距灯具等明火或高温表面应有足够的距离。

(4) 厨房内电器设备的线路应正式安装，不得增加容量，不得超负荷或过载运行。应对线路的污染、破损、老化等情况定期进行检查。

(5) 餐厅建筑面积大于 1000 m^2 的食堂，其烹饪操作间的排油烟罩及烹饪部位应设置自动灭火装置，并在燃气或燃油管道上设置与自动灭火装置联动的自动切断装置。

(6) 厨房内应配备石棉毯、干粉灭火器等，并应放置在明显部位，严禁挪作他用或进行遮挡。

(7) 厨房内有大功率电气设备，工作人员下班时，应认真检查厨房区域安全情况，切断不用电源，拔出厨房机械、电器插头（冷柜除外），关闭燃油燃气阀门，并做好下班安检记录。

(七) 药剂科库房

药品库房应设在独立建筑内或建筑内的独立区域内，与其他场所应采取防火分隔措施。

(1) 药品库房内不应设置休息室、办公室，值班室夜间不应留人住宿。

(2) 药品应分类存放，酒精等易燃、易爆危险物品应储存在危险品库内，禁止储存在地下室内，不应与其他药品混存。

(3) 药品库房内的升降机严禁载人，其附近不应堆放纱布、药箱等可燃物。

(4) 药品库房中采用堆垛方式存放的中草药，应采取定期翻堆散热等措施防止自燃。

(5) 未经允许，非工作人员不得进入危险品库房。危险品进出库房应轻拿、轻放。零散提取危险品时，应在库房外进行，严禁在库房内开启包装物，如开桶、开箱、开瓶等。

(6) 药品库房内明敷电气线路时，应穿金属管或敷设在封闭式金属线槽内，堆放的药品应与电闸、电气线路保持安全距离。药品库房内宜采用低温照明灯具。

（7）设置在制剂室内的电炉、恒温箱、烤箱等用于制剂的电器，应由专人负责在固定地点使用。

（8）制剂室应严格执行危险品领取登记和清退制度，每天工作完毕后应清理现场，及时清除药渣等废弃物。

（八）配电室

（1）室内应保持整洁，不应存放木箱、纸箱等可燃物。

（2）应定期检修变压器和配电盘，察看线缆接头等部位的接触或温度情况，做好相应防护措施。

（九）贵重设备机房

（1）机房内严禁存放可燃、易燃物品。

（2）机房应有足够的空间以保证空气流通和机器散热。

（3）机房使用酒精、汽油等易燃液体进行消毒和清洗污物时，应打开门窗通风。

（4）电器设备应正确安装，电缆变压器的负载、容量应达到规定的安全系数。中型以上的诊断用X线机，应设置专用的电源变压器。

（5）机器及其设备部件应有良好的接地装置。

（6）X线机的电缆应敷设于封闭的电缆沟内，移动电缆的弯曲度不宜过大；地表走线部位应进行垫衬，高压插头与插座之间的空隙应采用绝缘材料填充。

（7）高压发生器及机头不应随意打开观察窗口和拧松四周的固定螺丝。

（8）工作人员在工作中应经常察听高压发生器或机头是否有异常声响，如有放电声，应立即停止使用并进行检查维修。

（9）核磁共振机房宜配置无磁性清洁剂灭火器。

（十）病案资料库

（1）库房内温度应适宜，当温度较高时应采取降温措施。

（2）库房内不应吸烟及动用明火，不应使用卤钨灯、碘钨灯及60 W以上的白炽灯等移动照明灯具。

（3）库房内部及周边应保持干净整洁，库房内不应堆放与病案无关的杂物。

(4）库房内灯具、电闸和电气线路应与病案保持安全距离。
(5）工作人员离开库房时应检查各类设备电源，并关闭全部照明设备。

三、消防风险评估与分级管控

风险分级管控和隐患排查治理是双重预防机制的两道防火墙，更是消防安全标准化建设的主要内容。因此，抓好风险评估、分级管控和隐患排查治理，在整个安全生产管理中非常重要。

（一）消防风险评估和分级管理的必要性

对医院内消防工作中涉及的各项因素运用科学合理的危害辨识及危险评价方法严格控制，制订风险分级管控措施，规避因措施不到位等原因而导致出现火警甚至火灾和有毒有害、易燃易爆介质出现泄漏着火等恶性事故。

根据评估结果制订消防安全分级管理制度，采取针对性、可操作性较强的预防性控制措施，从而规范和消除、避免火灾对人身安全和设备危害，降低消防隐患风险。

（二）评估范围

医院范围内消防设施、设备的运行情况。

医院范围内易燃易爆、有毒有害气体隐患较大的重要部位的消防安全评估。

医院内工作人员的消防安全意识。

（三）消防风险分级管控

消防风险分级可根据医院的基础建筑、使用功能、消防系统配备情况、疏散条件、人员密集程度、人员消防培训程度等危险源风险等级从高到低划分为重大风险、较大风险、一般风险和低风险，分别用红、橙、黄、蓝四种颜色标示。消防风险分级应明确至具体楼栋、楼层、房间号。

(1) 重大风险：发生风险事件概率、危害程度均为大，或危害程度为大，发生风险事件概率为中；极其危险，为医院级管控，专业科室进行重点监督检查。

如：手术室、ICU、食堂、制氧站、锅炉房、药剂科库房、实验室等存在易燃易爆风险较大的消防重点场所及消防系统缺失的老旧建筑。

（2）较大风险：发生风险事件概率、危害程度均为中，或危害程度为中，发生风险事件概率为小；高度危险，为科室级管控。

如：强弱电井、各类设备房等保持运行状态，且容易由于发热导致火灾的场所。

（3）一般风险：发生风险事件概率为中、危害程度为小；中度危险，为班组级管控。

如：一般楼栋、病区、就诊区等。

（4）低风险：发生风险事件概率、危害程度均为小；轻度危险，为岗位级管控。

一般为相对楼层较矮、消防系统配备齐全的楼栋及建筑。

（四）消防风险建档与动态管理

对医院内所有建筑进行风险分级后建立消防风险档案，绘制四色消防风险分布图，并根据消防风险内容制订响应的改造及风险防控计划。

在相应改造后，应及时更新风险源情况，重新进行风险等级评估，保持跟踪形成动态管理。

第二节　消防风险防范

一、消防安全制度

医院应结合本单位的特点，建立健全各项消防安全制度和保障消防安全的操作规程，并公布执行。

医院的消防安全管理制度包括但不限于以下内容：消防安全教育、培训制度，防火巡查、检查制度，安全疏散设施管理制度，消防（控制室）值班制度，消防设施、器材维护管理制度，火灾隐患整改制度，用火、用电安全管理制度，易燃、易爆危险物品管理制度，专职和志愿消防队的组织管理制度，灭火和应急疏散预案演练制度，燃气和电气设备的检查和管理（包括防雷、防静电）制度，消防安全例会制度，消防安全工作考评和奖惩制度，消防安全档案管理制度和其他必要的消防安全管理内容(图3-1)。

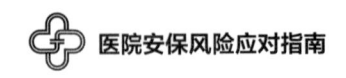

```
                    ┌─────────────────────────────┐
                    │   大型医院消防安全管理重点制度   │
                    └─────────────────────────────┘
   ┌──────────────────────────┐    ┌──────────────────────────┐
   │  消防安全教育、培训制度      │    │  易燃、易爆危险物品管理制度   │
   └──────────────────────────┘    └──────────────────────────┘
   ┌──────────────────────────┐    ┌──────────────────────────┐
   │  防火巡查、检查制度          │    │  灭火和应急疏散预案演练制度   │
   └──────────────────────────┘    └──────────────────────────┘
   ┌──────────────────────────┐    ┌──────────────────────────┐
   │  安全疏散设施管理制度        │    │  燃气和电气设备的检查和管理制度 │
   └──────────────────────────┘    └──────────────────────────┘
   ┌──────────────────────────┐    ┌──────────────────────────┐
   │  消防（控制室）值班制度      │    │  专职和志愿消防队的组织管理制度 │
   └──────────────────────────┘    └──────────────────────────┘
   ┌──────────────────────────┐    ┌──────────────────────────┐
   │  消防设施、器材维护管理制度   │    │  消防安全例会制度            │
   └──────────────────────────┘    └──────────────────────────┘
   ┌──────────────────────────┐    ┌──────────────────────────┐
   │  火灾隐患整改制度            │    │  消防安全档案管理制度        │
   └──────────────────────────┘    └──────────────────────────┘
   ┌──────────────────────────┐    ┌──────────────────────────┐
   │  用火、用电安全管理制度      │    │  消防安全工作考评和奖惩制度   │
   └──────────────────────────┘    └──────────────────────────┘
```

图 3-1 医院消防安全管理重点制度一览图

（一）消防安全教育、培训制度

消防安全教育、培训制度应包括下列内容：

（1）利用录像、板报、宣传画、标语、授课、测试、演练等形式，进行消防安全宣传普及教育。

（2）对住院患者和陪护人员在入住院和日常巡查时开展经常性的消防安全提示。

（3）对新上岗和进入新岗位的工作人员进行上岗前消防安全培训的时间和培训内容要求。

（4）对医院内从事安装、施工的外单位现场负责人和相关施工人员进行上岗前消防安全教育的要求。

（5）定期组织开展消防安全活动，分析消防安全情况，学习有关规定和消防安全知识。

（6）对医院内各科室工作人员定期进行消防安全知识教育。

（二）防火巡查、检查制度

防火巡查、检查制度应包括下列内容：

（1）落实具体岗位的巡查和检查的人员，确定其巡查和检查的内容和要求。

（2）规定每日防火巡查的要求和加强夜间防火巡查的要求。

（3）规定防火巡查和检查时应填写的巡查、检查记录与要求。巡查和检查人员及其主管人员应在记录上签名。

（4）巡查、检查中负有及时纠正违法、违章行为，消除火灾隐患的责任；要求无法当场整改的，应立即报告，并记录存档。

（5）确定防火巡查时发现火情的处置程序和要求。

（三）安全疏散设施管理制度

安全疏散设施管理制度应包括下列内容：

（1）确定疏散门、安全出口门、疏散通道、避难区或避难场地、疏散楼梯或疏散楼梯间等安全疏散设施管理的责任人，明确规定安全疏散设施定期检查周期及其维护要求。

（2）要求消防应急照明、灯光疏散指示标志和消防安全标识应完好、有效，不被遮挡，及时维修、更换破损部件，纠正不正确的标识。

（3）根据本单位实际情况制订确保建筑内的疏散门和楼梯间的门不被锁闭，疏散走道和楼梯间不被占用、堵塞的措施。

（四）消防（控制室）值班制度

消防（控制室）值班制度应包括下列内容：

（1）按月制订工作人员值班表。

（2）消防控制室实行24小时值班制度，每班不少于2人，值班人员应持证上岗、公示证件，并认真填写值班记录。

（3）工作人员的交接班要求，并应要求接班人员未到岗前值班人员不得擅自离岗。

（4）值班人员应坚守岗位，不应脱岗、替岗和睡岗，禁止值班前或在值班时饮酒或进行娱乐活动。接到火灾报警信号，应立即查看和确认，并采取相应处置措施。

（5）禁止消防控制室内存放与建筑消防安保监控无关的设备和物品，保证室内环境满足设备正常运行的要求；无关人员不得进入消防控制室，禁止非操作人员操控消防设备。

（6）消防控制值班室应具备《消防控制室通用技术要求》（GB25506—20222）规定的资料。

（五）消防设施、器材维护管理制度

消防设施、器材维护管理制度应包括下列内容：

（1）确定建筑室内外各消防系统及消防设施、器材的管理人员，明确规定消防设施定期检查周期及其维护要求。

（2）确定室外消火栓、消防水泵接合器和消防取水口周围的消防车停靠场地不被占用的措施。

（3）规定管理人的相关责任。

（4）建立消防设施、器材的维护管理档案。

（5）消防设施、器材除扑救火灾使用外，不得挪作他用；如因特殊情况需动用消防设施、器材的，应事先经申报批准。

（六）火灾隐患整改制度

火灾隐患整改制度应包括下列内容：

（1）及时消除火灾隐患的程序、要求和责任人。对违反消防安全规定的行为，应责成有关人员当场改正并督促落实；对不能当场改正的火灾隐患，应及时向消防安全管理人或者消防安全责任人报告，提出整改意见。

（2）消防安全管理人或消防安全责任人应确定整改的措施、期限和相关整改资金的落实等要求。

（3）确定火灾隐患未消除前，采取加强防范措施的要求。火灾隐患整改完毕，负责整改的部门或人员应将整改情况记录报送消防安全管理人签字确认后存档备查。

（4）对消防主管部门责令限期整改的火灾隐患，应在规定的期限内改正并写出火灾隐患整改复函，报送消防主管部门。

（七）用火、用电安全管理制度

用火、用电安全管理制度应包括下列内容：

（1）明确用火、动火管理的责任部门和责任人，用火、动火的审批范围、程序、要求以及电气焊工的资质要求。

（2）电气线路敷设、电气设备安装和维修人员应具备相应的职业资格，不得私自设置临时用电线路和设备。

（3）定期检查、维修各种用火、用电、用气设备，禁止带故障运行或使用。

（4）对于新增用火、用电设备的使用要求。应要求办理报批手续，经检查验收合格后方可使用。

（八）易燃、易爆危险物品管理制度

易燃、易爆危险物品及其使用和存放场所的防火、防爆制度应包括下列内容：

（1）根据国家关于易燃、易爆危险物品的安全管理规定，制订本单位易燃、易爆危险物品的存放位置、用量或储备量、存放和使用环境的具体要求，未经培训或培训不合格的人员不应从事操作和保管。

（2）明确易燃、易爆危险物品领取登记和清退的程序、要求，明确易燃、易爆危险物品管理的责任部门和责任人。

（3）明确易燃、易爆场所应采取的防火、防爆措施和应急方法和要求，做好防火、防爆设施的维护保养。

（九）灭火和应急疏散预案演练制度

灭火和应急疏散预案演练制度应包括下列内容：

（1）规定灭火和应急疏散预案演练的组织成员，并确定由消防安全责任人、管理人、部门负责人等组成的灭火和应急疏散预案演练的领导小组。

（2）明确至少每半年组织一次灭火和应急疏散演练，以便工作人员熟悉灭火和应急疏散预案，熟悉灭火、疏散、逃生的方法。灭火和应急疏散演练方案应报告属地消防主管部门，争取获得业务指导。

（3）在灭火和应急疏散演练前，应发布演练通知并熟悉演练内容与程序；演练时，应在建筑入口等显著位置设置"正在消防演练"的标志牌，避免引起慌乱；演练结束后，应进行总结，并做好记录。

（4）灭火和应急疏散演练应确保患者安全、保障正常的医疗秩序，并确保演练任务的实用性、适用性、可行性和有效性。

（5）在模拟火灾演练中，应落实火源及烟气的控制措施，防止造成人员伤害。

（十）燃气和电气设备的检查和管理制度

燃气和电气设备的检查和管理制度应包括下列内容：

（1）规定电气设备和线路定期检修的要求，发现问题及时报告、及时处理。

（2）规定每年对避雷装置进行全面检测，对防静电设施进行定期检测。

（3）规定的使用燃气和电气设备的有关人员进行定期教育培训，提高消防安全意识。

(4) 规定对燃气设备和燃气管道进行定期检查的要求和方法，对检查的结果应记录存档。

(十一) 专职和志愿消防队的组织管理制度

专职和志愿消防队的组织管理制度应包括下列内容：

(1) 明确专职和志愿消防队的人员组成以及管理部门。

(2) 规定专职消防队员每月进行一次培训和志愿消防队员每季度进行一次培训的相关要求。

(3) 规定专职和志愿消防队每半年进行一次灭火和应急疏散演练的要求。

(4) 规定专职和志愿消防队员的职责，并要求其应服从管理部门的统一调度、指挥。

(5) 专职和志愿消防队应根据人员变化情况及时进行人员调整、补充。

(十二) 消防安全例会制度

消防安全例会制度应包括下列内容：

(1) 医院每半年至少应召开一次消防安全例会。会议内容应以研究、部署、落实本单位的消防安全工作计划和措施为主。如涉及消防安全的重大问题，应随时组织召开专题性会议。

(2) 消防安全例会应由消防安全责任人主持，有关人员参加，并应形成会议纪要或决议以下发有关部门并存档。

(3) 会议应听取消防安全管理人员有关消防情况的通报，研究分析本单位的消防安全形势，对有关重、难点问题提出解决办法，布置下一阶段的消防安全工作。

(4) 涉及消防安全的重大问题召开的专题会议纪要或决议，应报送当地消防主管部门，并提出针对性解决方案和具体落实措施。

(5) 本单位如发生火灾事故，事故发生后应召开专门会议，分析、查找事故原因，总结事故教训，制订整改措施，进一步落实消防安全责任，防止事故再次发生。

(十三) 消防安全档案管理制度

消防安全档案管理制度应包括下列内容：

(1) 明确消防档案的制作、使用、更新及销毁的要求及其管理责任人。

(2) 消防档案应包括消防安全基本情况和消防安全管理情况。
(3) 消防档案应翔实，全面反映消防工作的基本情况，并附有必要的图表，根据情况变化及时更新。
(4) 单位应当规定专人统一保管消防档案。

(十四) 消防安全工作考评和奖惩制度

消防安全工作考评和奖惩制度应包括下列内容：
(1) 确定消防工作奖惩条件、标准和具体实施办法。
(2) 对消防工作成绩突出的部门和个人应给予表彰和奖励。
(3) 对未依法履行职责或违反单位消防安全制度的责任人员和部门负责人应进行处罚。

二、安全教育、培训

(一) 工作人员消防安全教育、培训

医院每年应至少组织工作人员开展一次消防安全教育培训，新上岗和进入新岗位的工作人员必须经过岗前消防培训，培训合格后方可上岗，培训内容包括：
(1) 检查消除火灾隐患的能力、组织扑救初起火灾的能力、组织人员疏散逃生的能力、消防宣传教育培训的能力的相关知识。
(2) 扑灭初起火灾的技能，懂得灭火器、防毒面具、消防水带、消防软盘、手动报警按钮、防火卷帘、常闭式防火门等消防设施、器材的运用。
(3) 本岗位消防安全职责，岗位火灾危险性及防范措施。

(二) 医院管理人员消防安全教育、培训

医院每年应组织管理人员开展一次消防安全教育培训，培训内容除包括上文规定的内容外，还包括：
(1) 单位整体情况，如建筑类别、建筑层数、建筑数量、建筑面积、功能分布、建筑内单位数量、消防设施等。
(2) 单位人员组织架构、应急指挥架构。
(3) 单位所有消防安全管理制度，应急处置预案内容。

(三）医院安保人员消防安全教育、培训

医院每月应组织安保人员开展一次消防安全教育培训，培训内容包括：
（1）单位消防安全管理制度，尤其是火灾应急处置预案分工。
（2）燃气管道关阀切断和发现、排除火灾隐患的技能，防火巡查、检查要点，重点部位、场所的防护要求。
（3）建筑消防设施、安全疏散设施，如消防车道、消防车登高操作场地、疏散楼梯、疏散走道、消防电梯、消防控制中心、安全出口等设置位置及基本常识。
（4）灭火救援、疏散引导和简单医疗救护技能。
（5）防火巡查、检查记录表填写方法。

（四）医院每季度工程人员消防安全教育、培训

医院每季度应组织工程人员开展一次消防安全教育培训，培训内容包括：
（1）排除简单消防设施、器材故障的技能。
（2）发电机、排烟风机、送风机、消防水泵、消防卷帘、消防水炮、防火卷帘、湿式报警阀、雨淋阀、防火幕等设施的应急启动技能。
（3）单位建筑内各类进出水管阀门所在位置及开启要求。
（4）燃气管道关阀、切断的技能。
（5）切断着火区域氧气供应的技能。
（6）组织引导人员疏散、灭火救援的技能。
（7）消防设施月或季检查记录表填写方法。

（五）医院消防控制室操作人员消防安全教育、培训

医院至少每半年应组织消防控制室操作人员开展一次消防安全教育培训，培训内容包括：
（1）消防控制设备的操作方法。
（2）火灾事故紧急处置流程。
（3）消防控制室值班记录表填写方法。
（4）单位基本情况，如建筑情况（建筑类别、建筑层数、建筑数量、建筑面积、功能分布、建筑内单位数量）、消防设施设置情况（设施种类、分布位置、水泵房和发电机房等重要功能用房设置位置、室外消火栓和水泵接合器安装位置）等。

三、消防安全检查

(一) 日常巡查和检查

医疗机构应明确巡查人员和重点巡查部位，每日组织开展防火巡查，住院区及门诊区在白天的检查频率应不低于两次，住院区及急诊区在夜间应不低于两次，其他场所每日应至少一次。对巡查发现的问题应当场处理并及时上报。

(二) 医疗机构重点巡查

医疗机构重点巡查应包括：
(1) 用火、用电、用油和用气有无违章情况。
(2) 安全出口、疏散走道是否畅通，安全疏散指示标志、应急照明是否完好。消防车道、消防车登高操作场地是否被占用。
(3) 消防设施、器材和消防安全标志是否在位、完好。
(4) 常闭式防火门是否处于关闭状态，防火卷帘设置部位是否存在堆放物品等影响防火卷帘正常工作的情形。
(5) 消防控制室、住院部、门诊部、药品库房、实验室、供氧站、高压氧舱、锅炉房、配电房、地下空间、停车场、宿舍等重点部位人员是否在岗，发电机房、消防水泵房、胶片室等无人值守岗位是否落实每日安全检查。
(6) 施工场所的消防设施器材配置与防火保护等消防安全情况。

(三) 重大节假日防火检查

医疗机构每月和重要节假日、重大活动前应至少组织一次防火检查和消防设施联动运行测试，建立并实施消防设施日常维护保养制度。对发现的安全隐患和问题应立即整改。

(四) 消防重点检查内容

医疗机构重点检查内容包括：
(1) 消防安全工作制度落实情况，日常防火巡查工作落实情况。
(2) 重点工种工作人员以及全体医护人员消防安全知识和基本技能掌握情况。
(3) 消防控制室日常工作情况，消防安全重点部位日常管理情况。

（4）消防设施运行和维护保养情况，电气线路、燃气管道定期检查情况。

（5）火灾隐患整改和日常防范措施落实情况。

（6）装修、改造、施工单位向消防安全管理部门备案和安全责任书签订情况。

（五）火灾危险源日常检查及管理

1. 医疗机构用火管理规定

（1）电气焊等明火作业前，实施动火的单位和人员应按照制度规定办理动火审批手续。

（2）医疗机构施工管理部门及实施动火的单位应有专人负责作业现场的防火工作。

（3）明火作业前，应清除作业现场的易燃、可燃物，配置灭火器材，落实现场监护人和防火分隔等安全措施。

（4）明火作业后，作业现场负责人应检查现场有无遗留火种及未燃尽的物品。

（5）在容易发生火灾的部位，除锅炉房外，禁止擅自动用明火。

（6）用火过程应全程监管并检查用户手续、用火操作规范及安全措施等。

2. 医疗机构用电管理规定

（1）定期检查、检测电气线路、设备，及时维修或更换有故障的线路和设备；建立并执行新增用电负荷审批制度，禁止过负荷、超使用年限运行。

（2）建筑内应按规定和审批搭接电线或增加用电设备，禁止私自安装电闸、插座、变压器等；电气线路连接和设备安装应由具备职业资格的电工或供电专业单位负责按规定敷设线路、接线、安装。

（3）插线板不得用于超额定容量的电器。

（4）在室内使用高温或明火电气设备或电器时，应有专人监护。

（5）日常检查中应重点检查规范用电及线路工作情况。

3. 医疗机构用气管理规定

（1）燃气管道及器具的安装、调试应由具有相关安装资质的单位、人员进行，不应私自拆除、改装、迁移、安装、遮挡或封闭燃气管道及器具。

（2）定期检查燃气管道及器具，每年更换一次胶管。

（3）定期校验气体泄漏报警装置。

（4）使用燃气时应有人看管，保持室内通风良好。

（5）使用燃气前，应确认燃气具的开关在关闭的位置上，使用后应关断气源。

（6）应定期检查燃气管道及器具的完好性及安全性。

4. 医疗机构易燃、易爆危险物品的使用和保存规定

（1）存放易燃、易爆危险物品的场所宜独立设置，并应符合国家相关标准的规定。

（2）应配置专人负责管理易燃、易爆危险物品。

（3）易燃、易爆危险物品入库前应进行检查，发现包装破损、跑冒滴漏现象的禁止入库。

（4）易燃、易爆危险物品的贮存应按性质分类存放，并设置明显的标志，注明品名、特性、防火措施和灭火方法。

（5）存放易燃、易爆危险物品的房间和正在使用易燃、易爆危险物品的实验室等场所，严禁动用明火和带入火种，工作人员不应穿带钉子、铁掌的鞋和化纤衣服，非工作人员严禁进入。

（6）各部门应按使用计划数领取易燃、易爆危险物品，并根据需要限量使用，且由专人管理，集中存放。

（7）易燃、易爆危险物品使用后的废弃物应集中分类存放于安全区域，贴好标签，并交由指定部门统一处置。

（8）应定期检查易燃、易爆物品的放置情况及台账。

（六）巡查、检查中发现的火灾隐患处置流程

巡查、检查中发现的火灾隐患应按以下程序予以消除：

（1）对可以立即消除的火灾隐患，发现人应通知存在隐患的部门、岗位负责人立即采取措施消除。

（2）对无法立即消除的火灾隐患，发现人应立即报告消防安全管理部门或消防安全管理人，由消防安全管理部门或消防安全管理人研究确定隐患消除措施、组织制订隐患消除计划；由消防安全管理人领导、消防安全管理部门落实隐患整改所需的各项保障。

（3）对确实无法消除的火灾隐患，消防安全责任人或消防安全管理人应决定存在火灾隐患的部门或岗位是否立即停止产生火灾隐患的生产经营行为。对立即停止可能产生更大火灾隐患的生产经营行为，由消防安全管理部门或消防安全管理人负责组织制订停止工作计划，并负责监督落实。

（4）隐患未完全消除期间，存在火灾隐患的部门、岗位应采取有效措施，

预防火灾发生。

（5）隐患消除后，消防安全管理部门或消防安全管理人应组织复查，以确认火灾隐患消除。

四、安全应急保障

（一）建立应急处置小组

医院应建立消防应急处置小组，院领导任小组组长、消防安全处室处长任小组副组长，负责消防应急预案的制订及执行。

小组应由院消防主管部门、志愿消防队、消防监控室人员、各科室负责人等组成（图3－2）。

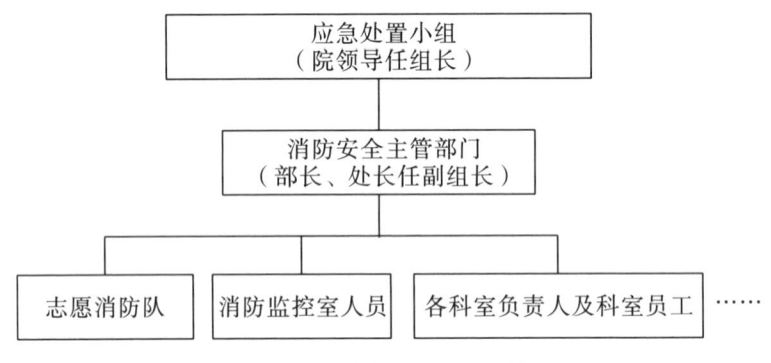

图3－2 应急处置小组架构

（二）灭火和应急疏散预案

灭火和应急疏散预案应包括下列内容：
（1）应急组织及其构成、指挥协调机制。
（2）应急物资准备和存放地点。
（3）火灾现场通信联络、灭火、疏散、救护、保卫等职能小组的负责人、组成人员及各自职责。
（4）火警处置程序。
（5）应急疏散的组织、疏散程序和保障措施，疏散人员的集散场地，特别是重症病人、手术病人和骨伤科病人等的疏散与防护方法和程序等要求。
（6）火灾扑救的程序和措施、方法。
（7）通信联络、安全防护和人员救护的组织与调度程序和保障措施。

各职能组应由值班的消防安全管理人、部门主管人员、消防控制室值班人员、安保人员、志愿消防队及其他在岗的从业人员组成,其职责如下:

(1) 通信联络组:负责与消防安全责任人和当地消防机构之间的通信和联络,保障通讯联络顺畅。

(2) 灭火组:发生火灾立即利用消防设施、器材组织扑救。

(3) 疏散组:负责引导人员正确、快速疏散、逃生,协助行动不便者疏散。

(4) 救护组:协助抢救、护送受伤人员。

(5) 保卫组:阻止与场所无关人员进入现场,保护火灾现场,并协助消防机构开展火灾调查。

(6) 后勤组:负责抢险物资、器材器具的供应及后勤保障。

确认发生火灾后,医疗机构应立即启动灭火和应急疏散预案,并同时开展下列工作:

(1) 向消防机构报火警,报警人员在报警时应说清着火地点、部位、燃烧物品、火灾状况等。

(2) 消防安全责任人担负消防队到达之前指挥各职能小组开展灭火和应急疏散等工作。

(3) 消防控制室接到报警后应关闭空调系统,开启排烟风机,将消防电梯降至首层;进行火灾事故广播,稳定病人和现场人员情绪,组织引导人员有序疏散。

(4) 灭火组人员带好灭火器具,扑救初起火灾。

(5) 保卫组人员应在着火建筑物的出入口处设立警告标志,阻止无关人员进入;清除路障,劝阻无关人员、车辆离开现场,维持好建筑物外围秩序,为消防队到场展开灭火创造有利条件。

(6) 医务人员组织病人和现场人员疏散、转移。

在发现火灾的 1 分钟内,相关人员应开展下列应急处置工作:

(1) 消防控制室值班人员接到控制设备报警显示后,首先应在系统报警点位置平面图中核实报警点所对应的部位。

(2) 消防控制室值班人员接到报警后立即通知安保人员及距离报警部位最近的工作人员持通信工具、灭火器和防毒面具,迅速赶到报警部位核实情况,发现火警立即处置。

(3) 安保人员和距离报警部位最近的工作人员负责到现场核实火情和进行灭火,并向消防控制室报告着火的准确部位、燃烧物质等情况。

（4）到场人员应做好个人防护，如果火势较大，未能控制，应立即呼叫增援力量。

在发现火灾的3分钟内，相关人员应开展下列应急处置工作：

（1）安保人员等工作人员现场核实报警部位确实起火后，应立即通知消防控制室，消防控制室值班人员应确认系统联动控制装置处于自动状态，同时立即拨打电话"119"报警，说明发生火灾的单位名称、地点、起火部位、联系电话、燃烧物质等基本情况。

（2）消防控制室值班人员应通知值班领导，值班领导立即组织灭火救援力量在3分钟内赶赴现场，按任务分工进行处置。

（3）灭火组就近利用室内消火栓进行灭火；救护组到现场搜救和救护伤员；疏散组逐个房间搜救、引导人员疏散；保卫组设置警戒区域，避免无关人员进入现场，同时负责接应消防队到场。

在发现火灾的5分钟内，相关人员应开展下列应急处置工作：

（1）现场火势较大，消防队还没有到达现场时，应组织志愿消防队员到现场增援进行灭火。

（2）消防队到场后，医疗机构值班领导应主动汇报现场情况，协助消防队做好警戒、疏散、灭火、配合、救护等工作。

（3）消防控制室值班人员应准备好各楼层的平面布置图，医疗机构安排人员接应消防队快速到达火灾现场。

发生火灾后，医疗机构应按下列要求开展应急疏散：

（1）首先利用应急广播系统稳定被困人员情绪，防止惊慌拥挤。

（2）组织疏散小组，组织病人和现场人员疏散、转移，对于能够自主行动的病人，应引导其按确定的路线疏散；对于不能自主行动或者由于病情严重不能移动的病人，由医务人员和救护组人员按既定方案疏散、转移。在疏散、转移过程中应采取必要的防护、救护措施。

（3）在发生人流堵塞的情况下，应迅速安排人员采取有力措施进行疏散或避难。

（4）当安全出口受到烟雾或高温的威胁时，应采用消防卷盘或水枪降温等方式，保护疏散人员安全。

（5）对受伤或无法自行疏散的被困人员，应组成救护组直接抢救，或组织被困人员互救。

（6）屋顶发生局部塌落时，在保证安全前提下，应迅速组织经过训练的志愿消防队员，利用水枪掩护深入火场，救助被困人员。

(7) 当消防队到达现场后，现场消防指挥应向消防队负责人报告火灾现场的情况，移交指挥权并服从专业指挥。

第三节　消防应急处置与案例分析

一、消防应急处置原则

火灾应急处置是指在突发的火灾情况下，为了保护人员安全和减少财产损失而采取的一系列应急措施。火灾发生的时候，首先要保证相关人员的人身安全，然后才能采取有效的措施。医院内发生火灾时应按照以下原则进行处置：

（一）统一领导，分级负责

由应急小组统一指挥，协调志愿消防队、消防监控室、各科室工作人员统一分工、统一行动。

（二）以人为本，安全第一

在保障应急救援人员生命安全的前提下，以救援受伤及生命安全受到威胁人员为首要任务，最大限度地减少火灾事故造成的人员伤亡和财产损失。保护人身安全是火灾应急处置的首要原则。当发生火灾时，首先应启用消防广播通知全楼立刻撤离现场，撤离过程中按照应急疏散预案的内容协助行动不便的病人安全、有序撤离，并用防烟面罩或者湿毛巾等遮住口鼻避免吸入烟雾。

（三）评估火灾、安全逃生

在火灾发生时，需要及时评估火灾情况，包括火势大小、火源位置、烟雾强弱等方面的情况，以确定应对措施。根据火灾情况判断哪些逃生路线能够使用，制订正确的逃生路线。

（四）扑救初期火灾、控制火势蔓延

在火灾初期，应该尽力控制火势的蔓延，切断电源、关闭通风口，减小火势的扩散面积。同时使用灭火器或消防栓进行灭火以控制火势。

（五）呼叫消防救援部门

在发现火灾情况时，需要立即拨打火警电话，并明确告诉消防救援部门火灾的地点、过火面积、燃烧介质等情况，以便消防救援人员能够准确携带相应灭火设备及时赶到现场，进行扑救。

（六）事故调查分析、消除消防隐患

在火灾后，需要进行事故调查，了解火灾原因、总结教训，并对所有相关人员进行培训和演练，增强其防火意识，避免火灾的再次发生。

二、消防应急事件处置与案例分析

案例一　某医院配电房火灾

图 3-3　吉林省某医院火灾事故现场图

2005年12月15日，吉林省某医院发生特别重大火灾事故，造成37人死亡，95人受伤，直接财产损失822万元。

事故的直接原因是：某医院配电室电缆沟内电缆短路故障引燃可燃物。

事故的主要原因：

一是医院委托纺织电器安装队在进行配电室及部分电气设备改造工程中存在施工质量不合格问题并购置敷设了质量不合格的电缆；报警晚，延误了灭火时间；没有认真落实消防安全责任制和消防安全措施。

二是区公安消防科对该医院消防安全监管不力。

三是卫生局对该医院消防安全工作监督检查不到位。建筑物耐火等级低、建筑结构复杂，医院患者、医护人员以及探视、陪护人员多，住院患者中有相当一部分是危重病人，疏散施救难度大，随着火灾的迅速蔓延，增加了伤亡人数。

还原当时事故过程，梳理了如下几个关键原因：

(1) 工作人员在强送电后，未察看配电设施有无异样就离开现场，未能及时断开配电设施。

(2) 医院有关部门在火灾初起时，没有及时识别报警，错过了最佳扑救时机。

(3) 医院内消防设施功能不齐全，断电后，无法正常启动利用。

(4) 医院属于特定的环境，又关闭了几个疏散通道，病人弱势群体在灾难前的逃生能力极差。

由此案例可以看出，在以后的工作中应注意如下几点：

(1) 配电房值班室应双人双岗持证上岗。

(2) 重要设备房与医院建筑要做好防火分隔，相应建筑材料必须达到相应耐火等级。

(3) 健全突发事件应急机制，并做好培训宣传工作，保证人人掌握突发事件的应急处理知识。

(4) 落实医院安全责任主体，层层压实安全责任。

(5) 保证消防设施、设备完好有效。

(6) 加强全员消防安全培训、教育。

案例二　衡阳市石鼓区某医院火灾事故

图 3-4　石鼓区某医院火灾事故现场图

2022年1月8日0时27分许，衡阳市石鼓区某医院发生火灾，造成6人死亡、8人受伤，过火面积约300平方米，直接经济损失约779.5万元。

根据衡阳市应急管理局在官方网站事故调查报告显示：

该医院三楼7号房间吊顶内电气线路故障引燃绝缘层、木龙骨等可燃物，造成火灾。造成火势迅速蔓延和人员伤亡的主要原因是屋顶使用泡沫夹芯彩钢板搭建，着火后产生大量有毒烟气，且吊顶空间整体贯通，加剧火势蔓延并猛烈燃烧，造成吊顶垮塌。加之病人床上有大量衣物和被子，滴落的燃烧物质引燃床铺起火，且病人自主活动能力极低，无法及时自救造成人员伤亡。

造成此次事故的间接原因是：该医院企业主体责任未落实。发生火灾的建筑第三层属于违章建筑，且未经过规划审批、消防设计及消防验收备案，未办理产权手续，顶棚违规使用泡沫夹芯彩钢板搭建，医院改造扩建部分未依法到卫健部门进行备案变更；向民政部门申请备案的养老机构资料与现场明显不符；三楼康养部消防设施设置不符合要求，日常消防安全管理严重缺失；起火当日医院一楼大门上锁，无值班值守人员；民政部门对该医院三楼老年康养部申报备案后的核查流于形式，未发现存在的违章建筑、重大消防安全隐患；相关职能部门在联合检查过程中对该医院三楼开设的康养部存在的重大安全隐患没有采取断然措施进行立案查处和督促整改落实。

经调查认定，石鼓区某医院较大火灾事故是一起生产安全责任事故。

根据现场事故分析该单位存在的主要问题有：

该医院将康养部设置在三楼，而三楼为历年来陆续违规扩建所建，其建筑结构不符合安全要求，顶棚违规使用泡沫夹芯彩钢板搭建，不符合耐火等级要求。医院电气线路敷设不规范，三楼空气开关无漏电保护功能，吊顶内电气线路直接敷设于木龙骨、木板、木架等可燃物上。三楼康养部未设置自动喷水灭火系统、火灾自动报警系统，应急照明设备未通电工作。三楼仅有1个直通室外的疏散楼梯间，不满足安全疏散条件。医院管理混乱，责任意识淡薄，未制订和开展针对性的应急预案和安全演练，未对员工开展消防安全教育培训。医院聘用的护理人员年龄偏大，火情发现晚，紧急情况下不会扑救初期火灾，发生火灾后，三楼管理人员帮助疏散逃生能力弱，一楼进入医院大门被锁闭，延缓消防救援人员进场。

由此案例可以看出，医院在以后的工作中应注意如下几点：

（1）所有建筑必须按照正规手续进行设计、施工、验收，包括对建筑结构及建筑施工、材料等进行全面验收。

（2）必须保障疏散通道的畅通，任何情况都不得占用或封闭消防疏散通道。

（3）建筑内必须按照消防相关规范设置消防系统，并保证系统的正常工作。

（4）加强人员消防意识及技能的培训，保证遇火灾不慌乱能够安全疏散。

第四章　医院交通风险应对

第一节　交通风险分析

一、医院交通风险的概念与管理原则

随着城市化进程的加速和医疗需求的不断增加，医院作为公共医疗服务场所，其内外交通状况日益受到关注。医院交通的安全、有序和高效运行对于保障医疗质量和患者安全具有重要意义。但是，医院交通依然面临着诸多风险，如车辆碰撞、行人安全、停车问题等。开展医院交通风险分析，制订相应的风险防控策略，有助于提高医院交通安全管理水平，降低交通风险，保障患者和医护人员的安全。在医院实际交通管理中，需遵循以下原则。

（一）安全第一

医院交通管理的第一步是确保运营安全。无论是路标、道路标线、照明设备、护栏等的设置，还是对地面人员的管理，一切都必须在确保道路安全的前提下进行。

（二）效率优先

由于来院就诊车流量大，很多医院停车场车位无法满足停车要求，故容易造成交通拥堵。提高车辆通行效率是交通缓堵的一种有效方式，医院可通过安装车牌识别系统、推行电子缴费、安装剩余车位导视系统等技术手段提升车辆进出效率；同时在车辆进出高峰期安排人员引导管控，提高车辆进出速度，缓解拥堵。

（三）方便病员

医院停车位普遍紧缺，为满足患者停车需求，可以引导职工绿色出行或者在外停车，将更多的车位让给病员。此外，停车场内的标识标牌要醒目、完善，缴费系统要便捷，车场内要配足安保人员，及时帮助患者解决实际问题。

（四）交通功能划分

医院周边交通道路和各出入口常常人车交织，应对医院内部道路交通进行合理的功能划分，使各类车辆和行人各行其道，减少交叉，从而有效地保障医院周边交通的畅通，减少交通事故的发生，保障职工和患者安全。

（五）科学管理

利用先进的科学管理理论、原则、方法以及现代科学手段去处理和协调医院道路与停车场中人、车、路和环境的相互关系，保障医院交通的正常运行。

（六）智慧化交通管理

智慧停车系统在交通管理中的应用越来越广泛，为城市交通管理带来更多便捷，但数据信息的安全性应引起足够重视，避免出现信息网络安全事件，应遵循安全性、多样性和优质性的原则。

二、医院交通风险分类

（一）医院周边交通风险

随着医院的快速发展，医院的患者数量逐年增加。由于医院大多位于城市中心，受道路状况限制和医院停车位限制，医院交通拥堵问题普遍存在。许多医院采取与周边停车场合作分流、院内建设机械停车场、院区地面增加车位等方式解决交通拥堵问题。还有一些医院采取了外部交通管制的方法，如结合交警对外部交通实施道路通行权分配，以及建立绿色走廊、潮汐线、特殊通道等，以缓解高峰时段的交通拥堵。还有的医院从管理的角度出发，设置职工专用停车场、调节价格、行政命令、加强汽车内部管理等，保障车辆顺畅通行。

经过调研统计，医院周边交通拥堵主要存在以下原因。

（1）路网缺陷：城市核心区的医院往往位于交通主干道或者几条交通主干

道之间，受周边交通道路车流行驶方向的限制，以及周边建筑群位置和人车交织的影响，车流速度整体较慢，当车流量达到一定量时，很容易造成拥堵。以四川大学华西医院为例，医院位于四条城市主干道中心，车流南进北出单向行驶，形成了天然的口袋型流动停车场，部分出入口设置单一且临近交叉路口，易造成局部交通运行混乱。

（2）运行障碍：医院具有交通聚集趋向性，由于患者身体状况的特殊性，乘坐私家车、出租车或网约车的人数不在少数，这天然增加了周边交通的压力。医院交通量在固定时间内相对稳定，其中早晚高峰以及雨雪天气是交通拥堵时段。此外，医院周边道路上还有众多通过型车辆，道路交通功能复合，部分车辆违章行驶、乱停乱放，随意在车流中穿行、上下客，以及共享单车的任意停放等现象也加剧了道路交通拥堵。

（3）配套不足：部分医院内部停车场受地形、位置等客观条件制约，出入口数量少，场内车辆动线设计不合理，未对就诊车辆、职工车辆以及急救车辆的出入口进行分类设置；场内交通设施、系统设置不齐全，安装不规范，标识标牌缺失或外观污损，以及车场人力配置不足、管理不善等，导致场内运行秩序较差，容易造成交通拥堵。此外，医院周边公共交通发展滞后也是交通拥堵的重要原因。部分医院周边公交线路及站点数量有限，医院距地铁站距离较远，市民乘坐公共交通到达医院不方便；医院附近无大型停车场或距离较远、接驳不畅，停车资源未得到充分利用。

（二）非机动车风险

随着现代医疗技术的不断发展，医院内的交通方式也日益多样化。其中，非机动车已成为广大患者和医务人员出行的重要工具之一。然而，在医院非机动车的使用过程中，存在着多种风险，本书将从以下 7 个方面进行详细阐述。

1. 驾驶员风险

医院非机动车的驾驶人员主要包括病人、医务人员和病人家属等。在使用非机动车的过程中，驾驶员的风险主要来自自身能力和经验的不足，如对路况不熟悉、驾驶技能差等。此外，驾驶员的心理状态也会对行车安全造成影响，如疲劳、情绪波动等。

2. 车辆安全风险

医院非机动车的安全性直接关系到驾驶员和行人的安全。车辆的安全风险主要包括车辆设备故障、车速过快、轮胎磨损等问题。此外，车辆的保养和维护不当也会增加安全风险。

3. 道路设施风险

医院附近的道路设施与非机动车的安全出行密切相关。道路设施的风险主要包括路面状况不良、交通标志不清、道路宽度不足等问题。这些设施问题容易导致非机动车与行人、机动车发生碰撞，增加安全风险。

4. 天气环境风险

天气环境对非机动车的出行安全具有重要影响。恶劣的天气条件，如雨雪、大风等，可能会影响驾驶员的视线和操控能力，从而增加事故发生的概率。

5. 医疗设备运输风险

医院在运输医疗设备的过程中，若非机动车使用不当，可能会导致设备损坏或延迟送达，给医院带来经济损失和不良影响。

6. 患者出行风险

患者在使用非机动车出行时，可能会因为身体状况不稳定或急救设备的缺失而增加出行风险；同时，患者的安全意识和交通规则意识也可能影响其出行安全。

7. 院内停车管理风险

医院内的停车管理对于非机动车的安全使用至关重要。停车管理的风险主要包括停车区域规划不合理、停车标识不清、停车秩序混乱等问题。这些管理问题容易导致车辆乱停乱放，影响交通流畅度和患者及医务人员的安全。

针对以上风险，医院应加强非机动车的管理和安全宣传，提高驾驶员的安全意识和技能水平；同时，应完善道路设施和停车管理措施，确保非机动车的安全出行和有序停放。

（三）院内停车场风险

医院作为公共场所，其内设的停车场往往存在各种风险包括车辆碰撞风险、停车场拥挤、混乱、地面滑溜风险、停车设备故障、盗窃和抢劫风险、火警风险、空气质量差以及停车时间过长。

1. 车辆碰撞风险

医院内停车场时常存在车辆碰撞的风险。一方面，由于停车环境复杂，司机在寻找车位或者进出车位时，可能会发生碰撞；另一方面，由于医院内来往车辆较多，车辆在行驶过程中也可能发生碰撞。为避免这种情况发生，医院应合理规划停车场布局，设置明显的指示牌，提醒司机注意行车安全。

2. 停车场拥挤

医院内停车场拥挤的原因主要有两方面：一是医院停车位有限，无法满足日益增长的车辆需求；二是部分司机对停车场的布局不熟悉，导致停车效率低下。为缓解停车场拥挤状况，医院可采取扩大停车场面积、优化停车场布局、提供电子导航系统等措施。

3. 停车场混乱

停车场混乱现象主要表现为车辆乱停乱放、行人随意穿行等。这种混乱状况不仅影响停车效率，还可能造成安全隐患。为改善停车场的秩序，医院可在停车场内设置专门的停车区域，并加强巡逻，对违规停车行为进行及时制止。

4. 地面滑溜风险

医院内停车场地面滑溜的风险主要源于地面湿滑或者油渍污染。这种状况不仅容易导致车辆打滑，还可能对行人的安全造成威胁。为降低地面滑溜风险，医院应定期清洗停车场地面，并设置防滑设施，如铺设防滑垫等。

5. 停车设备故障

停车设备故障可能会对停车过程造成不便，甚至引发安全问题。为避免这种情况发生，医院应定期对停车设备进行检查和维护，确保其正常运行。

6. 盗窃和抢劫风险

医院内停车场可能存在盗窃和抢劫的风险。为保障车主的安全，医院应加强停车场的安全管理，如设置监控设备、增加巡逻频次等。

7. 火警风险

医院内停车场发生火警的风险也不容忽视。一旦发生火警，不仅会造成财产损失，还可能对人的生命安全造成威胁。为降低火警风险，医院应配备完善的消防设施，如灭火器、消防栓等，并定期进行检查和维护；同时，医院还应加强消防安全宣传，提高员工的消防安全意识。

8. 空气质量差

医院内停车场空气质量差不仅会对停车场环境造成影响，也对司机的身体健康产生危害。为改善停车场空气质量，医院应加强通风设施建设，确保空气流通；同时，定期对停车场进行清洁，减少灰尘和异味。

9. 停车时间过长

医院内停车场有时会出现车辆长时间停放的情况。这不仅占用了有限的停车资源，还可能对医院的交通流畅度产生影响。为解决这一问题，医院可采取限制停车时间、引导车主合理停车等措施。

综上所述，医院内停车场存在的风险涉及多个方面。为确保停车场的安全和高效运行，医院应针对不同风险采取相应的预防和管理措施；同时，医院还应加强宣传教育，提高员工和车主的安全意识，共同营造一个安全、舒适的停车环境。

（四）停车场外包风险管理

在现代化医疗环境中，停车场外包管理变得越来越普遍。为了确保医院和患者的利益，对外包停车场的风险进行识别和管理至关重要。本书将详细介绍医院停车场外包风险管理的各个方面，包括合同风险管理、停车场运营风险管理、停车场安全风险管理、停车场收益风险管理、停车场服务质量风险管理、停车场技术风险管理和停车场环境风险管理。

1. 合同风险管理

在签订停车场外包合同之前，医院需要充分了解合同内容，确保合同条款与自身利益相符。合同应明确外包公司的责任和义务，如停车场维护、安全保障等；同时，应设定违约金条款，以便在违约情况下寻求赔偿。在合同执行过程中，医院应定期对外包公司履行合同的情况进行检查，发现问题及时沟通解决。

2. 停车场运营风险管理

停车场运营过程中可能会面临诸多风险，如疏漏、管理不善等。为避免这些风险，医院应要求外包公司制订详细的运营方案，包括人员培训、设备维护、安全防范等；同时，医院还应定期对外包公司的运营情况进行评估，确保停车场高效、安全运转。

3. 停车场安全风险管理

停车场安全是医院和患者共同关注的重要问题。在外包管理过程中，医院应要求外包公司制订完善的安全保障措施，如安装监控设备、设置防撞装置等；同时，医院应定期对外包公司的安全管理工作进行检查，确保各项措施得到有效执行。

4. 停车场收益风险管理

医院停车场收益直接影响到医院的财务状况。为了降低收益风险，医院应选择有经验、信誉良好的外包公司，确保停车场收入稳定；同时，医院应定期对外包公司的收益情况进行审计，确保收益合法、合规。

5. 停车场服务质量风险管理

医院停车场服务质量直接影响到患者对医院的评价。为了提高服务质量，医院应要求外包公司制订详细的服务质量标准，包括停车指引、服务态度等；同时，医院应定期对外包公司的服务质量进行评估，发现问题及时整改。

6. 停车场技术风险管理

随着科技的发展，停车场管理技术也在不断进步。为了防范技术风险，医院应要求外包公司采用成熟、稳定的技术系统，确保停车场运营稳定；同时，医院应定期对外包公司的技术设备进行检查，确保设备运行正常。

7. 停车场环境风险管理

医院停车场环境不仅影响到患者对医院的印象，也关系到医院的公共形象。为了保持良好的环境，医院应要求外包公司制订环境卫生制度，确保停车场整洁有序；同时，医院应定期对外包公司的环境管理工作进行检查，发现问题及时整改。

医院停车场外包风险管理是一项复杂而重要的工作。通过对外包公司的合同、运营、安全、收益、服务、技术和环境等方面的全面管理，可以有效降低风险，保障医院和患者的利益。医院应在实践中不断总结经验，不断完善风险管理措施，为患者提供更加安全、便捷的停车服务。

三、智慧化停车系统存在的交通风险

随着智慧化技术的不断发展，智慧化停车系统逐渐应用于医院等医疗场所，为患者提供了更加便捷的停车服务。然而，智慧化停车系统在带来便利的同时，也存在以下一些交通风险。

（一）车辆识别误差

智慧化停车系统依赖于摄像头等设备对车辆进行识别，然而，在实际操作中可能存在识别误差，如摄像头分辨率不高、夜视功能不佳等，导致车辆信息录入错误，引发停车纠纷。此外，车型识别也是一大挑战，不同的车型可能存在相同的车牌号,导致车辆误判。

(二) 停车位信息不准

智慧化停车系统通过传感器等设备检测车位的占用情况,然而,实际操作中可能存在信息不准的情况,如传感器故障、通信中断等,导致停车位信息更新不及时,给患者带来不便。此外,医院在不同时间段的车流量不同,静态的停车位信息无法满足动态变化的停车需求。

(三) 引导系统错误

智慧化停车系统通过引导系统能帮助车主快速找到空余车位。然而,引导系统可能存在错误,如误导车主进入繁忙区域、指示不清晰等,导致车主停车难度增加,浪费时间。

(四) 计时系统误差

智慧化停车系统根据车辆的停车时间进行计费,然而,计时系统可能存在误差,如计时起点不一致、计时设备故障等,导致计费不准确,引发纠纷。

(五) 消防通道被占用

智慧化停车系统在提高车位利用率的同时,也可能导致消防通道被占据,如车主为方便停车,将车辆停放在消防通道上,导致消防车辆无法进入,给消防工作带来安全隐患。

(六) 交通事故处理不及时

智慧化停车系统中,车辆在进出停车场时可能发生交通事故。由于系统无法及时获取事故信息,导致事故处理延误,给双方带来损失。

(七) 停车安全问题

智慧化停车系统存在一定的停车安全风险。由于系统故障等原因,可能导致车辆被误伤,如升降杆误伤车辆等。

针对以上风险,医院应加强智慧化停车系统的管理和维护,提高设备可靠性和稳定性;同时,应对车主进行必要的培训和引导,确保其正确使用智慧化停车系统,降低交通风险。通过共同努力,智慧化停车系统了在医院中发挥更大的作用,为患者提供更加安全、便捷的停车服务。

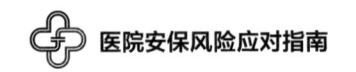

第二节　交通风险防范

一、交通风险的重要性和医院内交通管理的意义

在现代社会，医院作为重要的公共场所之一，每天都会有大量的患者、医务人员和访客涌入，导致医院内交通流动频繁，频繁的交通流动也带来了一系列交通风险。医院内的交通风险可能导致交通事故、行人被撞伤、车辆损坏、交通拥堵等问题，严重时可能危及患者和员工的安全。因此，对医院内的交通风险进行全面的应对至关重要。

有效的交通管理可以降低医院内发生交通事故的概率，确保患者和员工的安全；能够提高医院运营效率，缓解交通拥堵，提高车辆通行效率，保障医院正常运营；为医院营造良好的形象，增强患者和访客的信任感；能够减少意外事故的发生，从而降低医院因事故带来的损失和风险成本。

本章第一节我们对交通风险进行了初步分析，指出了医院交通管理客观存在的风险点，本节将从风险防范的角度，从交通制度建设、交通宣传及人员培训、日常检查及应急准备、停车空间拓展、交通配套设施完善及路线设计、多方协同管理六大方面展开介绍，为医院如何做好交通风险防范、创造良好的就医交通环境提供参考。

二、持续做好交通管理制度建设

医院停车场是医院交通管理最重要的组成元素，由于很多医院建造年代较早、停车设施规划考虑不周全，现有的停车设施通常无法满足高峰时段的停车需求，机动车无序地充斥着整个医院的内部空间，降低了医院就诊效率和医疗环境质量。因此，为了更加规范地做好停车场管理工作，医院内部需建立、完善停车场管理制度，从职责分工、道路管理、车辆管理、违规及交通事故处置等方面细化工作，明确工作职责与任务。

一是要有专门的停车场管理机构，负责交通安全管理规章制度的制订、完善，对医院道路交通设施和停车场进行整体规划，确保机动车辆停放有序、通道畅通；二是要明确道路管理职责，对在医院内部道路从事非交通活动、影响交通标志和交通标线等行为进行约束；三是要对全院进出车辆的行驶规范作出要求；四是要建立违规行为处置办法，便捷处理，快速畅通交通。

除此之外，对停车场工作人员需按照职责进行划分，建立收费员工作制度、地面人员工作制度、地下（主要指地下停车场）人员工作制度等，进一步压实工作人员岗位职责，强化服务意识，提升医患对医院交通管理的满意度。

三、交通宣传及人员培训

（一）对内对外开展广泛的交通宣传

医院停车场由于空间、需求等原因，时常需要进行空间增容改造，进而导致机动车辆出入口的不定期变化。同时，医院为了职工患者能够更高效的通行，设置了专门的职工通道、患者通道、绿色通道、救护车专用道等，对来院车辆进行分类引导，快速通行；特别是在特殊关键期，医院还承担着特殊的工作使命，在接到上级通知后也会对车辆的通行要求进行改变。但是，往往由于宣传的不通畅，无论是职工还是患者对最新的交通管理变化都无从知晓，无法及时适应最新的规定，当人或车等交通参与单元到达医院附近后，才知晓最新的管理规定。

为了尽可能地将最新的交通变化及时传达到来院的每个人，需要医院交通主管部门对内对外开展广泛的交通宣传。对内我们需要充分利用新员工入职培训、科室定期安全培训等时机，将医院各个交通出入口管控政策进行讲解，使医院的每名职工明确自己该走哪个通道，同时还要用好内部办公通知功能，对出入口变动的通知要及时公告；对外我们要在患者挂号成功后，及时推送相关的交通出行内容，例如在医院的总平图上标注清楚各个出入口的位置、可通行的车辆和公共交通出行路线等，方便就诊人群合理选用交通工具出行。

（二）定期组织交通知识培训

开展医院交通培训是为了提高医院员工和相关人员在交通安全方面的意识和技能，确保医院交通秩序良好，减少交通事故的发生。但是我们在开展培训时应该有所侧重，对院内交通管理人员和其他职工、患者的培训在内容、形式、频次上要更加其针对性。

1. 医院交通管理人员培训

医院交通管理人员培训是为了提高医院交通管理人员的专业知识和技能，使他们能够有效地组织和管理医院内部交通秩序，确保交通安全和顺畅。一是在制订培训计划前，应与医院交通管理人员进行沟通，了解他们的需求和意见，明确培训的目标和重点；二是根据需求和目标，制订详细的培训计划，包括培训内容、形式、时间、地点和参与人员等；三是交通管理法规和政策，培训内容应包括交通管理的法规、政策和相关规定，以及医院内部交通管理制度和流程；四是交通安全知识，应提供交通安全方面的知识，包括交通标志、交通信号等，使管理人员能够正确指导和引导交通参与者；五是交通组织与引导，培训交通管理人员如何有效地组织和引导医院内部的交通流动，保障交通秩序和安全；六是应急处置与危险防范，教授应急情况下的交通事故处置方法，以及如何预防和避免交通事故发生；七是实地演练，在医院内选择繁忙的交通区域进行实地演练，让管理人员亲身体验和应对各种交通情况；八是交通管理工具，介绍和培训使用交通管理工具，如交通标志、交通锥、交通信号灯等；九是案例分析，通过实际案例分析，帮助管理人员了解交通管理中常见问题和解决方法。

此外，要有考核与评估机制，培训结束后可以进行交通管理知识考核和实际操作评估，以检验培训效果，并为管理人员提供改进建议；常态化开展培训，交通管理是一个不断学习和改进的过程，可以定期开展培训，保持管理人员的专业水平；建立奖励与激励办法，对于在交通管理工作中表现出色的人员，可以给予奖励和激励，增强他们的工作积极性。

培训过程中应注重理论与实践相结合，确保管理人员能够将所学知识和技能有效地运用到实际工作中，提高医院交通管理水平，保障医院内部交通安全和秩序。

表4-1为某医院停车场班组培训管理制度。

表4-1 某医院停车场班组培训管理制度

	停车场班组培训管理制度
一、培训计划	1. 每月进行2次政治学习，1次体能、队列的常规培训。 2. 每一季度进行一次专题培训，在每年3月底前由分管培训班长统计需要培训的主题，以及主讲人员、时间，做好统一排程。 3. 专题培训主讲人员要在培训前准备好PPT（40~60 min）、音频等培训资料，上报科长处进行审核。

续表4-1

停车场班组培训管理制度	
一、培训计划	4. 专题培训主讲人员必须由骨干以上人员担任。 5. 聘请外院人员和相关机构进行的专题培训，需报请主管审批后，由办公室统一进行联系、沟通，安排时间。 6. 专题培训地点，由分管培训班长根据时间排程，提前上报办公室申请教室。
二、培训要求	1. 除上班、年休人员外，其余人员必须参加培训，有事需请假的上报骨干处，由骨干视情况进行批复。 2. 未参加培训人员，由分管培训班长组织进行二轮培训。 3. 培训时要求统一着制式服装，未按规定进行着装的不能进入培训现场，在培训现场外等候，并参加二轮培训。 4. 培训期间，由分管培训班长进行考勤，考勤分两次（培训开始前、培训结束后）。 5. 无故缺席培训处罚：1次无故缺席当月绩效扣500元处罚；2次无故缺席当月绩效扣一半处罚，由骨干进行约谈；3次无故缺席扣除当月绩效处罚，由主管进行约谈，视情况决定是否继续留用。 6. 迟到、早退处罚：1次迟到、早退当月绩效扣200元处罚；2次无故缺席当月绩效扣500元处罚，由骨干进行约谈；3次无故缺席扣除当月绩效一半处罚，由主管进行约谈，视情况决定是否继续留用。
三、培训考核	1. 每季度的月末最后一个星期进行考核。 2. 考核内容分三部分： （1）本季度专题培训内容考核（20分）。 （2）日常培训内容考核（30分）。 （3）体能、队列考核（50分）。 3. 专题培训、日常培训的考核由骨干出题、分管培训班长组织进行书面考核。 4. 体能、队列考核由分管培训班长组织统一进行，骨干打分（停止间队列15分、行进间队列15分、交通指挥手势20分）。 5. 考核成绩奖惩机制： （1）60分以下为不合格，由分管培训班长组织进行二次补考，补考再次不合格当月绩效扣200元。 （2）60~80分为合格。 （3）90分以上为优秀。 （4）考核成绩计入年终绩效考核，根据每季度考核成绩由主管对年终绩效进行偏差分配。

2. 医院职工、患者等交通知识培训

针对医院职工、患者等的普适性、科普性的交通知识培训，我们可以采取多样化的交通培训形式，如课堂培训、模拟演练、实地观摩和视频教学等。邀请交通管理部门或交通警察等专业人士来进行培训，有效地传授交通安全知识和技巧；为提升培训效果，可以培训内容制作相关教材和宣传资料，方便员工在培训后进行复习和参考；进行实地演练形式，在医院内部选择交通繁忙的区域，进行实地演练，让员工亲身体验和应对各种交通情况；交通培训不仅要教授交通规则和技巧，还要强调安全意识的重要性，让员工明白交通安全关乎他们自己和他人的生命安全。

四、停车场日常检查及应急准备

（一）定期对院内交通设施设备检查

医院作为人员和车辆流动频繁的场所，交通设施的安全和畅通直接关系到员工和患者的安全和医院正常运转。定期对医院内交通设施进行检查，可以及早发现问题并及时解决，确保交通秩序良好和交通安全。

1. 制订检查计划

确定检查频率：根据医院的规模和交通情况，确定交通设施检查的频率，通常是每月或每季度一次。

制订检查范围：明确检查的范围，包括道路、人行道、交通标志、交通信号、停车场等。

2. 检查项目

道路和人行道：检查道路和人行道的平整程度、是否有坑洼和裂缝，有无积水或杂物等，确保道路平整、干净且无明显隐患。

交通标志和标线：检查交通标志和标线的完整性和清晰度，包括禁停标志、限速标志、停车线等，确保标志和标线清晰可见。

交通信号设施：检查交通信号灯的运行是否正常，信号灯是否完好，确保交通信号设施能够正常指挥交通流动。

停车场：检查停车场的停车位划线是否清晰，消防通道是否畅通，停车位是否有规范标识，确保停车场有序和安全。

绿化和景观：检查交通路线旁的绿化和景观，确保植物修剪整齐，不影响交通视线。

3. 检查记录与整改

检查记录：对每次交通设施检查进行详细记录，包括检查时间、地点、问题描述和检查人员签名等信息，方便后续跟踪和整改。

发现问题及时整改：对于发现的交通设施问题，及时上报相关部门进行整改，并跟进整改进度，确保问题得到及时解决。

4. 定期评估与改进

定期评估：定期评估医院交通设施检查的效果和管理情况，及时发现问题并加以改进。

改进措施：根据评估结果，提出相应的改进措施，完善交通设施检查机制和管理方法。

做好医院内交通设施检查是确保交通安全和秩序的重要措施，需要全体员工共同努力，定期检查、及时整改，确保医院交通设施的安全和良好运行。

(二) 工作人员不间断巡查

医院停车场是医院内部交通流动频繁的区域，为了确保停车场交通秩序和安全，保障车辆和行人的顺利通行，医院通常会安排专门的停车场人员进行不间断的巡查。本节将介绍医院停车场人员不间断巡查的意义、内容和操作步骤，以保障停车场管理的有效性和高效性。

1. 巡查意义

维护交通秩序：通过巡查指引，防止违停和交通堵塞，维护停车场交通秩序，确保车辆和行人的顺利通行。

发现问题及时处理：巡查人员能够及时发现停车场内的异常情况，如车辆损坏、违章停放等，以便及时处理和解决。

预防事故发生：通过巡查，可以发现潜在的交通安全隐患，采取措施预防事故的发生。

2. 巡查内容

停车位指引：巡查人员应根据停车场情况，及时指引车辆停放位置，避免混乱和浪费。

交通疏导：当停车场交通流量较大时，巡查人员应及时疏导交通，避免拥堵和混乱。

违停处理：发现违停车辆，巡查人员应及时劝阻和处理，确保车辆停放规范。

安全检查：定期进行安全检查，确保停车场内的交通设施和标识完好，没有安全隐患。

3. 操作步骤

巡查计划：设定巡查计划，明确巡查时间和范围，保证全天候不间断巡查。

巡查路线：巡查人员应按照预定路线和区域进行巡查，确保停车场全面覆盖。

记录异常：巡查人员应及时记录发现的异常情况，如车辆损坏、违停、交通拥堵等。

处理措施：对发现的问题，巡查人员应采取相应的处理措施，如劝阻违停车辆、疏导交通等。

信息报告：将巡查情况和处理结果报告给停车场管理部门，以便进一步处理和统计。

医院停车场人员不间断巡查是确保停车场交通秩序和安全的重要措施。通过科学的巡查计划、全面的巡查内容和规范的操作步骤，巡查人员可以及时发现问题并进行处理，保障停车场管理的有效性和高效性；同时，对巡查人员进行培训和管理，也是确保巡查工作顺利进行的关键。

表4-2为某医院地下停车场巡逻人员日常工作流程。

表4-2 某医院地下停车场巡逻人员日常工作流程

排班	工作安排和巡查内容
早班：分流1人，负一楼E、D区各1人，负二楼E、D区各1人（共计5人）	1. 分流岗位：7:00—15:00，分流指挥车辆，根据场内巡逻人员所报车位数将车辆指挥到上报位置停放，并负责E区1、2、3号通道车辆的进出情况，时刻观察及制止该区域车辆的乱停乱放。 2. 7:00—7:30，负二楼D区人员到负一楼指挥车辆将E区车位停满后，站4号主干道处指挥车辆倒右进入D区，配合负一楼二人（E、D区域交界处两边站立）指挥车辆停放，留守1人对负二楼进行巡逻。 3. 7:30—8:30 负一楼D区人员到负二楼两区交界处配合负二楼人员指挥车辆停放，负一楼留守1人。车位停满后，各岗位人员回到负责区域进行巡逻。 4. 8:30—11:00 巡逻路线及内容： 负一楼E区：负责4至10号通道，按"之"字形路线循环巡逻。 负一楼D区：从D141至D098再至D069路线，进行封闭循环巡逻。 负二楼E区：负责负二楼1至10号通道，按"之"字形路线循环巡逻。 负二楼D区：从D338至D278再至D250路线，进行封闭循环巡逻。 巡逻内容： (1) 车位停满后，分流岗位封场，各点位巡逻人员按照巡逻路线巡逻每小时不低于5次，发现空余车位立即上报分流人员，放入后指挥停放。

续表4-2

排班	工作安排和巡查内容
早班：分流1人，负一楼E、D区各1人，负二楼E、D区各1人（共计5人）	（2）巡逻期间观察车辆是否完好，若发现车辆有损伤在第一时间告知车主，若车主不在上报带班人员，应采取有效措施，规避擦剐风险。 （3）巡逻期间若发现有车窗车门未关、车内有贵重物品及现金等，则通知带班班长和管理人员到现场处理或报警。 （4）巡逻期间保持警惕，对在车场徘徊的可疑人员进行盘查，保证车场内车辆安全，同时巡查消防设施设备是否完好。 （5）巡查中发现车辆对另外的车辆有擦剐时，制止肇事车辆离开并通知带班人员到场处理。 5. 11：00—12：30轮换吃饭： 11：00—11：30分流人员吃饭，由负一楼E区人员分流，D区人员负责巡逻。 11：30—12：00负一、负二楼E区2名人员吃饭，由各层D区人员负责巡逻。 12：00—12：30负一、负二楼D区2名人员吃饭，由各层E区人员负责巡逻。 6. 12：30—15：00各区域人员按照巡逻路线及内容进行巡逻。
中班：负一楼、负二楼各1人（共计2人）	7. 中班15：00接班，巡逻路线及内容： 负一楼：按照负一楼E区和D区巡逻路线对负一楼进行封闭循环巡逻。 负二楼：按照负二楼E区和D区巡逻路线对负二楼进行封闭循环巡逻。 巡逻内容与早班（2）至（5）相同，巡逻频率每小时不低于2次。 8. 16：00—17：30负一楼巡逻人员在出场高峰时，指挥疏通车辆有序出场，缓解车辆拥堵。在此期间，负二楼巡逻人员负责两层楼的全面巡逻。 9. 中班人员17：30轮换吃饭，时间不得超过1小时，吃饭期间由另外1人负责两层楼的全面巡逻。 10. 19：00—23：00巡逻人员按照巡逻路线及内容对负责区域进行巡查。
夜班：负一楼、负二楼1人（共计1人）	11. 夜班23：00—7：00。按照巡逻路线对车场进行常规巡查，并做好夜间清场工作上报带班班长。 12. 夜间车场巡逻，重点关注车场内有无可疑人员，防止车辆及车内物品被盗，同时保证巡逻频次每小时1次，保障夜班下班职工及外来女性车主的人身财产安全。

（三）不良天气应急准备，加强演练和引导

医院停车场是医院交通管理的重要组成部分，但在不良天气条件下，停车场可能面临各种挑战，如雨雪天气导致地面湿滑、积水等，可能增加交通事故的风险，影响患者、员工和访客的出行安全。因此，建立健全医院停车场的不良天气应急准备措施、加强演练和引导是确保停车场交通安全和通畅的关键。本节将深入探讨医院停车场不良天气应急准备的重要措施和实施步骤，以期为

医院交通管理和服务提供指导和建议。

1. 医院停车场不良天气应急准备措施

制订应急预案：建立医院停车场不良天气应急预案，明确各类天气条件下的应急措施和分工。预案内容应包括雨雪天气处理、积水处理、通行限制等。

保障通行道路畅通：在不良天气到来前，保障停车场通行道路的畅通，及时清理落叶、杂物，减少道路积水，确保车辆行驶安全。

加强照明设施：提前检查停车场照明设施，确保在恶劣天气条件下，停车场有足够的照明，提高可见性，减少交通事故的发生概率。

设置安全警示标识：在停车场适当位置设置安全警示标识，如湿滑警示、注意积水等，引导车辆慢行慢停，增加注意安全意识。

应急设备准备：配备必要的应急设备，如抢修工具、疏导器材等，以便及时处理交通拥堵和紧急情况。

2. 加强停车场不良天气应急演练

定期演练：定期组织停车场不良天气应急演练，模拟各类不良天气情况下的应急处理，提高工作人员应对突发情况的能力。

制订演练方案：制订停车场不良天气应急演练方案，明确演练目标、内容、时间和参与人员，确保演练的科学性和有效性。

评估演练效果：演练后，及时评估演练效果，发现问题并改进，以不断提高应急响应和处理能力。

3. 加强停车场不良天气引导

停车引导：在不良天气情况下，设置停车引导员，引导车辆有序停放，确保通行道路畅通。

行人引导：加强行人引导工作，设置人行通道、行人过街设施，确保行人安全出行。

信息发布：及时发布停车场不良天气应急信息，提醒患者、员工和访客注意交通安全和天气状况。

4. 持续改进

总结经验：根据实际应急情况，总结经验和教训，及时调整应急预案和应急措施，以不断优化停车场不良天气应急准备工作。

与相关部门合作：加强与气象部门、交通管理部门等相关部门的合作，及时获取天气信息和交通状况，做好应急准备。

医院停车场不良天气应急准备措施加强演练和引导是医院交通管理的重要

组成部分。通过制订应急预案、保障通行道路畅通、加强照明设施、设置安全警示标识、配备应急设备等措施，可以提高停车场在不良天气条件下的交通安全性；同时，加强停车场不良天气应急演练和引导工作，可以提高工作人员应对突发情况的能力，保障病人、员工和访客的出行安全。持续改进停车场不良天气应急准备工作，与相关部门合作，及时获取天气信息和交通状况，将有助于更好地应对不良天气条件下的停车场交通管理工作。

五、停车空间拓展

要想解决医院交通管理中最突出的风险问题——停车难风险问题，需要我们对现有的交通设施进行更加精细化的管理，既包含对机动车停车位的增加和高效率使用，也涉及对非机动车区域的精细划分，做到不浪费空间，不影响停放。

（一）机动车停车位的增加和高效率使用

一是深度挖掘医院空间内的停车潜力，挖掘停车资源，实现差异化停车供给。在有限的土地资源下，充分挖掘道路外停车资源，在车辆基数大、土地资源稀缺的地区，宜选择地上停车库（楼），使用小型停车塔、多层停车架等新型停车设施；同时盘活医院内部停车资源，结合绿地、广场、周边家庭建筑规划停车位或路边停车，实现地下停车系统互联互通。推广使用智能停车引导系统、中央收费系统和其他技术，以提高医院停车运营效率；合理利用价格杠杆，实行差异化定价，减少非医务人员对医院停车资源的占用，提高停车资源周转率，引导患者使用其他交通方式。

二是与周边停车场共享车位，可与医院周边的商场、居民区等停车场所联合实施，在高峰时段实行车位共享制度，并与路边交通引导系统或移动在线引导同步，将车辆分散到周边停车场，减少医院内停车位需求。建议医院选择共享停车场，其与医院的距离尽量不要超过 500 m。实践证明，周边停车场距离过远，驾驶员的转移意愿不足，无法达到分散停车需求的目的。

三是倡导推行在线预约停车位，让职工或者就诊人员在来院前知晓医院剩余停车位的数量，做到心中有数，避免因来院后发现无车位停放而造成的拥堵。据了解，目前上海多家医院在"上海停车"App、微信、支付宝小程序开始上线试点运行预约停车服务，在停车场 200~300 m 范围内可进行预约，现在开通此功能的医院已增至 10 家以上，有效地缓解了停车排队现象。

（二）划定非机动车停车区域

为了提高医院停车场的利用效率，确保非机动车（包括自行车、电动车等）的停放秩序，必须进行科学合理的非机动车停车区域规划。本节将深入探讨医院划定非机动车停车区域的重要性、规划原则和实施步骤，以期为医院交通管理和服务提供指导和建议。

1. 医院划定非机动车停车区域的重要性

优化停车资源利用：医院通常拥有有限的停车资源，通过科学规划非机动车停车区域，可以最大限度地利用停车位，提高停车资源的利用效率。

改善交通秩序：合理划定非机动车停车区域，避免非机动车乱停乱放，有序停放，从而改善医院周边交通秩序，减少交通拥堵。

提升医院形象：优雅整洁的非机动车停车区域可提升医院的形象和环境，为患者和访客留下良好的印象。

增强交通安全：合理划定非机动车停车区域，有助于减少非机动车与机动车之间的交叉冲突，提升停车区域的交通安全性。

2. 医院划定非机动车停车区域的规划原则

人车分流：在医院内部，应将非机动车停车区域与机动车停车区域相分离，避免交叉干扰，确保行人和非机动车的安全。

便捷就医：将非机动车停车区域尽量规划在医院主要出入口附近，方便患者和访客就医，减少不必要的步行距离。

合理布局：根据医院的实际情况，合理布局非机动车停车区域，确保停车位数量充足，满足日常需求。

交通标识：在非机动车停车区域设置合适的交通标识，如停车标线、指示牌等，引导非机动车有序停放。

3. 医院划定非机动车停车区域的实施步骤

调研和规划：首先进行医院内交通流量调查，了解非机动车的停车需求和习惯。根据调研结果，制订非机动车停车区域规划方案。

区域划分：根据停车需求和交通流量，将医院内部划分为不同的非机动车停车区域。可以根据不同功能区域、出入口、停车位数量等进行划分。

规划标准：制订非机动车停车区域的规划标准，包括停车位数量、停车间距、停车标线等。规划标准应符合相关法规和规范。

设立停车标识：在非机动车停车区域内设置停车标识，包括停车标线、停车指示牌等，引导非机动车有序停放。

4. 持续改进

定期评估：定期评估非机动车停车区域的效果和问题，发现不足之处并改进。评估结果可以作为改进的依据。

优化规划：根据实际情况，优化非机动车停车区域的规划方案，加强交通标识设置，提高停车位的利用效率。

医院划定非机动车停车区域是医院交通管理的重要组成部分。在实施非机动车停车区域规划时，需要人车分流，便捷就医，合理布局和设置交通标识，同时进行定期评估和优化。在持续改进的过程中，可以总结经验，优化规划，为非机动车停车区域规划提供指导和支持。通过多方共同努力，将有效改善医院停车场周边的交通秩序，提高交通管理和服务水平，为患者和员工的出行带来更好的体验。

六、交通配套完善及路线设计

（一）医院停车场购买保险

医院停车场作为医院内部重要的交通设施，日常车辆流量大，停车场发生的意外事故可能对车辆和人员造成损失。为了降低潜在风险和保障停车场使用者的权益，医院通常会购买相关停车场保险。本节将介绍医院停车场保险的基本内容和作用，以确保停车场使用者对其保险权益有全面的了解。

1. 停车场保险类型

第三者责任险：包括对第三方财产损失和人身伤害的赔偿，当停车场内发生事故导致他人财产损失或伤害时，保险公司将负责赔偿受害方的损失。

车辆损失险：包括对停车场内车辆的损失或损坏进行赔偿，不论事故责任归属，车主都可以得到相应的赔偿。

盗窃险：当停车场内车辆遭受盗窃或被盗窃物品造成损失时，保险公司将根据保险金额进行赔偿。

2. 保险范围和责任

保险范围：停车场保险通常包括医院内所有停车场的交通设施和停车位在内，涵盖室内和室外停车场。

保险责任：保险责任涵盖交通事故、车辆损坏、车辆盗窃以及其他可能发生的意外情况。具体的保险责任应在保险合同中明确说明。

3. 保险金额和理赔流程

保险金额：医院停车场保险的保险金额应根据停车场的规模、车辆流量和停车位数量等因素进行合理评估和确定。

理赔流程：在发生保险事故时，车主或受害方应及时向医院停车场管理部门报告事故，并按照保险合同约定的流程和要求向保险公司提交理赔申请。保险公司将在收到申请后进行核实和评估，并按照合同约定的赔偿标准进行赔付。

4. 保险条款和注意事项

保险条款：停车场保险的具体条款和细则应当与保险公司签订合同时详细阅读，并了解其中的责任和义务。

注意事项：停车场使用者应当遵守交通规则，正确停放车辆，不违法停车或阻碍他人通行，以避免触发保险合同中的免赔条款。

医院停车场保险是为了保障停车场使用者的合法权益，降低停车场可能发生的风险和损失。车主和停车场使用者在使用停车场时应对停车场保险有一定的了解，合理选择保险类型和保险金额，以确保在发生意外时得到及时赔偿。保险合同的签订和理赔流程也是保障权益的关键，使用者应了解保险条款并严格按照合同约定进行操作。

（二）停车位安装监控

医院停车位监控是通过安装监控设备对医院内部停车场进行实时监视和录像，以提高停车位管理效率，确保停车场秩序和安全。本节将介绍医院停车位监控的意义、功能和优势，以及如何合理运用监控技术来管理医院停车场。

1. 监控设备及技术

摄像头：安装在停车场各个角落，覆盖全面，可以实时监控车辆和人员活动。

录像设备：用于将监控画面进行录像，便于后续查看和存档。

云端存储：将监控录像数据上传至云端，实现数据远程存储和管理。

2. 监控功能和优势

停车位实时监视：通过监控设备，停车场管理人员可以实时查看停车位的使用情况，及时调整停车指引。

车辆追踪与安全：如发生车辆损坏、盗窃或交通事故，监控录像可以作为证据用于追踪和处理。

交通秩序管理：通过监控可以发现违法停车、交通堵塞等情况，及时采取措施维护交通秩序。

事故处理：如发生交通事故，监控录像可以帮助了解事故原因和责任，方便事故处理和理赔。

安全防范：监控设备可以对医院停车场进行 24 小时不间断监视，增加安全防范能力，防止不法侵入和犯罪行为。

3. 合理运用监控技术

隐私保护：在设置监控设备时，应注意保护停车场使用者的隐私，避免监控范围涉及私人区域。

监控数据存储与管理：监控录像数据应定期备份和存档，保证数据的完整性和可查阅性。

监控数据访问权限：对监控录像的访问权限应有明确规定，只有授权人员可以查看和管理监控数据。

4. 监控与人工管理相结合

实时响应：监控设备虽然能提供实时监视，但停车场管理人员仍应在现场进行实地管理和指引。

数据分析：对监控录像进行数据分析，可以了解停车场使用情况，优化停车场布局和指引。

医院停车位监控是一个重要的管理工具，通过实时监视和录像，可以提高停车位管理效率，确保停车场秩序和安全。合理运用监控技术，结合人工管理，可以更好地管理医院停车场，为病人和家属提供更优质的服务和保障；同时，应注重隐私保护和数据安全，确保监控设备的使用合法合规，保护停车场使用者的合法权益。

（三）院区周围交通道路根据车流、人流划定车道及斑马线

医院周围的交通道路是医院交通管理的重要组成部分。在道路规划中，应根据车流和人流量合理划定车道和设置斑马线，以保障交通的顺畅和安全。下面介绍医院周围交通道路如何根据车流和人流划定车道及斑马线的方法。图 4-1 为不同类型通行车道。

图 4-1　不同类型通行车道

1. 根据车流量划定车道

车流量是衡量道路交通繁忙程度的重要指标。根据车流量的大小，可以合理划定车道数量，以确保车辆通行的流畅和安全。

高车流量路段：在医院周围车流量较高的道路上，应设置多条车道，以容纳更多车辆同时通行。可以设置左转道、右转道和直行道，避免交叉车流的冲突，提高道路通行能力。

低车流量路段：在车流量较低的道路上，可以适度减少车道数量，避免资源浪费。但仍要保留左转道和右转道，以满足交通需求。

2. 根据人流量划定斑马线

斑马线是道路交通中的重要交通设施，用于引导行人安全过马路。根据人流量合理设置斑马线，以保障行人的安全通行。

行人密集区域：在医院门口、公交车站等行人密集的区域，应设置宽度适中的斑马线，以引导行人过马路，减少横穿马路的情况。

交通拥堵区域：在交通拥堵的路口和道路上，要设置足够宽度的斑马线，以保证行人通行的空间和安全。

可见性良好区域：在道路可见性良好的区域，斑马线应设置在驾驶员视线范围内，以确保驾驶员及时发现行人，避免交通事故的发生。

3. 道路标线的定期维护

道路标线的定期维护对于交通管理至关重要。车道线、交叉口标线和斑马线等应定期刷新和维护，确保标线清晰可见，避免因标线模糊导致交通混乱和事故发生。

4. 交通标志的合理设置

除了道路标线，交通标志也是交通管理的重要组成部分。在医院周围道路上，应根据实际需要合理设置交通标志，包括交通信号灯、停车标志、限速标志等，引导车辆和行人按规定通行。

根据车流和人流量合理划定车道和设置斑马线，是医院交通管理的重要一环。通过合理规划道路和交通标线，能够提高道路通行效率和安全性，确保医院周围交通秩序良好，为患者、员工和访客提供更好的交通环境；同时，定期维护和更新道路标线和交通标志也是确保交通安全的重要措施。

（四）院内车辆动线合理设计

医院内的合理动线设计对于患者、员工和访客的出行和服务体验至关重要。合理的动线设计可以提高交通效率，减少交通拥堵，优化医院服务流程，提升患者满意度。本节将深入探讨医院内合理动线设计的原则、重要因素以及实施步骤，以期为医院交通管理和服务提升提供指导和建议。图4-2为不同类型车辆动线规划。

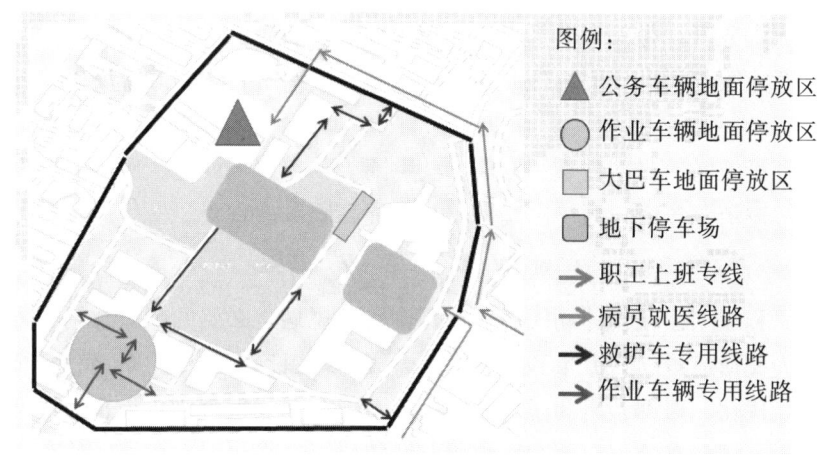

图4-2 不同类型车辆动线规划

1. 合理动线设计的原则

便捷性：动线设计应考虑患者、员工和访客的出行便捷性。通道应宽敞畅通，方便行走和通行，减少行程时间和等待时间。

安全性：安全是医院动线设计的首要原则。交通通道应设计平坦，避开障碍物以减小危险发生概率。应设置合理的交通标志和警示标识，引导交通参与者遵守交通规则。

分流：合理的动线设计可以避免不同人群交叉干扰，将患者、员工和访客的动线分流，提高动线的通畅性和效率。

人性化：动线设计应考虑人性化需求，为行走者提供舒适的环境。可以设置座椅、休息区等设施，方便行走中的休憩和等待。

整合服务资源：动线设计应整合医院内的服务资源，将不同科室、功能区域连接起来，方便患者和员工就医和工作。

2. 合理动线设计的重要因素

主要交通通道：是医院内交通动线的骨架，应根据医院的规模和功能设置主要交通通道，将不同楼层、科室、功能区域连接起来。主要交通通道宜宽敞平坦，便于大量人员的通行。

导向标志和导向设施：是引导交通参与者正确行走的重要工具。在医院内合理设置导向标志，包括指示牌、地面标线等，为患者和员工提供行走指引。

交通枢纽区：是医院内交通流量较大的区域，包括大厅、接待区、出入口等。在交通枢纽区应合理设置人行道、候车区、交通信号灯等，确保交通的顺畅和安全。

医疗服务区：是医院内重要的功能区域，包括门诊区、急诊区、住院区等。在医疗服务区应设置合理的导向标志和分流措施，方便患者就医和导向目的地。

服务设施区：包括食堂、商店、洗手间等。在服务设施区应设置合理的人流通道，避免服务区与医疗区交叉干扰，提高服务效率。

3. 合理动线设计的实施步骤

调研和规划：在设计动线前，进行调研和规划是必要的步骤。调研可以了解医院内交通流量、人流量和服务需求，规划可以确定动线的布局和分布。

动线优化：根据调研和规划的结果，对现有动线进行优化。合理划定主要交通通道、规划交通枢纽区和医疗服务区的位置，优化服务设施区的布局。

导向标志和设施设置：在动线上设置导向标志和导向设施，为交通参与者提供行走指引。导向标志应简洁明了，设施应方便实用。

交通管理和培训：在实施动线设计后，进行交通管理和培训是有必要的。医院内应设立交通管理团队，负责维护动线的畅通和安全；同时，为患者、员工和访客开展交通安全培训，提高交通安全意识。

医院内的合理动线设计是医院交通管理和服务提升的关键一环。通过遵循便捷性、安全性、分流、人性化和整合服务资源等原则，合理设置主要交通通道、导向标志和导向设施，优化交通枢纽区、医疗服务区和服务设施区的布局，可以提高医院交通的效率和安全性，改善患者和员工的出行体验，提升医院服务质量。在设计动线时，务必充分调研和规划，同时进行交通管理和培训，确保动线设计的顺利实施。

（五）规划特种车辆进入路线

医院特种车辆，如救护车、消防车、医疗物资运输车等，是医院交通管理中的重要组成部分。特种车辆的通行需要特殊考虑，保障其快速、安全地到达目的地，以便救援和医疗服务能够得到及时展开。本节将深入探讨医院特种车辆路线规划的原则、重要因素以及实施步骤，以期为医院特种车辆交通管理提供指导和建议。

1. 医院特种车辆路线规划的原则

快速通达：特种车辆路线规划应确保特种车辆能够快速通达不同区域，避免拥堵和阻碍，保证救援和医疗服务的及时展开。

安全优先：安全是特种车辆通行的首要原则。特种车辆路线规划应避免设置交通障碍，确保特种车辆的安全通行。

最短路径：特种车辆路线规划应选择最短的路径，减少时间和资源的浪费，提高特种车辆的效率。

与一般车辆分流：特种车辆通行应与一般车辆分流，避免交叉干扰，确保特种车辆的畅通通行。

2. 医院特种车辆路线规划的重要因素

救援路径规划：对于救护车和消防车等特种车辆，需要规划最佳的救援路径。在规划救援路径时，要考虑交通流量、红绿灯信号等因素，确保特种车辆能够快速抵达救援地点。

医疗物资运输路径规划：医疗物资运输车需要规划最优的运输路径，确保医疗物资能够快速、安全地送达目的地。在规划运输路径时，要考虑道路通畅性和运输量，避免运输车辆拥堵和延误。

特种车辆专用通道规划：在医院内可以规划特种车辆专用通道，确保特种车辆通行的畅通和安全。特种车辆专用通道可以优先通行，避免受到一般车辆的干扰。

3. 医院特种车辆路线规划的实施步骤

调研和规划：进行医院内交通流量调查，了解特种车辆的通行需求和路径选择。根据调研结果，制订特种车辆路线规划方案。

路径优化：根据调研结果，优化特种车辆的通行路径。考虑不同特种车辆的通行需求，选择最短、最快的路径，确保特种车辆的快速通达。

设立特种车辆专用通道：在医院内设置特种车辆专用通道，优先保障特种车辆的通行。特种车辆专用通道可以通过标线、标志等方式设立，明确特种车辆的通行权。

4. 特种车辆路线规划的持续改进

定期评估：定期评估特种车辆路线规划的效果和问题。根据评估结果，进行调整和改进，确保特种车辆通行的效率和安全性。

用户反馈：收集用户对特种车辆通行的反馈意见，了解特种车辆路线规划的满意度和不足之处，并根据反馈意见进行改进。

不断优化：特种车辆路线规划是一个持续优化的过程。随着医院的不断发展和变化，需要及时优化特种车辆路线规划，确保特种车辆交通管理的持续改进。

医院特种车辆路线规划是医院交通管理的重要组成部分。通过遵循快速通达、安全优先、最短路径和与一般车辆分流的原则，规划救援路径、医疗物资运输路径和特种车辆专用通道，可以保障特种车辆的快速、安全通行，提高救援和医疗服务的效率和质量。在实施特种车辆路线规划时，务必进行调研和规划，设立特种车辆专用通道，加强交通管理和培训，同时定期评估和改进特种车辆路线规划，确保特种车辆交通管理的持续优化和改进。

七、多方协同管理

（一）多方联动，改善周边交通秩序

医院停车场的交通秩序对于患者、员工和访客的出行和医疗服务至关重要。但由于医院停车场通常交通流量较大，加之周边交通压力，常常容易出现拥堵、违规停车等问题。因此，建立医院停车场多方联动机制，加强与周边交通部门的合作，通过共同努力，改善周边交通秩序，优化医院停车场交通管理，提升患者和员工的出行体验。本节将深入探讨医院停车场多方联动的重要性、联动机制的构建和实施步骤，以期为医院交通管理和服务提供指导和建议。

1. 医院停车场多方联动的重要性

交通压力分担：医院停车场通常位于市区或繁忙区域，停车需求较大，与

周边交通压力密切相关。多方联动可以将交通压力分担，提高停车场的通行效率。

综合资源整合：多方联动可以实现医院停车场和周边交通部门之间的资源整合，共享停车场信息和交通数据，提高资源利用效率。

交通信息共享：通过多方联动，可以实现交通信息的共享，包括道路状况、交通拥堵情况等，为医院停车场的交通管理提供参考和支持。

优化服务体验：多方联动可以优化医院停车场的服务体验，提高患者和员工的出行便捷性，增强医院的服务形象。

2. 医院停车场多方联动机制的构建

建立联动机制：在医院内建立停车场多方联动机制，明确各方的责任和协作方式。联动机制应包括医院内部部门、交通管理部门、道路管理部门等多方参与。

制订合作协议：各方参与医院停车场多方联动应签署合作协议，明确各方的权责和合作方式。协议内容应包括信息共享、资源整合、交通调度等方面。

共享信息平台：建立共享信息平台，用于各方之间交通信息的共享和发布。信息平台应包括停车场信息、道路状况、交通拥堵情况等。

建立联络机制：建立医院停车场和周边交通部门之间的联络机制，确保信息的及时传递和交流。联络机制可以通过电话、电子邮件等形式实现。

3. 医院停车场多方联动机制的实施步骤

交通数据共享：各方建立数据共享机制，实现交通数据的共享和发布。医院停车场可以将停车信息共享给周边交通部门，方便交通管理和调度。

交通调度协调：在交通拥堵情况下，医院停车场和交通管理部门之间需要进行交通调度协调，采取有效措施减少交通拥堵，确保停车场通行畅通。

交通信息发布：医院停车场和周边交通部门可以共同发布交通信息，包括交通拥堵情况、道路施工信息等，提醒驾驶员选择合理的出行路线。

应急响应协作：在突发事件或不良天气情况下，医院停车场和周边交通部门需要紧密协作，开展应急响应工作，确保交通安全和畅通。

4. 持续改进

定期评估：定期评估医院停车场多方联动的效果和问题，发现不足之处并改进。评估结果可以作为改进的依据。

优化协作机制：根据实际情况，优化医院停车场多方联动的协作机制，加强信息共享和资源整合，提高联动效率。

经验总结：根据实际应用经验，总结成功案例和教训，为医院停车场多方联动提供经验借鉴。

医院停车场多方联动是优化医院交通管理和服务的重要措施。通过建立联动机制、制订合作协议、共享信息平台、建立联络机制等措施，可以实现交通压力分担、资源整合、信息共享、优化服务体验等目标。在实施医院停车场多方联动时，需要建立数据共享机制，实现交通调度协调，发布交通信息，开展应急响应协作，并进行定期评估和优化。在持续改进的过程中，可以总结经验，优化协作机制，为医院停车场多方联动的实际应用提供指导和支持。通过多方联动的努力，可以改善医院停车场周边交通秩序，提高交通管理和服务水平，为患者和员工的出行带来更好的体验。

（二）与公交联动，围绕医院开设环线

通过围绕医院开设环线公交，设立以医院名字命名的公交站，可以提高患者和访客的出行便利性，减少个人汽车出行，缓解交通压力，同时也可以提升医院形象。本节将深入探讨医院与公交联动的意义、围绕医院开设环线的优势以及设立以医院名字命名的公交站的重要性，以期为医院交通管理和服务提供指导和建议。

1. 医院与公交联动的意义

减少私家车出行：医院是城市交通热点区域之一，每天都有大量患者和访客前来就医。通过公交联动，可以引导更多患者和访客使用公共交通工具，减少私家车出行，缓解交通拥堵。

提高出行便利性：围绕医院开设环线公交，可以直达医院，提高患者和访客的出行便利性，节省时间和精力。

促进城市发展：医院与公交联动可以促进城市公共交通网络的完善和发展，提升城市形象和交通服务水平。

2. 围绕医院开设环线的优势

服务全覆盖：围绕医院开设环线公交可以将公交服务覆盖到医院附近的各个区域，方便患者和访客的出行。

优化公交换乘：环线公交可以优化公交换乘，减少换乘次数和时间，提高公交的便捷性和吸引力。

减少路途转折：环线公交可以减少路途的转折，缩短行驶距离，提高公交的运行效率。

提高公交效率：围绕医院开设环线公交可以减少冗余线路，提高公交运行效率和服务水平。

3. 设立以医院名字命名的公交站的重要性

提升医院形象：设立以医院名字命名的公交站可以提升医院的形象和知名度，为医院建设品牌形象。

方便出行导向：以医院名字命名的公交站可以提供清晰的出行导向，引导患者和访客迅速找到公交站台。

宣传医院信息：设立以医院名字命名的公交站可以展示医院信息和服务，向更多人传递医院的优势和特色。

强化医疗服务：设立以医院名字命名的公交站可以增加医院对患者和访客的服务，提高医院的用户体验。

4. 医院与公交联动的实施步骤

与公交公司合作：医院需要与当地公交公司合作，共同规划和开设环线公交，制订公交站点设置方案。

确定环线路线：根据医院的位置和交通状况，确定围绕医院开设的环线公交的路线，确保服务全覆盖。

规划公交站点：设立以医院名字命名的公交站需要在医院附近合适的位置规划，确保患者和访客方便快捷地搭乘公交。

设立交通标识：在以医院名字命名的公交站设置合适的交通标识，包括站名标识、乘车指引等，提高站点的识别性和可用性。

5. 持续改进

定期评估：定期评估医院与公交联动的效果和问题，发现不足之处并改进。评估结果可以作为改进的依据。

增加公交频次：根据实际情况，适时增加环线公交的运行频次，提高公交的服务质量和满意度。

优化公交路线：根据患者和访客的需求和反馈，优化环线公交的路线和站点设置，提高公交的便捷性和吸引力。

医院与公交联动，围绕医院开设环线公交，设立以医院名字命名的公交站是医院交通管理和服务的重要组成部分。通过减少私家车出行等措施，可以实现医院与公交的有效联动。在实施医院与公交联动时，需要与公交公司合作，确定环线路线，规划公交站点，并设立交通标识。在持续改进的过程中，可以定期评估效果，采用增加公交频次，优化公交路线等措施，为医院交通联动的实际应用提供指导和支持。通过多方共同努力，将有效提高患者和访客的出行便利性，减少个人汽车出行，缓解交通压力，同时也提升医院的形象，为城市公共交通服务水平的提升作出贡献。

八、交通风险应对的改进与展望

在不断变化的社会环境和技术条件下，医院交通风险应对工作需要不断改进和完善。以下是交通风险应对的改进方向和未来展望。

（一）数据驱动的交通管理

利用大数据和人工智能技术，对医院内交通数据进行深度分析，能够更加全面、准确地了解交通状况和风险点。基于数据驱动的交通管理，能够更精准地制订交通管理策略和应急预案，提高交通管理的针对性和有效性。

（二）可持续发展交通管理

在交通管理中，应更加注重可持续发展的理念。通过推广绿色出行方式，如鼓励步行、骑行、共享单车等，减少机动车使用，可以降低交通拥堵和交通事故的发生。

（三）交通管理信息化与智能化

加强医院交通管理的信息化和智能化建设，实现交通管理的自动化和智能化。通过建立智能交通信号灯系统、智能停车场管理系统等，能够更好地提高交通管理的效率和精确度。

（四）提高交通安全宣传的针对性

在交通安全宣传中，应根据不同群体的特点和需求，设计更具针对性的宣传内容和形式。例如，对老年人强调行人安全，对驾驶员强调安全驾驶技巧等。

（五）强化应急救援能力

加强医院内部的应急救援团队建设，提高救援人员的应急处理能力和救援技能；同时，与医院周边的交通救援机构建立联动机制，实现协同救援，提高交通事故救援效率。

（六）加强交通管理监管

医院应建立健全交通管理监管制度，对交通管理措施的执行情况进行监督和检查。对交通违法行为和事故责任追究，要有严格的惩戒措施，以维护交通秩序和安全。

（七）推动交通法律法规的完善

在医院交通风险应对中，政府部门和相关机构应加强交通法律法规的研究和完善。根据医院内交通特点，制订更具针对性的交通管理法规，提高医院交通管理的法制化水平。

交通风险应对工作是医院交通管理中的一项重要任务。通过数据驱动的交通管理、可持续发展交通管理、信息化与智能化建设、针对性宣传、应急救援能力强化、监管加强和法规完善，可以有效降低医院交通风险，提高交通管理的安全性和效率。在未来的发展中，随着科技和社会的进步，我们有信心在医院交通管理中取得更大的成就。

第三节 交通应急处置与案例分析

一、交通应急处置原则

为规范和加强停车场安全管理，确保车辆的财产安全，防范车场安全事故的发生，减小停车场安全事故损失，快速、高效、合理、有序地处置所发生的事故，医院通常会根据上级有关部门文件与会议精神、相关法律法规，结合停车场的环境建设与实际情况开展相应的交通应急处置。在处置过程中要坚持以下法则。

安全第一：在任何情况下，都要将人员的安全置于首位，确保自己和他人都在安全的位置，远离危险区域。

保护现场：在发生交通事故后，应该立即设置警示标志或使用临时栏杆等措施，以保护现场，并防止更多的事故发生。

评估伤害：首先检查是否有人员受伤，如果有人受伤，应该立即呼叫急救人员。在等待急救人员到达之前，尽量不要移动伤者，以免加重伤情。

通知相关机构：如果事故严重，需要及时通知交通警察或相关执法机构，以便处理事故现场、记录相关信息和起草报告。

保持冷静：在应急情况下，保持冷静是非常重要的，这有助于做出明智的决策并避免进一步的问题。

采取必要措施：根据情况，采取适当的措施，如关闭发生事故的车道、引导交通流动或为受伤人员提供紧急援助等。

收集信息：尽可能多地收集事故现场的信息，包括车辆及人员的相关信息、事故发生地点、时间和情况的描述等。这些信息对于事后的调查和保险索赔可能会很有帮助。

遵守法律规定：在应急情况下，也要遵守交通法规和法律要求。不要逃逸。

协助调查：在交通事故调查中，应积极与执法人员合作，提供真实的情况陈述，协助他们了解事故发生的经过。

保留证据：如果可能的话，保留与事故有关的证据，如照片、视频、证人联系方式等。这些证据可以在后续的索赔或法律程序中起到关键作用。

总之，交通应急处置需要冷静、迅速的反应，同时遵循安全和法律原则，以最大限度地减少损害并确保相关事宜得到妥善处理。如果需要，可根据实际情况寻求专业人士的帮助。

二、交通安全工作分工

医院一般由保卫科负责医院停车场的日常管理。科长负责定时召开停车场安全工作领导组会议，传达上级相关文件与会议精神，部署、检查落实车场安全事宜，未雨绸缪，做好准备，保证完成领导部署的各项任务。

主管：具体负责车场所发生突发事件的处理、报告、监控与协调，保证领导小组紧急指令的畅通和顺利落实；做好安全、检查等工作，努力将事故协调到满意为止。

班长：负责消防设施完善和消防用具准备，负责检查全地下车场等地的用电、用火安全；一旦发生火警，负责与疏散各组联络，调动有关人员到指定地点；负责事故现场处理，根据人员受伤害情况报指挥中心，同时报办公室。

三、交通安全处置方法

（一）车辆损伤事故（指无人受伤）处置

停车场内发生交通事故，控制中心应立即调动安全员控制现场，同时将事件信息通报其他岗位采取必要措施，当班班长立即赶往现场处理，防止肇事车辆及人员逃逸，并将现场情况向中心汇报，中心第一时间通知安全负责人，必要时向部门领导汇报。涉及影响其他车辆行通行的，应与涉事车辆双方友好沟通，劝说双方先对事故现场进行拍照取证，将车辆驶至不影响其他车辆通行的位置进行处理。如无法说服，可采取报警的手段处理。

事故未处理完期间，应首先保障驶离停车场的车辆离开，如情况特殊，可采取暂停车辆进入停车场的措施。例如在车道中发生的事故、故障，应设法使车辆驶离车道，如无法驶离的，可安排人员在车道内指挥车辆分批次进出，使用可用的车道进出车辆。处理人员到现场后，要求当事人如实反映事故发生的经过，并进行拍照，做好相应的事件发生经过客观记录；同时迅速联系被撞车主到现场进行调解，造成车场公共设施损坏需照价赔偿。

（二）车辆冲岗处置

车场门岗发现车辆欲冲岗时，首先采取应急措施，设法阻止，同时联系控制中心呼叫声援。中心应立即调出现场镜头进行监控、录像，并立即通知保安负责人和服务中心领导前往处理，同时向部门领导确定是否需报警。

在阻止车辆冲岗时，岗位保安员应采取必要的自我保护措施。无法阻止时，当值班人员须记下其车牌号码、车型、颜色、驾驶人的基本特征、离去时间、驶离方向，将信息立即向控制中心汇报，并维护好现场秩序。

中心应立即与车主联系并进行确认，必要时保存电话记录或请其家人到现场签字确认并妥善保管好冲岗录像，未经部门领导同意不得播放或转借相关录像。

（三）车辆丢失处置

（1）当值人员发现或接到车辆丢失的信息后，应首先向控制中心汇报，由控制中心第一时间通知部门领导。

（2）控制中心应立即通知各岗位保安员加强出入口的控制，同时检查该车相关记录，查明进出时间，与车主联系并请车主出示在本停车场的出入凭证及智能卡，确认事情经过。

（3）确认车辆丢失后由部门领导向公司领导汇报，确定是否报警或采取补救措施，同时将车场现场的所有资料封存，以便协助调查。

（四）车场伤亡事故处置

（1）车场内发生伤亡性交通事故，在报告控制中心后，由控制中心根据人员伤亡情况，第一时间通知部门领导。

（2）当班班长应于接到通知后的第一时间内赶赴现场，对事故现场进行保护，并立即联系控制中心通知受伤者家属。当班班长对需急救的伤者应立即设法救护，并视情况通知医护人员急救；同时记录现场情况及事件经过，对现场进行拍照记录。

（3）核实情况（时间、地点、事件概况），通知中心向公安部门报警。

（4）划定保护区范围，布置警戒，疏导车场交通。

（5）注意火险，车辆漏油后要及时采取相关措施处理。

（6）收集在场人员对车辆事故的反映，并对在场证人进行登记，以便协助公安部门处理。

（五）车辆堵塞车道处置

在停车场出入口出现车辆滞留的现象，安全岗位应及时进行疏导，如属于车主故意开车堵塞通道，安全岗位要保持冷静，不得与车主发生冲突，并及时通知上级及指挥中心进行处理；当车辆发生堵塞时，当班班长要及时赶到现场进行处理，安排岗位指引其他车辆走应急通道，并做好其他车主的解释工作；当班机动岗疏散围观人群，并在做好车辆警戒工作的前提下，尽量协调顾客在洽谈室等影响较小的区域进行洽谈；控制中心人员应将车辆堵塞现场进行摄像取证，并安排班长进行拍照；上级及指挥中心到场后，首先应对事情进行了解，且在原则范围内进行协调，如不能解决的，应及时将情况汇报部门领导，经部门领导的同意，可联系辖区警务室及公安部门前来协助处理。

（六）防汛的处置

在大雨天气来临时，停车场应做好防水浸准备，沙袋、抽水泵、水管、移动电源、雨具等物资准备充分；如遇排水堵塞，立即判断堵塞部位并进行疏通、清掏；时刻观察停车场内各处水沟水渠的泄水情况，派人巡察周边及车场环境，避免水浸。一旦发现停车场出现水漫的现象，应立即通知医院相关部门进行排水作业，同时在停车场内针对水浸区域用沙包进行堵截、疏导，防止水浸影响场内机械、电气设备；若水浸已影响或可能影响到场内机械、电气设备，应立即停止使用相关设备，并通知医院相关部门到场处理；若水漫可能影响到场内停放的车辆，巡逻人员立即赶到进出口位置，用防汛沙袋构筑防汛堤坝，将水流堵在进出口排水沟处，及时引流。

检查排水沟排水情况，保证排水孔畅通，如有堵塞及时疏通，当堵塞严重时及时上报专业人员到场处理。当进出口排水沟水流量过大时，应及时用防汛沙袋将水引流到停车场排水坑处，并利用车场内的自动排水系统进行分流排水，向车场内部排水系统引流时需特别注意绕开配电房、电梯间、放射科设备间等重要部位，防止水流进入引发次生灾害。如涉及车辆浸水，医院可进行广播，必要时联系警方查找车主，如车主联系不上的，应想办法使车辆不受水浸影响，对患者贵重物品进行救助、搬运，有序疏导车辆驶离车库；待水位恢复正常，对车库进行清扫。

（七）汽车漏油事件处置

当车场保安接报或发现汽车正在漏油时，应及时向指挥中心和上级领导报告并请求派人增援。通知车主到现场，对事故车辆进行有效解决，现场人员需留守现场，待增援人员到场后，采用安全防范办法对现场进行警戒（拉警示带），划定警戒区域，并由专人监管，禁止有明火接近现场或汽车通过。运用沙子或泥土等阻燃物覆盖漏在地面上汽油，等车辆开走后安排清洁人员将地面打扫干净；如旁边有其他车辆，应立即通知指挥中心进行广播并联系警方通知车主，隔离区附近禁止烟火，并准备好灭火器备用，同时应开启车场内的排烟系统。

（八）汽车自燃事件处置

当车场保安接报或发现汽车正在着火时，应及时向指挥中心报告，由指挥中心启动火灾应急预案，在保证自身安全前提下，在就近消防箱中提取灭火器或消防水带按操作办法进行扑救，将初火扑灭。若火势较大可能存在爆炸危险时，应急人员在保障个人安全状况下，对现场立即采用安全防范办法，划定警戒区域，对现场进行警戒（拉警示带），并增派人员在警戒区域外围监管，防止人员进入警戒区域，疏导围观群众离开。如旁边有其他车辆，应尽快告知车主将车开走，以免引起失火爆炸。

（九）突发消防警情事件处置

停车场内发生起火、漏油等消防警情事故时，发现警情的员工必须立即向当值主管报告，当值主管接到报告后必须立即前往现场处置，并成立应急处置小组，启动相应的应急处置预案，并第一时间向领导汇报。如发现起火，必须立即使用现场的灭火设备进行灭火，并通知消防监控中心启动应急处置预案，拨打 119 火警报警电话，通知停车场入口岗位封闭停车场入口，禁止车辆进入，组织现场员工进行疏散。如现场火情被成功控制，应保护现场，记录相关情况，以待事后调查。

（十）停车场收费系统故障应急处置

在交班本上记录停电或发生故障的时间，当值收费员通知当值领班到达现场，并通知当值主管；车辆进场时，礼貌地向车主解释因临时停电，故不能使用智能识别，希望其谅解。然后使用打卡机，在纸质票据其中一联上面打印车辆进场时间，并在两联上抄写该车车牌号码，把打印有时间的一联交给车主，后手动抬闸让车辆进场，并嘱咐车主保存，凭票出场。车辆离场时，让车主交还票据，并用打卡机在票面上打印车辆出场时间，然后人工进行计费收款，收款后手动抬闸让车辆离场。收费员及时记录相关事项，当值主管应根据现场情况采取应急措施，同时报告部门领导，通知厂家或工程部及时排查。

（十一）停车场发生地震自然灾害应急处置

当停车场发生自然灾害导致车辆无法离场时，管理人员要协助有序疏散。停车场工作人员需要快速组织人员疏散，指导车辆驶往安全区域，保持与相关兄弟单位和社区的联系，密切沟通。

（十二）肢体冲突应急处置

第一时间找到现场，通知工作人员到现场进行处置，并及时向上级报告情况立即分批组织现场疏散。在现场增加安保人员，保护现场人员的财产安全和人身安全；协调处置方式，全面收集信息，了解时事态势和当事人的情况，并给出有针对性的应对方案；要避免场面混乱，加强现场管理，防止冲突扩大和蔓延，尽快联系公安机关，配合警方处理。

(十三) 硬件设施安全风险处置

当地桩、标识牌、道闸等伤人、伤车后,工作人员立即到场用锥形桶进行警戒,维持周边秩序,保证其他车辆和人员正常通行,逐级上报部门领导。根据现场情况,及时对受损车辆进行处置,对伤者进行救治,调取现场监控,同时联系厂家协助查明故障原因,与受损方协商沟通解决方案,降低事件危机值,并将处理结果上报领导并备案存档。

(十四) 清理商贩、拦截非机动车风险处置

根据医院管理规定,各进出口禁止非机动车进入院区,及时清理周边"摩的""号串串"、小商小贩等,工作人员在清理、拦截管控对象时应亮明身份,注意工作态度,文明执勤,不得恶语相向和暴力驱逐。清理过程中遇到不配合的发生争执冲突的情况,在合理合法的范围内采用切实可行的方法,如联系城管到场,协助城管执法、联系处突队员到场支援进行劝离、报警处理,对屡次不配合或恶意冲关的管控对象和非机动车辆,联合"五方联动"工作人员进行专项整治。

(十五) 违规违纪廉洁风险处置

发现工作人员与"号串串"等打击对象勾结时,及时将工作人员调离岗位,并逐级上报部门领导。对当事人进行询问谈话,调查了解事情具体情况,同时走访调查收集取证。若事情属实,根据医院的相关规定,对当事人给予相应处罚,包括经济处罚、纪律处分、组织处理、开除等,并形成书面材料上报领导。事后进行整理分析并归档,吸取经验教训,开展廉洁专项培训,杜绝此类事件再次发生

(十六) 车辆失控、擦剐等风险处置

车辆失控或擦剐,造成人员或车辆受伤,工作人员及时到场根据实际情况对伤者进行施救,拨打急救电话、报警电话并上报管理人员,将事故区域进行交通管控,指挥引导其他车辆绕行,避免发生拥堵或二次事故;划定警戒范围保护事故现场,预防车辆漏油引发的火灾火险;若车辆漏油,及时使用沙袋遮蔽避免发生事故,并积极配合公安机关、保险公司进行事故处置,保存监控,做好记录。

(十七) 停车场恶意破坏处理

车主出现抢占、损坏停车位等行为时,应提供车辆信息,立即通知公安机关,由公安机关按照相应法律程序转交有关部门进行处理,组织治安警力,加强值守和巡查,确保停车场的秩序和安全;当停车场安全事件出现无法控制的情况时,立即启动组织开展应急处置工作;当停车场安全事件影响范围扩大、危害程度加大时,对应急处置工作进行优化和调整,提高响应速度和准确度。

四、案例分析

(一) 案例一

案例背景

某市的一家医院突然发生火灾事故,导致医院内部和周边道路交通受阻。火灾发生在医院的主楼,浓烟弥漫,部分楼层需要紧急疏散,同时附近道路因为消防车辆和救护车的进出而受到严重影响。

处置步骤及分析

安全评估和现场保护:医院应急小组立即前往现场,评估火灾的严重程度,确定需要疏散的楼层;同时,设立警示标志,划定安全区域,确保没有人员进入危险区域。

通知医院内部人员:医院应急指挥中心通知各科室及病房,组织医务人员协助病人疏散,确保病人的安全。

与执法机构合作:医院应急团队与消防部门和交通警察紧密合作,协调火灾扑灭和道路交通疏导。确保消防车辆和救护车辆能够迅速进出医院,同时引导周边道路交通流动。

临时交通调整:医院周边道路设置临时交通标志,引导车辆绕行;同时,设置紧急停车区域,为病人家属和访客提供方便的停车场所。

疏导病人和访客:医院内部组织志愿者团队,协助病人和访客了解火灾情况和交通状况,引导他们迅速离开医院危险区域,前往安全地点。

及时沟通:医院应急指挥中心与消防部门、交通警察、媒体等保持沟通,发布火灾扑灭进展、交通疏导信息,以及病人安全情况信息,减少不必要的焦虑。

恢复交通秩序:一旦火灾被控制,应急团队还持续关注交通状况,确保交通秩序逐步恢复。如果有需要，可以逐步解除临时交通措施。

事后总结与改进：在火灾扑灭后，医院应急团队进行案例总结，评估处置效果和问题，提出改进建议。

处置结果

通过应急处置，医院成功疏散了受影响的楼层的病人，没有发生重大人员伤亡。与执法机构的合作使得消防和救护车辆能够及时进出医院。临时交通调整和疏导措施有效地减少了周边道路的拥堵，保障了交通秩序。

然而，这个案例在处理过程中还存在一些问题，如疏散过程中病人特别是行动不便的病人的安全、信息传递不及时导致焦虑等。通过总结和改进，医院可以进一步完善应急预案，提升应急响应能力，更好地应对类似的紧急情况。

（二）案例二

案例背景

某市的一家医院是该地区的重要医疗中心，每天接待大量的患者和医护人员。一天，突发一起交通事故，一辆载有多名乘客的巴士与一辆小型轿车在医院门口发生碰撞。事故造成多人受伤，其中包括巴士乘客和轿车驾驶员。现场局势混乱，需要医院迅速进行处置。

处置过程

事故现场通知与调度：医院接到事故通知后，立即启动应急响应。医院调度中心通知急诊科、外科、骨科等相关科室准备接收伤员；同时，医院内部通知各相关部门，如护士站、手术室、放射科等做好协调准备。

急救与伤员转运：医院的急诊科医生和护士迅速赶往事故现场，对伤员进行初步的紧急救治，稳定伤势。随后，医院派遣救护车进行伤员转运，将重伤患者送往手术室或ICU，轻伤患者送往急诊观察。

医疗资源调配：医院内部调配资源，增派医生和护士参与伤员的救治和治疗。确保有足够的手术室和设备，同时调配放射科医生进行必要的影像检查。

家属沟通：医院派遣社工或医疗志愿者负责与伤者家属沟通，提供伤员的伤情和治疗进展信息，缓解家属的紧张情绪。

事故原因调查：医院与交警部门合作，对事故原因进行调查，以便后续的赔偿和责任认定。

医疗记录和报告：医护人员详细记录伤员的伤情、治疗过程和用药情况，形成医疗记录；同时，医院也向相关部门提交必要的医疗报告，以配合事故处理。

处置结果讨论与分析

快速响应：医院迅速启动应急响应，使伤员得到及时的救治。这对于救助伤者的生命至关重要。

资源调配：医院内部协调各个科室的资源，确保了医疗设备和医务人员的充分利用。这有助于同时处理多位伤者的救治。

沟通与心理关怀：与伤者家属进行沟通，提供信息和情感支持，有助于家属在紧急情况下保持冷静，减轻他们的焦虑。

事故原因调查：与交警部门合作进行事故原因调查，有助于确定责任和进行赔偿，同时也为预防类似事故提供了数据支持。

医疗记录和报告：详细的医疗记录和报告对于事故处理和后续的法律程序都至关重要，确保了信息的准确性和透明度。

综上所述，这起医院交通车祸的成功处置得益于医院内部各部门的协同配合、快速响应和资源调配，突显了该医院在突发情况下的应急能力和综合素质。

第五章 医院危险化学品风险管控

医院拥有大量危险化学品，如药物、清洁剂、消毒剂、诊断试剂和废弃药品等，如果这些危险化学品使用和管理不得当，就会对患者和医护人员的健康、安全甚至环境造成严重威胁，因此必须采取有效的管控措施，降低危险化学品使用过程中的风险。

本章从危险化学品概述、危险化学品管理制度建设、危险化学品全生命周期风险防控、危险化学品常见事故的应急处理等几个方面进行重点介绍。

第一节 危险化学品概述

一、危险化学品的定义、分类及风险识别

（一）危险化学品的定义

根据《危险化学品安全管理条例》（国务院令第591号）（以下简称《条例》），危险化学品是指具有毒害、腐蚀、爆炸、燃烧、助燃等性质，对人体、设施、环境具有危害的剧毒化学品和其他化学品。危险化学品在受到摩擦、撞击、震动、火源、遇水或性质相抵的禁忌物品影响时，会引发燃烧、爆炸、中毒等安全事故。

随着新化学品的不断出现，以及人们对化学品危险性认识的提高，按照《条例》第三条的有关规定，国务院安全生产监督管理部门发布了《危险化学品目录》（以下简称《目录》），根据化学品危险特性的鉴别和分类标准确定、公布，并适时调整。《目录》（2015版）共收录2828类属条目，其中包含148个剧毒化学品条目。

我国对危险化学品的管理实行目录管理制度，列入《目录》的危险化学品将依据国家的有关法律法规采取行政许可等手段进行重点管理。对于混合物和未列入《目录》的危险化学品，我国实行危险化学品登记制度和鉴别分类制度，企业应该根据《化学品物理危险性鉴定与分类管理办法》（国家安全监管总局令第60号）及其他相关规定进行鉴定分类。

（二）危险化学品的分类

提到化学品的分类，其基础性规范文件为《全球化学品统一分类和标签制度》（*The Globally Harmonized System of Classification and labelling of Chemicals*，以下简称GHS制度或紫皮书）。该文件自2003年经由联合国正式发布，每两年修订一次，2023年7月27日，联合国GHS制度第10修订版正式对外发布。GHS制订的目的包括护人类健康和环境的需要，完善现有化学品分类和标签体系，减少对化学品试验和评价。

我国根据联合国GHS制度，制定了化学品危险性分类和标签规范系列标准，包括《化学品分类和危险性公示通则》（GB 13690—2009）以及《化学品分类和标签规范》（GB 30000.2—2013～30000.29—2013）等，将化学品的危害分为物理危害、健康危害和环境危害三大类，共28大项81小项。

（三）危险化学品的风险识别

危险化学品主要的健康危害有呼吸系统、消化系统、血液、内脏等严重损害，人体协调性差、嗜睡等一些不能被立即识别的损伤，过敏和腐蚀等皮肤损害，致癌或致畸等。此外，危险化学品还可以造成燃烧、爆炸、污染水体等环境危害。

1. 危险化学品的风险识别主要内容

（1）了解危险化学品的物理和化学性质。包括其密度、熔点、沸点、挥发性等参数。这些参数会直接影响危险化学品的使用、运输和处理方式。

（2）了解危险化学品的毒性和危害性。包括了解危险化学品可能对人体、动物和环境造成的危害，并评估危险化学品的毒性和危害性对人类和生态环境的潜在影响。

（3）了解危险化学品的使用范围和处理方法。包括了解危险化学品的使用范围和方法、可能出现的问题和应对措施。

（4）识别风险。通过了解危险化学品的物理、化学性质、处理方法和使用范围等方面的了解来分析其可能给环境、设施、人员等造成的潜在危害，辨认危险程度和辨析危险等级。

（5）采取适当的风险控制措施。通过风险识别，采取适当的措施来控制危险化学品的风险，以尽量减少或消除其对人体和环境的危害，保障人们的健康安全。

2. 危险化学品的安全风险识别与控制

《化学品安全技术说明书》（*Safety Data Sheet for Chemical Products*，以下简称SDS），提供了化学品（物质或混合物）在安全、健康和环境保护等方面的信息，推荐了防护措施和紧急情况下的应对措施。在一些国家，SDS又被称为《物质安全技术说明书》（*Material Safety Data Sheet*，MSDS）。SDS是化学品的供应商向下游用户传递化学品基本危害信息（包括运输、操作处置、储存和应急行动信息）的一种载体。同时，SDS还可以向公共机构、服务机构和其他涉及该化学品的相关方传递这些信息。

根据《化学品安全技术说明书内容和项目顺序》（GB/T 16483—2008）规定，SDS分为以下16个部分：①化学品及企业标识；②危险性概述；③成分/组成信息；④急救措施；⑤消防措施；⑥泄漏应急处理；⑦操作处置与储存；⑧接触控制和个体防护；⑨理化特性；⑩稳定性和反应性；⑪毒理学信息；⑫生态学信息；⑬废弃处置；⑭运输信息；⑮法规信息；⑯其他信息。

3. 危险化学品使用时的风险控制

（1）使用之前应先阅读使用SDS，了解化学品特性，采取必要的防护措施。

（2）严格按操作规程进行，尽量少用或用危险性低的物质替代危险性高的物质。

（3）使用化学品时，不能直接接触药品、品尝药品味道、把鼻子凑到容器嗅闻药品的气味。

（4）严禁在开口容器或密闭体系中用明火加热有机溶剂，不得在烘箱内存放干燥易燃有机物。

（5）使用人员应佩戴防护眼镜、穿着合身的棉质白色工作服及采取其他防护措施，并保持工作环境通风良好。

（6）转移化学品去其他实验室时，应使用特定的容器。转移路线应避开人员密集场所。

（7）任何可能产生有毒有害气体，或者产生可燃、可爆炸气体或蒸汽的实验，都须在通风柜内进行。

二、危险化学品典型事故安全分析

危险化学品事故是指在危险化学品的生产、运输、储存、使用、处置等各个环节中发生的事故，包括火灾、爆炸、泄漏等，这些事故可能对人员、环境和财产造成严重危害，而这些事故可能会对人类的健康和物质财产产生不良的影响。以下是几种典型的危险化学品事故的安全分析。

（一）火灾事故

火灾事故通常是由于危险化学品受到热源、火花等因素的影响，引发化学反应而导致的。引起的火灾很容易波及周围现场或容器，从而形成连串的事故；同时可能会造成火灾扩散、烟雾、燃烧产生的有毒气体等影响。

（二）泄漏事故

危险化学品的泄漏通常是由于储存容器损坏、操作失误、设备故障等原因而引起的。泄漏危险化学品会对周围环境和人员造成直接危害，甚至可能引发爆炸等次生事故。在发生泄漏事故时，需要尽快采取相应的措施，包括紧急关闭泄漏发源、清理泄漏物质、隔离污染区域等。

（三）爆炸事故

危险化学品爆炸通常是由于蒸汽、液体或固体危险化学品过量存在、容器破裂、张力释放、火源等原因而引起的。爆炸将造成隔离设备和容器损坏，以及气体或其他物质的扩散散布到周围环境中。爆炸事故处理需要尽快采取有效的应对措施，最好通过爆炸损害预测工具，计算事故范围和危险源的危险性级别。

（四）中毒事故

危险化学品可能对人体、动植物和环境造成潜在的中毒危害，如吸入中毒、接触中毒和消化系统中毒。中毒事故通常是由于操作失误、不当使用危险化学品、缺乏个人防护等原因而引起的。这类事件通常发生在工厂或生产环境下，但近年来，医院里的化学药品事故也有发生。毒性事故会对人员的健康安全造成严重影响。对于中毒事故的应对措施，要尽早发现事故，及时给患者进行救援及治疗。

以上这些危险化学品事故都会对周围环境和人员造成不良的影响，因此必须采取有效措施进行预防和应对，以确保人员和环境的安全。

三、医院常用危险化学品及重点管控措施

（一）医院常见危险化学品

医院在日常检验、临床治疗、教学及科研活动中广泛使用危险化学品。医院的常见危险化学品包括以下几类：

（1）消毒剂，如过氧化氢、氯化物、苯扎溴铵等。
（2）放射性物质，如放射性同位素、X射线等。
（3）试剂，如有机溶剂、酸、碱、氧化剂等。
（4）清洗剂，如氨水、酸碱清洁剂等。

这些化学品都具有一定的毒性和危险性，如果不正确储存、使用或处置，可能会对医院工作人员、患者和环境造成潜在的风险。因此，医院需要制订严格的化学品管理制度，并定期开展相关培训和演练，以确保化学品的安全使用和处置。

（二）重点管控措施

（1）建立详细的危险化学品管理制度，包括购买、储存、使用、管理和处置等方面的规定，明确各个环节的责任和标准。

（2）建立危险化学品清单，明确危险化学品的种类、数量、性质和储存位置，以便于管理和随时查阅。

（3）开展员工培训和教育，包括对危险化学品有关知识的普及和相关操作的培训，使所有员工都能够正确使用和处置危险化学品。

（4）实施危险化学品的分类储存和隔离储存，确保配伍禁忌的危险化学品相互隔离，以避免意外混合导致事故发生。

（5）建立危险化学品专项应急处置预案并定期演练，包括应急避难、急救、污染控制和处置等内容，增强员工的应急处置能力。

（6）建立危险化学品使用的准入制度，对使用危险化学品的医师和医护人员进行资质审查并授权。

（7）定期开展危险化学品暂存间和使用场所的巡查和检查，发现和处理问题及时，并进行风险评估和整改措施的制订。

（8）与相关部门和单位建立联系，参与危险化学品事故应急救援预案的制订和实施。我国历来重视危险化学品的安全工作，自 1986 年以来陆续颁发了一系列的法律、法规、标准。对危险化学品的生产、经营、储存、运输、使用、处置等做出了严格的规定，其目的是保障人民生命财产安全，有效地避免发生危险化学品安全事故。

（9）对危险化学品的申购量进行限制，特别是易燃易爆危化品，尽可能降低危险化学品存量，以降低安全风险。

（10）加强危险化学品标签管理和开展废旧试剂清理，及时清理所产生的危险废物。

（11）使用危险化学品时，按照危险化学品的危险特性，按需佩戴个人防护用品。

（12）储存和使用危险化学品的场所，配备应急物资和安全设施设备，如急救药箱、泄漏吸附棉、紧急淋浴和洗眼器、灭火器等。

第二节　危险化学品管理制度建设

一、国家对危险化学品的重点管理要求

（一）法律法规要求

为了预防和减少危险化学品事故，加强危险化学品的安全管理，国家先后出台了一系列的法律法规和标准文件，其中包括《中华人民共和国安全生产法》《危险化学品安全管理条例》《易制毒化学品管理条例》《易制爆危险化学品治安管理办法》《危险化学品仓库储存通则》《易制爆危险化学品储存场所治安防范要求》等。国家出台的这些法律法规和标准文件对危险化学品的生产、储存、运输和使用等相关环节的安全管理都提出了非常明确的要求，是危险化学品安全管理的重要依据。

（1）医院对于危险化学品的安全管理，应当强化和落实主体责任制度，坚持以"安全第一、预防为主、综合治理"的基本方针政策实行。

（2）医院使用危险化学品应当具备法律、行政法规规定和国家标准、行业标准要求的安全条件，建立和健全安全管理规章制度和岗位安全责任制度，并

且需对内部从业人员进行安全教育、法制教育和专业岗位技术培训等。

（3）危险化学品从业人员应当接受教育和培训并考核，合格后方可上岗作业；对有危险化学品岗位资格要求的，应当配备依法取得相应从业资格证书的人员。

（4）国家对危险化学品的使用是有限制性规定的，任何单位和个人都不得违反限制性规定使用危险化学品。

（二）危险化学品使用许可和备案要求

根据危险化学品的危险范围及危害程度的不同，国家对危险化学品的生产储存、使用、经营等各环节制订了不同的许可和备案要求。在进行相关活动之前，必须依法取得相应的许可或备案才能进行活动。

（1）负有危险化学品安全监督管理职责的相关部门需对危险化学品的生产、储存、使用、经营、运输依法实施安全监督管理。

①安全生产监督管理部门：需负责危险化学品安全监督管理综合工作，组织确定、公布、调整危险化学品目录，对新建、改建、扩建生产、储存危险化学品（包括使用长输管道输送危险化学品）的建设项目进行安全条件审查，核发危险化学品安全生产许可证、危险化学品安全使用许可证以及危险化学品经营许可证，并负责危险化学品的登记工作。

②公安机关：需负责危险化学品的公共安全管理，核发剧毒化学品购买许可证、剧毒化学品道路运输通行证，并负责危险化学品运输车辆的道路交通安全管理。

③质量监督检验检疫部门：需负责核发危险化学品及其包装物、容器（不包括储存危险化学品的固定式大型储罐）生产企业的工业产品生产许可证，并依法对其产品质量实施监督，负责对进出口危险化学品及其包装实施检验。

④环境保护主管部门：需负责废弃危险化学品处置的监督管理，组织危险化学品的环境危害性鉴定和环境风险程度评估，确定实施重点环境管理的危险化学品，负责危险化学品环境管理登记和新化学物质环境管理登记；依照职责分工调查相关危险化学品环境污染事故和生态破坏事件，负责危险化学品事故现场的应急环境监测。

⑤交通运输主管部门：需负责危险化学品道路运输、水路运输的许可以及运输工具的安全管理，对危险化学品水路运输安全实施监督，负责危险化学品道路运输企业、水路运输企业驾驶人员、船员、装卸管理人员、押运人员、申

报人员、集装箱装箱现场检查员的资格认定。铁路监管部门负责危险化学品铁路运输及其运输工具的安全管理。民用航空主管部门负责危险化学品航空运输以及航空运输企业及其运输工具的安全管理。

⑥卫生主管部门：需负责危险化学品毒性鉴定的管理，负责组织、协调危险化学品事故受伤人员的医疗卫生救援工作。

⑦工商行政管理部门：依据有关部门的许可证件，核发危险化学品生产、储存、经营、运输企业营业执照并查处危险化学品经营企业违法采购危险化学品的行为。

⑧邮政管理部门：需负责依法查处寄递危险化学品的行为。

（2）危险化学品经营企业不得向未经许可从事危险化学品生产、经营活动的企业采购危险化学品，不得经营没有化学品安全技术说明书或者化学品安全标签的危险化学品。危险化学品包装物、容器的材质以及危险化学品包装的型式、规格、方法和单件质量（重量），应当与所包装的危险化学品的性质和用途相适应。

（3）依法取得危险化学品安全生产许可证、危险化学品安全使用许可证、危险化学品经营许可证的企业，凭相应的许可证件购买剧毒化学品、易制爆危险化学品。民用爆炸物品生产企业凭民用爆炸物品生产许可证购买易制爆危险化学品。以上规定以外的单位购买剧毒化学品的，应当向公安机关申请取得剧毒化学品购买许可证；购买易制爆危险化学品的，应当持本单位出具的合法用途说明。

（4）禁止向个人销售剧毒化学品（属于剧毒化学品的农药除外）和易制爆危险化学品，个人不得购买剧毒化学品（属于剧毒化学品的农药除外）和易制爆危险化学品。

（5）新建、改建、扩建储存危险化学品的建设项目，应当由安全生产监督管理部门进行安全条件审查。危险化学品使用单位应当对建设项目进行安全条件论证，委托具备国家规定的资质条件的机构对建设项目进行安全评价，并将安全条件论证和安全评价的情况报告安全生产监督管理部门。

（6）危险化学品生产企业应当提供与其生产的危险化学品相符的化学品安全技术说明书，并在危险化学品包装（包括外包装件）上粘贴或者拴挂与包装内危险化学品相符的化学品安全标签。化学品安全技术说明书和化学品安全标签所载明的内容应当符合国家标准的要求。危险化学品生产企业发现其生产的危险化学品有新的危险特性的，应当立即公告，并及时修订其化学品安全技术说明书和化学品安全标签。

(三) 重点单位安全生产监管要求

对于生产、储存和使用危险化学品过程中潜在风险更大的重点单位，国家针对性地出台了一系列的安全生产监管制度。这些制度涵盖了重点单位的设施设备、安全管理要求和应急预案等方面，为危险化学品生产、储存、使用过程中潜在风险预防和控制提供了有力的保障。

(1) 生产实施重点环境管理的危险化学品的企业，应当按照国务院环境保护主管部门的规定，将该危险化学品向环境中释放等相关信息向环境保护主管部门报告。环境保护主管部门可以根据情况采取相应的环境风险控制措施。

(2) 储存数量构成重大危险源的危险化学品储存设施的选址，应当避开地震活动断层和容易发生洪灾、地质灾害的区域。

(3) 危险化学品单位应当建立完善重大危险源安全管理规章制度和安全操作规程，并采取有效措施保证其得到执行。

(4) 危险化学品单位应当明确重大危险源中关键装置、重点部位的责任人或者责任机构，并对重大危险源的安全生产状况进行定期检查，及时采取措施消除事故隐患。事故隐患难以立即排除的，应当及时制订治理方案，落实整改措施、责任、资金、时限和预案。

(5) 危险化学品单位应当依法制订重大危险源事故应急预案，建立应急救援组织或者配备应急救援人员，配备必要的防护装备及应急救援器材、设备、物资，并保障其完好和方便使用。配合地方人民政府安全生产监督管理部门制订所在地区涉及本单位的危险化学品事故应急预案。

(四) 生产、使用、储存和运输过程中的安全控制要求

危险化学品是非常敏感的物质，任何操作纰漏都会引发极大的危险，因此国家在危险化学品的生产、使用、储存和运输过程中提出了一系列的安全控制要求。这些控制要求涵盖了化学品的物理和化学性质、危险判定、分类符号与标识、包装、运输、储存等多个方面，旨在确保危险化学品在各个环节的安全。同时，这些要求也规范了危险化学品管理过程中的行为，提供了具体的操作依据。

(1) 使用危险化学品的单位，其使用条件（包括工艺）应当符合法律、行政法规的规定和国家标准、行业标准的要求，并根据所使用的危险化学品的种类、危险特性、使用量和使用方式，建立健全使用危险化学品的安全管理规章制度和安全操作规程，保证危险化学品的安全使用。

(2) 储存危险化学品，应当根据其储存的危险化学品的种类和危险特性，

在作业场所设置相应的监测、监控、通风、防晒、调温、防火、灭火、防爆、泄压、防毒、中和、防潮、防雷、防静电、防腐、防泄漏以及防护围堤或隔离操作等安全设施、设备，并按照国家标准、行业标准或者国家有关规定对安全设施、设备进行经常性维护、保养，保证安全设施、设备的正常使用。生产、储存危险化学品的单位，应当在其作业场所和安全设施、设备上设置明显的安全警示标志。

（3）储存危险化学品的单位，应当在其作业场所设置通信、报警装置，并保证处于适用状态。

（4）生产、储存剧毒化学品或者国务院公安部门规定的可用于制造爆炸物品的危险化学品（以下简称易制爆危险化学品）的单位，应当如实记录其生产、储存的剧毒化学品和易制爆危险化学品的数量及流向，并采取必要的安全防范措施，防止剧毒化学品，易制爆危险化学品丢失或被盗；发现剧毒化学品、易制爆危险化学品丢失或被盗的，应当立即向当地公安机关报告。生产、储存剧毒化学品和易制爆危险化学品的单位，应当设置治安保卫机构，配备专职治安保卫人员。

（5）危险化学品应当储存在专用仓库、专用场地或者专用储存室（以下统称专用仓库）内，并由专人负责管理；剧毒化学品以及储存数量构成重大危险源的其他危险化学品，应当在专用仓库内单独存放，并实行双人收发、双人保管制度。危险化学品的储存方式、方法以及储存数量应当符合国家标准或者国家有关规定。储存危险化学品的单位应当建立危险化学品出入库核查、登记制度。对剧毒化学品以及储存数量构成重大危险源的其他危险化学品，储存单位应当将其储存数量、储存地点以及管理人员的情况，报所在地县级人民政府安全生产监督管理部门（在港区内储存的，报港口行政管理部门）和公安机关备案。

（6）危险化学品专用仓库应当符合国家标准、行业标准的要求，并设置明显的标志。储存剧毒化学品、易制爆危险化学品的专用仓库，应当按照国家有关规定设置相应的技术防范设施。储存危险化学品的单位应当对其危险化学品专用仓库的安全设施、设备定期进行检测、检验。

（7）从事危险化学品道路运输、水路运输的，应当分别依照有关道路运输、水路运输的法律、行政法规的规定，取得危险货物道路运输许可、危险货物水路运输许可，并向工商行政管理部门办理登记手续。

（8）运输危险化学品，应当根据危险化学品的危险特性采取相应的安全防护措施，并配备必要的防护用品和应急救援器材。

（9）通过道路运输危险化学品的，托运人应当委托依法取得危险货物道路运输许可的企业承运。

（10）危险化学品运输车辆应当符合国家标准要求的安全技术条件，并按照国家有关规定定期进行安全技术检验。应当悬挂或者喷涂符合国家标准要求的警示标志。未经公安机关批准，运输危险化学品的车辆不得进入危险化学品运输车辆限制通行的区域。危险化学品运输车辆限制通行的区域由县级人民政府公安机关划定，并设置明显的标志。

（11）托运人不得在托运的普通货物中夹带危险化学品，不得将危险化学品匿报或谎报为普通货物托运。任何单位和个人不得交寄危险化学品或在邮件、快件内夹带危险化学品，不得将危险化学品匿报或谎报为普通物品交寄。邮政企业、快递企业不得收寄危险化学品。

（五）应急管理要求

尽管危险化学品具有较高的风险和难度，但是在生产、使用、储存和运输过程中难免会出现突发事故，因此国家在应急管理方面建立了一套完整的规范体系，包括物质准备、演练和应急预案编制等。这些要求的出台和贯彻执行可以有效地减少危险化学品事故的发生，保障人民群众的生命财产安全。

（1）危险化学品企业应遵循安全生产应急工作规律，依法依规，结合实际，在风险评估的基础上，针对可能发生的生产安全事故特点和危害，持续开展应急准备工作。

（2）应急准备内容主要由思想理念、组织与职责、法律法规、风险评估、预案管理、监测与预警、教育培训与演练、值班值守、信息管理、装备设施、救援队伍建设、应急处置与救援、应急准备恢复、经费保障等要素构成。

（3）危险化学品企业应定期开展多种形式、不同要素的应急准备检查，并将检查情况作为企业奖惩考核的重要依据，不断提高应急准备工作水平。

图5-1为现场演练场景。

图5-1 现场演练场景

二、危险化学品管理机制建设

医院的危险化学品安全管理应当坚持以"安全第一、预防为主、综合治理"的基本方针实行，强化和落实安全保卫部门的综合安全监管责任、职能部门的业务领域安全监管责任、使用科室的直接安全管理责任。

（一）建立健全医院危险化学品安全管理架构

医院应设置危险化学品管理机构，如成立危险化学品安全管理委员会，下设管理办公室，负责医院总体危险化学品的日常安全管理。危险化学品安全管理委员会主任由行政主管院长担任，常务副主任由分管安全工作的院领导担任，副主任由分管医疗、医技、科研教学、药事、物资等相关院领导担任，各相关职能部门负责人为成员。

（二）明确各级工作职责

在危险化学品安全管理中明确"一岗双责"。医院法人为本单位危险化学品安全管理第一责任人，分管安全、医疗、科研、采购等工作的院领导为其分管领域危险化学品安全管理的主要责任人，使用部（处）、科（室）负责人为其本部（处）、科（室）危险化学品安全管理的直接责任人。明确各相关部（处）、科（室）的危险化学品安全管理工作职责，建立分工协作机制，保障各部（处）、科（室）共同做好医院危险化学品安全管理工作。

（1）医院危险化学品管理部门对医院危险化学品安全工作进行综合监督管理，责任如下：

①定期检查相关职能部门，使用部（处）、科（室）的危险化学品安全管理制度、安全检查、安全教育培训等工作的落实情况。

②定期检查危险化学品库（柜）防火、防盗、防破坏等安全设施完好情况。

③定期统计核查危险化学品使用部（处）、科（室）、存放地点的品种数量、危险等级等基础信息，建立医院统一齐全的危险化学品相关台账。

④监督检查危险化学品废弃物的安全管理和处置工作。

⑤协助采购部门办理管控类危险化学品申报手续等工作。

（2）业务管理职能部门，包括集中采购、物资库房、医疗医技、药剂、科研和后勤等管理部门，应按照"一岗双责"要求对医院危险化学品安全工作进行业务监督管理。

①安全管理部门：承担全院危险化学品安全管理的监督管理责任。

②采购部门：承担危险化学品采购过程安全管理责任。

③物资库房管理部门：承担危险化学品库、危险化学品废弃库和酒精库的安全管理责任。

④医疗医技管理部门：承担医院临床科室、医技科室（含核医学科）等医疗医技相关部（处）、科（室）危险化学品安全管理的业务监管责任。

⑤药剂管理部门：承担医院药房、制剂室等的危险化学品安全管理的业务监管责任。

⑥科研管理部门：承担医院科研、教学实验室危险化学品安全管理的业务监管责任。

⑦后勤管理部门：承担医院锅炉房、氧气站、污水处理站等后勤班组危险化学品安全管理的业务主管责任。

⑧危险化学品使用部（处）、科（室），是指医院临床科室、医技科室（检验科、病理科、放射科、介入科、放疗科、核医学科等）、研究院/中心/所/室、污水处理站、制氧供氧站、水质化验室等科室，贯彻落实国家、承担危险化学品安全管理的直接责任。

（三）完善危险化学品全生命周期管理

危险化学品全生命周期管理包括审批、采购、储存、使用和销毁等。根据危险化学品的化学特性和要求将危险化学品分为"管控类"和"非管控类"。"管控类"化学品包括剧毒、易制爆、易制毒化学品和爆炸品，其中剧毒化学品见《剧毒化学品名录》，易制毒化学品见《易制毒化学品的分类和品种目录》，易制爆化学品见《易制爆危险化学品名录》，爆炸品见《民用爆炸品名录》；"非管控类"危险化学品是指除"管控类"化学品以外的其他危险化学品。管控类危险化学品采购、储存、领用、销毁等环节应严格遵守国家规定，管控类危险化学品不得在科室过夜，当天将使用剩余的管控类危险化学品返还化学品暂存间，任何人不得擅自携带危险化学品进入或带离存放及使用场所。

（1）审批。按照逐级审批原则，由使用部（处）、科（室）提出购买申请，业务管理职能部门审核后，报业务分管院领导审批同意后列入采购计划。

（2）采购。所有危险化学品必须由医院统一向有销售、运输等资质的供应商采购，严禁任何部（处）、科（室）和个人私自采购。

（3）入库。采购的危险化学品入库时供应商需附带对应化学品安全技术说明书和化学品安全标签，危化品管理人员验收合格的危险化学品进行入库存放，填写《危险化学品验收登记表》并签字确认。库管部门应建立危险化学品安全管理台账和危险化学品出入库台账，定期报安全管理部门备案。

（4）储存。医院应根据实际情况设置危险化学品专用库房、专用场地、专用储存室或专用储存柜等，使用部（处）、科（室）应配备危险化学品专用柜。根据危险化学品特性，采取隔离储存、隔开储存、分离储存等方式分区、分类、分库储存，配备与所存危险化学品对应的化学品安全技术说明书和化学品安全标签。各类危险化学品不得与禁忌物料（化学性质相抵触或灭火方法不同的化学物料）混合储存。剧毒、易致爆等管控类危险化学品应按照国家存放条件要求设置并单独存放，储存数量、储存地点及管理人员的情况，应报医院安全管理部门备案。

（5）出库。根据使用部（处）、科（室）实际需求，库房管理部门和使用部（处）、科（室）共同对领用危险化学品进行核对，填写《危险化学品出入库登记表》并签字确认。

（6）使用。使用部（处）、科（室）应按照国家标准、行业标准的要求，根据所使用的危险化学品的种类、危险特性以及使用量和使用方式，建立危险化学品的安全周知卡，明确品名、危险性类别、危险性标志、危险特性、接触后表现、防护措施、急救措施等安全知识，严格落实以下程序：

①领用。使用部（处）、科（室）的危险化学品管理人员应经科室主任批准，系统提交申请，库管部门签字确认后，方可领取，管控类危险化学品应双人领用、双人签字。应严格控制危险化学品的零用量，有效控制暂存点的安全风险。

②保管。使用部（处）、科（室）应配备储存危险化学品专用柜，根据危险化学品不同特性、危害程度等，对危险化学品进行分类、分区保管存放。

③清退。使用部（处）、科（室）对当日未使用完毕的危险化学品要清点入柜，集中存放。废弃的危险化学品应及时移送医院危险化学品废弃物暂存点，不得随意处理。

④销毁。医院后勤管理部门负责全院危险化学品废弃物暂存点的管理工作，并严格落实以下要求：

a. 建立废弃危险化学品管理台账，对使用部门（科室）清退的废弃危险化学品的品种、数量进行详细记录根据不同特性、危害程度进行分类存放。

b. 危险化学品的废弃容器、废液、废渣、废物等，应委托具有危险化学品销毁资质的专业机构进行无害化处理。

c. 妥善保管危险化学品废弃物管理台账和销毁处置台账，定期报环保管理部门备案。

(四) 落实安全检查机制

医院应加强危险化学品安全管理的监督检查工作，建立医院层面每季度、职能部门每月、使用部（处）、科（室）每日以及节假日前安全检查四种安全检查机制。

(1) 医院层面每季度开展危险化学品安全检查，由各职能部门安排人员组成检查组对危险化学品库、危险化学品废弃库、酒精库以及各使用部（处）、科（室）危险化学品安全管理工作等进行专项安全检查。

(2) 职能部门按照业务管理职责每月对所属相关部（处）、科（室）危险化学品管理进行安全检查。安全管理部门对危险化学品库、危险化学品废弃库、酒精库等部位的消防设施、安防设备以及使用部（处）、科（室）的日常管理、安全教育、培训演练等情况进行监督检查。

(3) 危险化学品使用部（处）、科（室）要每日检查危险化学品的使用情况、库存情况、库（柜）的安全情况并做好记录。

(4) 节假日前，各职能部门应组成联合检查组，针对相关部（处）、科（室）危险化学品管理进行安全检查。重点检查内容包括以下几个方面。

①储存安全：确保危险化学品储存区域符合安全要求，如通风良好、防火设施完善等。检查储存容器是否密封良好，标签是否清晰可读。

②使用安全：督促节假日期间危险化学品操作人员遵循正确的使用方法和操作程序，避免混合不同的化学品。

③应急处理准备：准备好应急处理设备和材料，如吸收剂、防护罩和应急处置预案等，明确节假日期间应急联系人、报警电话等。在发生突发情况时，立即采取适当的措施，如隔离泄漏区域、通知相关人员和启动应急处置预案等。

第三节　危险化学品全生命周期风险防范

近几年，危险化学品事故频发，2015年8月12日天津瑞海国际物流有限公司危险化学品仓库特别重大火灾爆炸（图5-2）事故发生后，社会公众和媒体对危险化学品监管的关注程度逐渐加强，对危险化学品动态信息的知情权需求愈发强烈。因此，亟须加强对危险化学品生产、仓储、运输、经营、使用、废弃各个环节的全生命周期的监管。

图5-2 "天津港"爆炸现场（来源：新华社）

工信部在2011年的《关于加快推进信息化与工业化深度融合的若干意见》（工信部联信〔2011〕160号）明确指出："建立危险化学品、民爆器材的生产、储运、经营、使用等环节的实时监控和全生命周期监管体系。"

面对危险化学品的安全管理和事故应急管理面临严峻的挑战，务必扎实做好医院危险化学品的生命周期（购买、储存、运输、使用和废弃处置全过程）管理成为关键。

一、危险化学品的采购管理

危险化学品作为医院科研物资之一，既关系着医院科研力量的创新与进步，又关系着医院安全。尽管医院对危险化学品的采购需求量相对较少，但是其采购具有品种多、批次密、专业性强、监管难度大等特征。危险化学品不仅具有实验材料的普遍特点，还具有易燃、易爆、易挥发、易中毒等危险特性。因此，医院危险化学品的采购活动既要保障用量需求又要能保障采购过程的安全便捷。

根据我国《易制毒化学品管理条例》（国务院令第445号）、《易制爆危险化学品治安管理办法》（公安部令第154号）相关规定，购买易制毒/爆化学品须到公安部门进行审批或备案。对此，医院内部也制订了相当严格的管理制度，通常情况下，分为医院、职能部门、科室三级审批制度，申购科室在经职能部门和分管院长批准后，再由相关部门进行采购。

对于非管控类危险化学品，购买则严管其申购量，控制科室内部不超量存放（按照 50 m² 计算，危险化学品除压缩气体外小于 100 kg 或 100 L，易燃易爆物质小于 50 kg 或 50 L）。经相关职能部门审批、购买。

根据我国《危险化学品安全管理条例》《易制毒化学品管理条例》《易制爆危险化学品治安管理办法》相关规定生产、销售单位需要具备危险化学品安全生产许可证、危险化学品安全使用许可证、危险化学品经营许可证等相关资质才能合法销售危险化学品。因此，医院采购部门在进行危险化学品招标时，需对供应商资质进行严格控制；同时为满足科室需求还需要求供应商的产品覆盖率尽可能大、配送时间尽可能快，以保证科室的正常需求。

二、危险化学品的存储管理

目前，医院危险化学品使用呈现分布广的情况，其中实验室的情况尤为突出，各个科室对危险化学品的需求情况为种类多、使用频繁；同时为了加强危险化学品的管理，避免出现科室违规储存、超量存放等情况。危险化学品的存储宜采用集中分散的管理模式，即建立危险化学品试剂间，统一接收供应商配送的危险化学品，当科室有需求时，由工作人员配送一定量的危险化学品至科室，进行暂存和使用。由于危险化学品危险性大且具有特殊性，危化品试剂间的建设对周围环境和仓库内部环境要求高、投资大，并且医院人员密集，各个医院规模大小不一、涉及化学品的使用量也有差别，目前医院内部建设危险化学品试剂间的相对较少。图 5-3 为医院危险化学品试剂间示例。

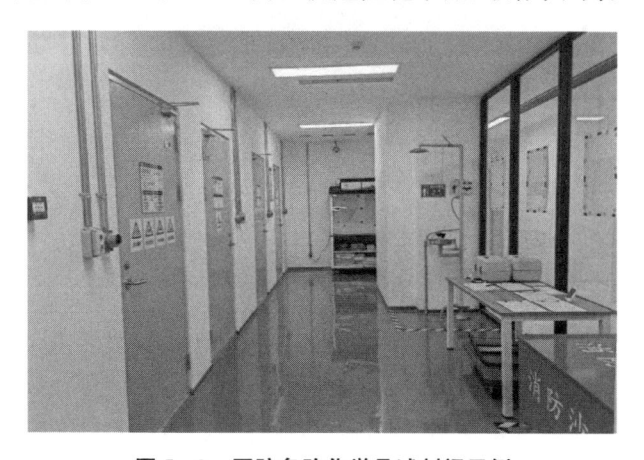

图 5-3 医院危险化学品试剂间示例

(一) 存储地点合法、合规

根据《危险化学品管理条例》规定，危险化学品应当储存在专用仓库、专用场地或者专用储存室内。目前可根据《建筑防火设计规范》《易制爆危险化学品储存场所治安防范要求》《剧毒化学品、放射源存放场所治安防范要求》以及地方法律法规对试剂间进行建设。

(二) 存储要点

根据危险化学品存储相关要求，科室的危险化学品存放点需要定期清理废旧试剂，避免积累；储存点应通风、隔热、避免阳光直射；危险化学品有序分类存放，固体液体不混乱放置，互为禁忌的危险化学品不得混放，不得叠放。有机溶剂储存区应远离热源和火源。装有试剂的试剂瓶不得开口放置，实验台架无挡板不得存放化学试剂。当危险化学品由原包装物转移或分装到其他包装物内时，转移或分装后的包装物应及时重新粘贴标识。危险化学品标签脱落、模糊、腐蚀后应及时补上，如不能确认，则以不明废弃化学品处置。除此之外，还需完善相应台账、管理办法等内容。图5-4为危险化学品的规范存放示例。

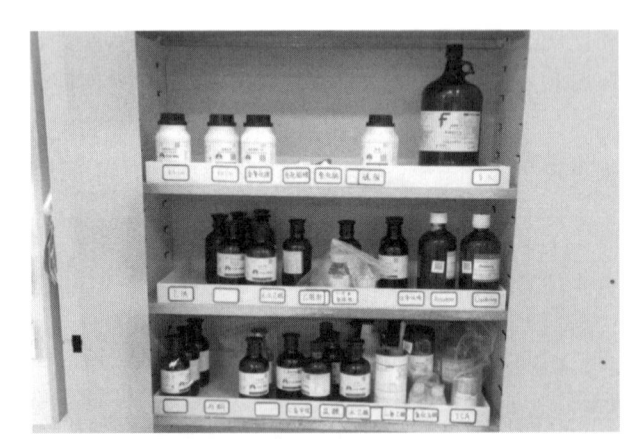

图5-4 危险化学品的规范存放示例

危险化学品试剂间（下文简称危化品试剂间）的建设要点包括：危化品试剂间应设置在楼外；危化品试剂间不设置吊顶；在做好泄爆口的同时，注意防盗；用电需要考虑防爆；送排风系统需要考虑温湿度的控制，按照危险化学品试剂间存放危险化学品情况观察室内温湿度（一般室温需低于30 ℃，湿度低于70%），南方在夏季温度超过30 ℃，需要考虑安装空调对室内温湿度进行控制（根据安装方式，需要考虑空调的防爆要求）；安装可燃气体报警器，需要同送排风系统进行联动；消防系统需要做到整体联动；管理制度上墙；个人防护物资需要配齐；对于管控类危险化学品的管理，应该包括实体防护和软件设施防护，实体防护包括防盗门、防盗锁、专用储存柜、防盗窗、监控等，软件设施防护则包括红外入侵报警系统、门禁入侵系统。做好以上工作，基本可以满足危险化学品的存储要求。

三、危险化学品的运输管理

危险化学品具有强腐蚀性、易燃性、易爆性、毒性等特性，所以在道路运输过程中必须做好危险化学品运输安全管理工作，控制运输安全影响因素，减小危险化学品道路运输途中出现安全问题的概率，保证危险化学品运输稳定性。目前危险化学品运输企业存在安全管理意识落后、运输管理监管体系不够健全、运输事故响应机制落后以及运输从业人员专业性过低等问题。

近年来，危险化学品安全生产事故频发，危险化学品装卸环节和运输环节事故数量呈上升趋势，如 2017 年滨州"8·7"危险化学品运输爆炸事故和 2017 年临沂危险化学品装卸爆炸事故等，均对群众生命财产安全和社会公共安全造成了严重威胁。由于运输车辆位置具有移动性和灵活性，在危险化学品运输环节发生安全事故的后果影响更为恶劣，并具有难预测、难控制、难评估等特点。危险化学品装卸和运输环节的安全性和合规性是相互影响的，具有一定的耦合性。

为确保在危险化学品运输途中减少事故的发生，可以对危险化学品运输公司的相关资质、运输车辆、操作人员、装卸等进行规范。根据《危险化学品管理条例》，从事危险化学品道路运输、水路运输的，应当分别依照有关道路运输、水路运输的法律、行政法规的规定，取得危险货物道路运输许可、危险货物水路运输许可，并向工商行政管理部门办理登记手续。

危险化学品道路运输企业、水路运输企业的驾驶人员、船员、装卸管理人员、押运人员、申报人员、集装箱装箱现场检查员应当经交通运输主管部门考核合格，取得从业资格。

危险化学品运输车辆（图 5-5）应当符合国家标准要求的安全技术条件，并按照国家有关规定定期进行安全技术检验。

图 5-5 危险化学品运输车辆

四、危险化学品的验收管理

针对危险化学品的特殊危险特性，必须保证管理人员熟悉危险化学品的各项特性，了解其储存、使用、防护的相关要求。在 2018 年 7 月 12 日，位于宜宾市江安县阳春工业园区内的宜宾恒达科技有限公司发生重大爆炸着火事故，造成 19 人死亡、12 人受伤，直接经济损失 4142 余万元，事故直接原因为操作人员将无包装标识的氯酸钠当作丁酰胺，补充投入釜中进行脱水操作引发爆炸着火。为避免在存储、使用中发生安全事故，同时为避免出现供应商漏送、送错、损坏等情况的发生，危险化学品的验收环节尤为重要。

（一）实物的验收

首先查看试剂规格和包装标签上的名称、纯度是否与采购清单相符。同时按照采购清单对数量进行清点，是否有包装破碎、瓶盖处渗漏的情况。需在验收单上记录名称、规格、纯度、生产厂家、批次号、有效期、数量，包装是否完整，标识是否清晰等。实物验收是做好危化品验收的第一步，也是至关重要的一步。

（二）资料的验收

先确认是否有合格证、化学品安全技术说明书等。化学品安全技术说明书应随采购验收记录一起存档，必要时复印化学品安全技术说明书，随药品试剂一起放入仓库。同时需在药品试剂清单上登记存放环境要求、危险信息。如果是危险化学品，要让实验室所有可能接触这些化学品的人员知道其危险性、防护方法及应急处理方法。

五、危险化学品的使用管理

2021年，全国共发生化工事故122起、死亡150人，比2020年减少22起、28人，分别下降15.3%和15.7%，比2019年减少42起、124人，分别下降25.6%和45.3%。但目前化工安全形势依然严峻。

2021年1月14日16时20分左右，位于驻马店高新技术产业开发区的河南顺达新能源科技有限公司在1#水解保护剂罐进行保护剂扒出作业时，发生一起窒息事故，造成4人死亡、3人受伤，直接经济损失约1010万元。事故的直接原因是：作业人员违章作业，致使作业人员缺氧窒息晕倒，现场人员救援能力不足，组织混乱，导致事故扩大。

2021年2月26日16时19分左右，湖北仙隆化工股份有限公司复工复产期间，非法生产甲基硫化物发生爆炸事故，造成4人死亡、4人受伤。初步分析事故的主要原因是：事故单位进行甲基硫化物蒸馏提纯，在更换搅拌电机减速器时，未对蒸馏釜内物料进行冷却，导致釜内甲基硫化物升温，发生剧烈分解爆炸。

2021年4月21日13时43分，黑龙江绥化安达市黑龙江凯伦达科技有限公司发生一起中毒窒息事故，造成4人死亡、9人中毒受伤，直接经济损失约873万元。事故发生在三车间制气工段制气釜停工检修过程中。初步分析事故的主要原因：在4个月的停产期间，制气釜内气态物料未进行退料、隔离和置换，釜底部聚集了高浓度的氧硫化碳与硫化氢混合气体，维修作业人员在没有采取任何防护措施的情况下，进入制气釜底部作业，吸入有毒气体造成中毒窒息。在抢救过程中，救援人员在没有防护措施的情况下多次向釜内探身、呼喊、拖拽施救，致使现场9人不同程度中毒受伤。

以上案例均为化工原料在使用过程中发生的事故，折射出危险化学品管理的缺陷，如缺乏危险化学品安全教育和培训、危险化学品的使用缺乏有效的监督、剩余危险化学品返库存放制度不健全、危险化学品使用过程中的环境保护问题亟待加强。

（一）台账管理

危险化学品台账是实现危险化学品管理的一种常用方式，是记录和管理危险化学品使用历史的一种工具。台账记录了危险化学品的入库、出库、使用、报废等信息。危险化学品的台账应包括危险化学品种类、名称、规格、数量、入库日期、储存位置、使用日期等信息。

1. 管控类（易制毒、易制爆）

医院涉及管控类危险化学品通常包括易制毒、易制爆危险化学品，其台账管理受到国家法规、地方要求的双重管理模式，因此按照《危险化学品安全管理条例》《易制毒化学品管理条例》《易制爆危险化学品治安管理办法》文件及地方派出所、应急局、街道办等部门要求，易制毒、易制爆按照双台账进行记录管理，避免危险化学品领用出现漏记、不记的情况。

2. 非管控类

根据《危险化学品安全管理条例》对危险化学品管理要求，需要记录危险化学品使用动态台账。

需要特别注意的是，危险化学品的使用记录应该保持完整性，对每一项使用记录都要注明出处和使用时间。另外，危险化学品资料的存放和保存非常重要，否则当发生事故时，可能会导致台账等资料损失。

（二）个人防护

2016年9月21日，位于上海的东华大学化学化工与生物工程学院一实验室发生爆炸，2名学生受重伤，1名学生受轻微擦伤。事后调查发现，三名学生实验时均未佩戴护目镜等防护装备，且存在违规操作行为；同时导师和校方也未尽到安全管理职责。

上述案例强调实验人员在使用危化品前，务必要根据实验类型以及可能发生的安全事故做好充分的个人防护工作。

首先，使用危险化学品前应了解所使用的危险化学品各项危害，如理化危险、健康危险、环境危险等，这些信息可以从危险化学品对应的安全技术说明书中进行获取。例如在使用盐酸时，应该佩戴过滤式防毒面具（半面罩），戴化学安全防护眼镜，穿化学防护服，戴橡胶手套等。

涉及个人的防护装备包括口罩、面罩、护目镜、手套、实验服等，其中实验手套的选择尤为重要。例如，天然橡胶乳胶手套能针对碱类、醇类，以及多种化学稀释水溶液提供有效的防护，并能较好地防止醛和酮的腐蚀；丁腈橡胶手套通常分为一次性手套、中型无衬手套及轻型有衬手套，这种手套既能防止油脂（包括动物脂肪）、二甲苯、聚乙烯以及脂肪族溶剂的侵蚀，还能防止大多数农药配方，常用于生物成分以及其他化学品的使用过程；聚氯乙烯（PVC）手套防化学腐蚀能力强，几乎可以防护所有的化学危险品，也具有防静电性能。图 5-6 为常见的防护、应急物资。表 5-1 为常见防护手套性能对比。

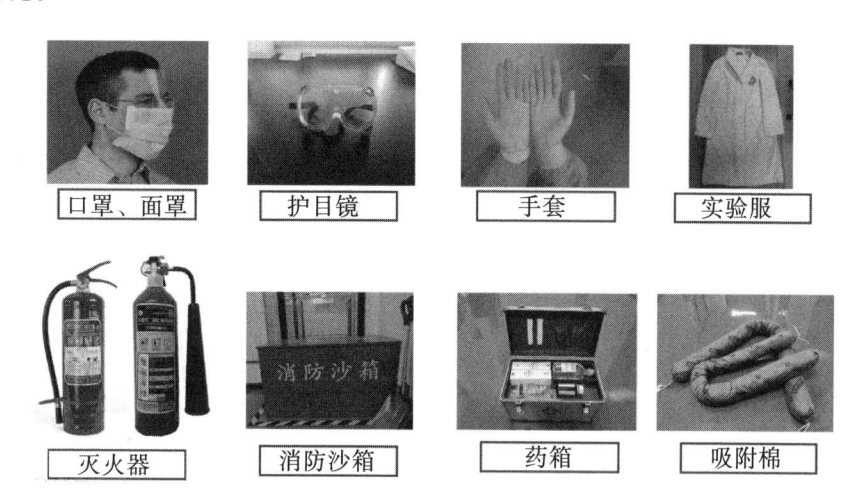

图 5-6　常见的防护、应急物资

表 5-1　常见防护手套性能对比

化学物质	材质					
	橡胶	丁基合成橡胶	氯丁橡胶	PVC	PVA	丁腈
无机酸	好	好	优秀	好	差	优秀
有机酸	优秀	优秀	优秀	优秀	优秀	—
腐蚀物质	优秀	优秀	优秀	好	差	好
醇类（甲醇）	优秀	优秀	优秀	优秀	一般	优秀
芳香族（甲苯）	差	一般	一般	差	优秀	差
石油馏出物	优秀	一般	优秀	差	优秀	优秀
酮类	一般	优秀	好	不推荐	一般	一般
油漆稀释剂	一般	一般	不推荐	一般	优秀	一般
苯	不推荐	不推荐	不合适	不推荐	优秀	一般
甲醛	优秀	优秀	优秀	优秀	差	一般
乙酸乙酯	一般	好	好	差	一般	一般
脂肪	差	好	优秀	好	优秀	优秀
苯酚	一般	好	优秀	好	差	不推荐
磨损	—	好	一般	好	好	优秀

续表

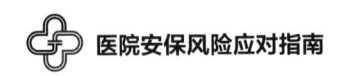

化学物质	材质					
	橡胶	丁基合成橡胶	氯丁橡胶	PVC	PVA	丁腈
刺	优秀	好	优秀	一般	优秀	优秀
热	优秀	差	优秀	差	一般	一般
抓握（干）	优秀	一般	好	优秀	优秀	好
抓握（湿）	好	一般	一般	优秀	优秀	一般

（三）操作规程

根据相关要求，开展实验前均需对实验进行风险评估，包括整个实验过程进行风险分析，确定风险点，寻求合理、安全的方法进行风险规避。另外，还需编制相关现场处置方案，包括以下内容。

1. 火灾与爆炸危险

点火源、可燃性物质与助燃物质是导致火灾爆炸事故出现的三大因素，在开展实验活动时很容易接触到易燃易爆物质，实验过程中碰到点火源之后，这些物质可能导致火灾爆炸事故的发生。

2. 中毒危险

科室中存放了较多的有毒有害物质，若实验过程中造成有机溶剂蓄积、二氧化硫、有毒害化学药品的泄漏，可能导致非常严重的中毒事故。

3. 化学灼伤

科室内的浓硫酸、浓盐酸以及氢氧化钠等都表现出非常强的腐蚀性，如果在实验时因操作不规范而溅出与皮肤接触，会对机体带来很大的损伤。

4. 环境污染危险

在实验活动中形成的"废物"如果不能够及时进行无害化处理，当其进入到环境中后会转化为污染源，对生态环境带来影响。

在使用危险化学品时，可能会发生火灾爆炸、中毒、灼伤、环境污染等事件，因此在开展实验前务必要进行操作规程的制订，熟悉应急事件的处理方法。

（四）使用前学习

人员培训不到位、员工学习不到位是导致事故发生的主要人为因素，做好危险化学品的安全教育和安全培训，是防止危险化学品事故发生的重要措施和手段之一。实验过程中的危险化学品的管理是一项细致的工作，稍有疏忽就可能发生严重的事故，加强实验人员危险化学品安全使用教育是实验教学的首要工作。

对于危险化学品安全使用的培训内容，可以对常用危险化学品的 SDS 进行整理，采用晨会分享的方式，重点解读危险性概述、急救措施、消防措施、泄漏应急处理、操作处置与储存、接触控制和个体防护、理化特性等内容。

六、危险化学品的废弃管理

2020 年 11 月 17 日 7 时 21 分左右，位于江西省吉安市井冈山经开区富滩产业园海洲医药化工有限公司发生爆炸事故，造成 3 人死亡、5 人受伤。据初步调查，该起事件发生原因是：反应釜 A 处理的对甲苯磺酰脲废液中含有溶剂氯化苯，操作工使用真空泵转料至反应釜 B 中，因反应釜 B 刚蒸馏完前一批次物料尚未冷却降温，废液中的氯化苯受热形成爆炸性气体，转料过程中产生静电引起爆炸。主要教训是：事故企业主要负责人安全意识淡薄，未落实法定职责组织制订废液处理操作规程；对废液处理工艺安全风险认识不足，未进行安全风险辨识并落实管控措施；未严格落实变更管理制度，随意利用闲置设备设施蒸馏废液。

2019 年 3 月 21 日 14 时 48 分许，位于江苏省盐城市响水县生态化工园区的天嘉宜化工有限公司（事故发生后已被吊销营业执照，以下简称天嘉宜公司）长期违法储存的硝化废料因持续积热升温导致自燃，燃烧引发硝化废料爆炸，造成 78 人死亡、76 人重伤，640 人住院治疗，直接经济损失 198635.07 万元。

危险化学品废弃物具有易燃、腐蚀、毒害等危险特性，若储存和处置不当，可能发生泄漏引发火灾、人员中毒等危险事故；同时危险化学品废弃物也可通过不同途径污染环境，造成水质污染、空气污染等，严重影响公共环境卫生，甚至危害人体健康。因此，如何安全、规范、环保、有效地开展危险废物全过程管理是医院面临的重要难题和必须解决的问题。

（一）收集

医院内危险废物除医疗废物以外，其他类型危险废物多来自生物、化学、材料、医学等学科的实验室，主要包括以下几种类别。

1. 无机废液

含重金属废液、含氰废液、含汞废液、含氟废液、酸性废液、碱性废液以及含六价铬废液。

2. 有机废液

油脂类、含卤素有机溶剂类和不含卤素有机溶剂类。

3. 过期试剂

废弃的固液态化学试剂、含有或直接沾染危险废物的实验室检测样品。

4. 废弃容器

试剂瓶、废弃物包装物、碎玻璃仪器，一次性耗材等。

5. 放射性废弃物

放射性矿渣、废液，沾有人工或天然放射性物质的各种器物等。依据《国家危险废物名录》，无机废液、有机废液、过期药品归属于 HW49 其他废物类——研究、开发和教学活动中，化学和生物实验室产生的废物（不包括 HW03、900－999－49），代码为 900－047－49；废弃容器、含油物料归属于 HW49 其他废物类——含有或沾染毒性、感染性危险废物的废弃包装物、容器、过滤吸附介质，代码为 900－041－49。

对于危险废物的分类收集、存放点的规划尤为重要，目前医院的危险废物分为生物医疗类废物、化学类废物两个大类。化学类废物主要包括化学性废液、失效过期试剂、试剂空瓶等。化学性废液需要分类装入符合标准规格的废液桶，严禁倒入下水道，废液桶上须用标签纸注明所存废弃物的名称、主要成分与性质、科室名称等重要信息，需要确保容器口也液体表面之间留有 20% 的空间。每次向废液桶中投放废液后，需要在废液收集表上登记投入量，方便数据的统计。失效过期试剂、试剂空瓶需要按照其危险特性，如易燃、有毒、腐蚀等进行分类收集，使用硬纸箱、塑料箱、木箱等进行规范存放，包装箱外有明确标识，统一存放。

（二）实验室暂存

危险废物的存放位置需要合理的选择与建设，2023 年 7 月 1 日起实施国家标准《危险废物识别标志设置技术规范》（HJ 1276—2022），规范了危险废物识别标志设置。

暂存点管理要求包括暂存点应具有固定的区域边界，并应采取与其他区域进行隔离的措施；暂存点应采取防风、防雨、防晒和防止危险废物流失、逸散等措施；暂存点储存的危险废物应置于容器或包装物中，不应直接散堆；暂存点应采取防渗、防漏等污染防治措施或采用具有相应功能的装置；暂存点应及时清运储存的危险废物，超过两桶则需进行转运。另外，还需要准备泄露应急物资，确保在出现泄露的情况下有物可用。图5-7为科室内部危险废物暂存点示例。

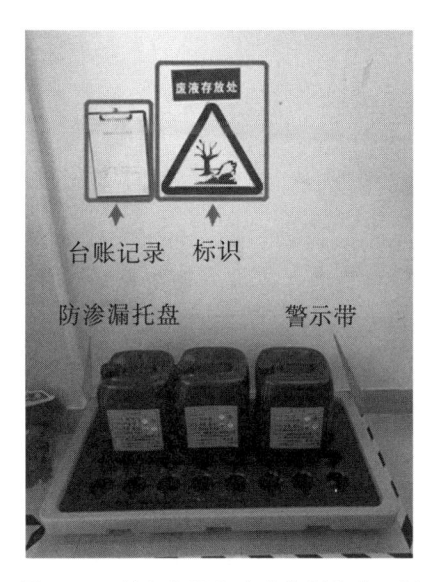

图5-7 科室内部危险废物暂存点示例

（三）转运

为避免危险废物存放过多导致安全事故的发生，需要根据为危险废物的实际产生情况，将危险废物转移至医院危险废物集中暂存处。在转移前需要明确以下事项。

1. 转移工具

需要使用有固定装置的拖车进行运输，避免在运输途中发生颠簸造成废液倾倒的事故。另外，运输的危险废液大多数为有机废液，因此需要避免运输工具在运输途中产生火花，造成更严重的事故。

2. 个人防护

为避免在转移危险废物时发生液体的溢洒，对转移人员造成伤害，必须做好个人防护工作，包括穿长袖实验服、佩戴护目镜、佩戴手套等。

3. 应急物资

为避免在转移途中发生液体的泄漏，需要在运输工具上配备灭火器、吸附棉、防护手套等物资。

4. 注意事项

在转移前需要查看废液桶标签信息是否张贴，信息是否完整，容器是否破损，桶盖是否拧紧。转移路线应该选择最近且无杂物阻挡以及人员密集处，乘坐专用污物电梯。

（四）危险废物暂存间

1. 危险废物暂存间建设

由于医院科室产生的危险废物大多为有机废液，因此按照《建筑设计防火规范》（GB 50016—2023）要求，危险废物暂存间建设需要按照甲类库房进行建设，例如房间内使用防爆灯具、防爆开关、可燃气体报警器以及送排风系统，避免房间内可燃气体发生聚集、超标的情况。同时按照相关规范要求，设计相应的防渗漏收集装置。

危险废物暂存间应严格按照危险废物的类别进行分区，一般包括有机废液暂存区、无机废液暂存区、玻璃器皿区、固体废弃药品区、液体废弃药品区等，各区域应在明显位置张贴明确的废弃物类别标识、警示标识、指令标识、提示标识等。

2. 危险废物暂存间管理

向危险废物暂存间转移危险废物时须确保盛装容器完好无损，按照指定区域分类存放；容易产生挥发性气体的危险废物应置于相应气体报警器临近区域。有机、无机废液桶须放在合适材质的防渗漏托盘上，一般情况下液体容器平铺于地面或置于货架上，不采用叠层堆放形式；如空间有限，液体容器的叠放不得超过两层。此外，严禁将日常杂物存放于危险废物暂存间。

危险废物暂存间管理人员在转移危险废物时应做好出入库登记台账，台账上须注明危险废物的名称、来源、数量、特性和包装容器的类别、入库日期、存放库位、废弃物出库日期及接收单位名称等信息。管理人员定期对危险废物暂存间开展检查，检查范围包括室内温度、通风系统、废弃物撒漏情况、废弃物标签情况、应急物资情况等并做好记录，若发现异常应及时排除故障或报修。危险废物暂存间内储存时长最长不得超过一年。

另外，还需建立日常检查机制，检查内容包括：是否出现泄露、温湿度是否合适（按照危险化学品存储要求温度低于 30 ℃，湿度低于 70%）、应急物资是否齐全、紧急冲淋洗眼器是否可以正常运行、可燃气体报警器是否正常运行等内容，对以上检查的清单要进行留存，以备查验。

（五）处置公司

危险废物需交由第三方符合处置资质的机构进行处置，挑选一个优秀的处置公司尤为重要，包括处置价格便宜、可处置种类多、距离医院距离较近、服务态度好、各项管理制度完善等要求。

1. 处置签约

为了寻求符合国家相关要求的处置公司，需要对危险废物进行分类、统计，预估每年产生量，再按照需求进行招标。为保证处置公司具备相应处置能力，需要同时查验年度报告、财务流水、项目清单、资质证书等相关材料。另外，为确保危险废物转运过程中的安全性，需额外关注处置公司的各项管理制度，如培训制度、搬运操作规程、搬运注意事项、应急处理措施等。除保证招标到具备处置能力的公司外，还应关注其响应时效。

2. 运输车辆

由于危险废物的特殊危险性，危险废物道路运输车辆应配置符合《道路运输危险货物车辆标志》（GB 13392—2023）规定的标志。运输危险废物车辆两侧车门处须喷涂危险废物道路运输车辆统一识别标识；运输医疗废物，按照《医疗废物焚烧炉技术要求》（GB 19218—2009）规定在车辆车厢部位喷涂有关标识。危险废物道路运输车辆车厢底板应完好平整、周围栏板应牢固。运输车辆车厢底板应有基本的防渗铺垫和防滑装置，车厢底部应设置具有良好气密性的排水孔，在清洗车厢内部时能够有效收集和排除污水。车辆应根据装运危险废物性质和包装形式，配备相应的捆扎、防水、防渗和防散失等用具。车辆应配备与运输物相适应的消防器材。运输车辆应容貌整洁、外观完整、标志齐全，车辆车窗、挡风玻璃无浮尘、无污迹。车辆车牌号应清晰无污迹。车厢应保持清洁干燥，不得任意排弃车上残留物。

3. 处置搬运

危险废物在静止状态，按照规范管理，其危险性较小。但危险废物的搬运过程是处于运动状态，其危险性则处于不可控的状态，例如压力过大出现喷溅、搬运过程中出现跌落等都可能造成搬运人员受伤、财产遭受损失。因此在搬运危险废物时，一定按照操作规章制度进行，并做好个人防护。

在对危险废物暂存间进行危险废物转运前，转运人员到达现场后应对搬运工人进行简单培训，内容包括：观察包装是否泄漏、瓶盖是否拧紧；搬运时禁止抱、拖、拽、滚，应该直立搬运；禁止在放置过程中出现摔、丢等情况，应该轻拿轻放；搬运前做好个人防护，佩戴手套、口罩、防护服；当出现泄漏时，需立即报告现场负责人，如液体泄漏应该立即用消防沙吸附，再进行处理，如固体包装损坏、破碎，应做好个人防护，再进行处理；如搬运过程中出现身体不适，应立即告知现场负责人。在做好以上培训、防护工作后，方可进行搬运操作。

七、危险化学品试剂间的管理

按照《危险化学品管理条例》规定，危险化学品应当储存在专用仓库、专用场地或者专用储存室内，并由专人负责管理。危险化学品专用仓库应当符合国家、行业标准的要求，并设置明显的标志。储存剧毒化学品、易制爆危险化学品的专用仓库，应当按照国家有关规定设置相应的技术防范设施。

目前医院使用的危险化学品，主要包括二氯甲烷、石油醚、乙酸乙酯、无水乙醇、冰乙酸、甲醛、甲醇、异丙醇、正己烷、环己烷、乙腈、四氢呋喃、咪唑、氢氧化钠、盐酸、硫酸、三氯甲烷、丙酮、哌啶、乙醚、高锰酸钾、硝酸钾、重铬酸钾、过氧化氢等一系列管控类和常规危险化学品。根据《易制爆危险化学品治安管理办法》《易制爆储存场所治安建设规范》《易制毒化学品管理条例》等相关文件规定，针对管控类危险化学品，需要进行特殊的管理。

（一）选址

危险化学品试剂间的选址尤为重要，要避免因试剂间发生事故。目前试剂间建设没有相应国家标准可以借鉴，由于目前大多医院已经建成投入使用多年，无法再提供建筑用地用于建设危险化学品试剂间，因此可以根据地方政府的要求，选择使用集装箱式库房，放置于远离楼栋区域，或者在楼栋内对某块区域进行改造。

（二）设计、建设（硬件设施、软件）

合理规划空间区域，有利于危险化学品试剂间的后续使用和危险化学品的分类存放。为避免出现设计不合理而造成试剂间无法通过验收的情况，需要寻求具备危险化学品库房设计经验的公司负责设计。另外,还需具备危险化学品试剂间相关施工经验的人员负责建设。图5-8为危化品试剂间内部设施示例。

图5-8 危化品试剂间内部设施示例

为便于后续的危险化学品管理工作,需要建立符合自身危险化学品管理要求的信息化系统,内容包括硬件(智能台秤、门锁、扫码枪等)、软件(申购、验收、入库、出库、下账等操作)。在设计前则需考虑管理模式,便于在设计、建设期间预留相应的端口。

(三)制度建设

按照危险化学品试剂间的管理要求,需要将试剂间制度上墙,同时也为了规范试剂间的运行,需要建立相应的管理制度,包括危险化学品管理制度、易制毒/爆危险化学品管理制度、危险化学品领取流程、试剂间管理人员职责、试剂间应急预案等。为便于人员阅读,需将制度张贴、悬挂于显眼处,同时定期针对试剂间出现的问题开展专项培训。除此之外,还需开展危险化学品专项应急预案演练,确保发生事故时,试剂间管理员有能力对初期事故进行处置。图5-9为危险化学品相关管理制度示例。

图 5-9　危险化学品相关管理制度示例

（四）人员配备

危险化学品管理属于特殊物品的管理，管理人员需要具备一定的职业素养，包括危险化学品的基础知识、危险化学品的应急处理。另外还需经过相关部门的培训并取得证书。

（五）危化品试剂间备案

为保证危险化学品试剂间合法合规的运行，必须按公安及应急管理部门的相关要求流程进行备案。为保证危险化学品试剂间现场的合法、合规性，还应该邀请以上部门进行现场查看，出具相应的备案反馈文件。

（六）检查制度

为贯彻落实"隐患排查与治理双重机制"，危险化学品试剂间检查需要根据实际运行情况，制订规范的日常检查、周检查、月检查制度，排查隐患，并针对隐患制订相应的治理办法，减少事故的发生。

1. 每日检查

每日检查内容包括危险化学品试剂间温度、湿度、泄漏等情况，对于出现的问题及时进行处理。

2. 每周检查

每周检查内容包括试剂间个人防护物资、试剂取用耗材、应急物资等。

3. 每月检查

每月检查内容包括试剂间的全面隐患排查，主要为开柜检查包装是否破损、标签是否完好、试剂是否过期、变质等情况。另外还包括消防安全检查。

（七）危险化学品备存

为满足医院危险化学品使用需求，避免科室出现"断粮"的情况，需要对危险化学品试剂间进行备货，可以以近 6~12 个月危险化学品的使用量为依据，取平均值进行备货。备货首先需要做到危险化学品试剂间存量不超标，避免试剂间出现较大风险；同时备货量应满足科室 1~2 周的用量。

（八）配送、领取

为减少非管控类危险化学品在危险化学品试剂间至科室这段路程中的运输风险，可由危险化学品试剂间管理员按照审批后的危险化学品数量，使用转运车逐个配送至科室，此方式可减少因为实验人员在转运过程中出现意外。针对管控类危险化学品，实验人员需要使用时，则需两人前往危险化学品试剂间，务必按照"用多少，领取多少"的原则，从而控制实验室人员领取量，进而规避一些不必要的事故发生。

第四节　危险化学品常见事故的应急处置

一、危险化学品应急处置原则

危险化学品应急处置应遵守"沉着冷静，先控制后处置，先救人后救物，先重点后一般"的原则进行处理。具体要求如下：

（1）发现危险化学品事故，立即疏散无关人员，控制现场，上报上级主管。

（2）应急现场处理时，优先用经过专门培训人员，且必须安排两人及以上进行作业，相互监护。应急救援队伍建立单位或者兼职应急救援人员所在单位应当按照国家有关规定对应急救援人员进行培训；应急救援人员经培训合格后，方可参加应急救援工作。

（3）处理事故进行救人时，安全防护措施应检查、确认，强化事故现场安全措施落实，防止二次事故和次生灾害事故发生。

（4）处置危险化学品事故时，应保持头脑清醒，不得盲目行动，针对危险化学品事故性质、类型、特征等进行分析，启动相应应急处置预案。处置人员必须认真按处置方案和救护安全措施执行，确保自身安全。

（5）附近有电气设备时必须先切断电源，防止触电。

（6）发生火灾时，应当注意风向，及时关闭排风系统。切不可贸然打开着火的箱门、柜门以及屋子的屋门、窗户等。在确保安全的前提下，应当及时将可燃物转移或划出阻火带。

（7）扑救可燃液体火灾时，不可距离火源过近扑救，以防止液体溅射和爆沸。应当在上风处向可燃物略向上部位喷射。

（8）使用气体灭火时，务必防止窒息和冻伤事故（如手持二氧化碳灭火器）。

（9）燃烧的液体流淌时，应当注意个人安全，同时应当使用干沙等进行围堵。

（10）着火容器扑火时，应当及时对容器进行冷却。必要时，在确保安全的前提下，可以对容器上方用钢钎等打洞，以防爆炸。容器发生异响时，人员应当立即撤离。

（11）火源距离建筑物构件较近时，应当注意对构件的冷却。

（12）在灭火过程中，明显出现火烧范围的扩大、温度升高、烟雾加重，或伴有密闭容器异响、鼓包等，即视为火灾失控。

（13）参与应急救护人员应确认伤者是否撤离危险区域，救护措施应得当，现场急救措施无法解决时，应及时送专业医院进行救治。人员未送至医院前，心肺复苏等急救措施切不可停止。

（14）当事故得到有效控制，伤亡人员全部救出或转移，设备、设施处于受控状态，环境有害因素得到有效监测和处置达标，由应急总指挥宣布事故应急处置工作结束，并转入现场恢复、障碍消除等工作。

（15）明确应急处置行动结束的条件和相关后续事宜。

（16）划定事故波及范围区域，警戒线设置，安排人员现场值守。

图5-10为危化品应急处置组织机构图。

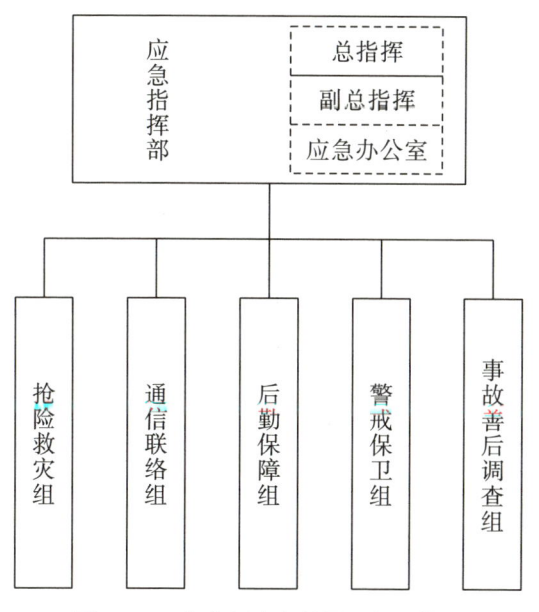

图 5-10　危化品应急处置组织机构图

二、危险化学品常见事故的应急处置方法

（一）危险化学品火灾、爆炸事故的应急处置方法

当作业现场任何作业人员发现某处作业地点发生火灾、爆炸，应立即进行现场处置展开自救与互救，在保证自身安全的前提下利用现场灭火器进行灭火并组织现场救援，设法切断事故源头，控制事故扩大。同时立即口头或电话报告科室安全负责人，报告内容包括时间、地点、事故单位（科室）、事故简述（事故类别、人员伤亡、财产损失、发展趋势）、原因初步判断、现场处置和救援情况等。如发生生产安全事故或者较大涉险事故，上报上级安全生产监督管理部门应当包括下列内容：

（1）事故发生单位的名称、地址、性质、产能等基本情况。

（2）事故发生的时间、地点以及事故现场情况。

（3）事故的简要经过（包括应急救援情况）。

（4）事故已经造成或者可能造成的伤亡人数（包括下落不明、涉险的人数）和初步估计的直接经济损失。

（5）已经采取的措施。

(6)其他应当报告的情况。

其他无关人员应迅速有序撤离事故现场,以保证自身人身、财产的安全。若发生的事故不可控制,应立即拨打紧急报警电话 110、火警电话 119、急救电话 120 联系,请求援助。

有关应急救援人员的手机实行 24 小时开机,发生紧急情况时通过手机或固定电话传达有关应急命令。当通信不畅或电话无法联系时,可以人工传达事故应急情况及通知有关人员实施应急行动。

图 5-11 为事故响应程序图。

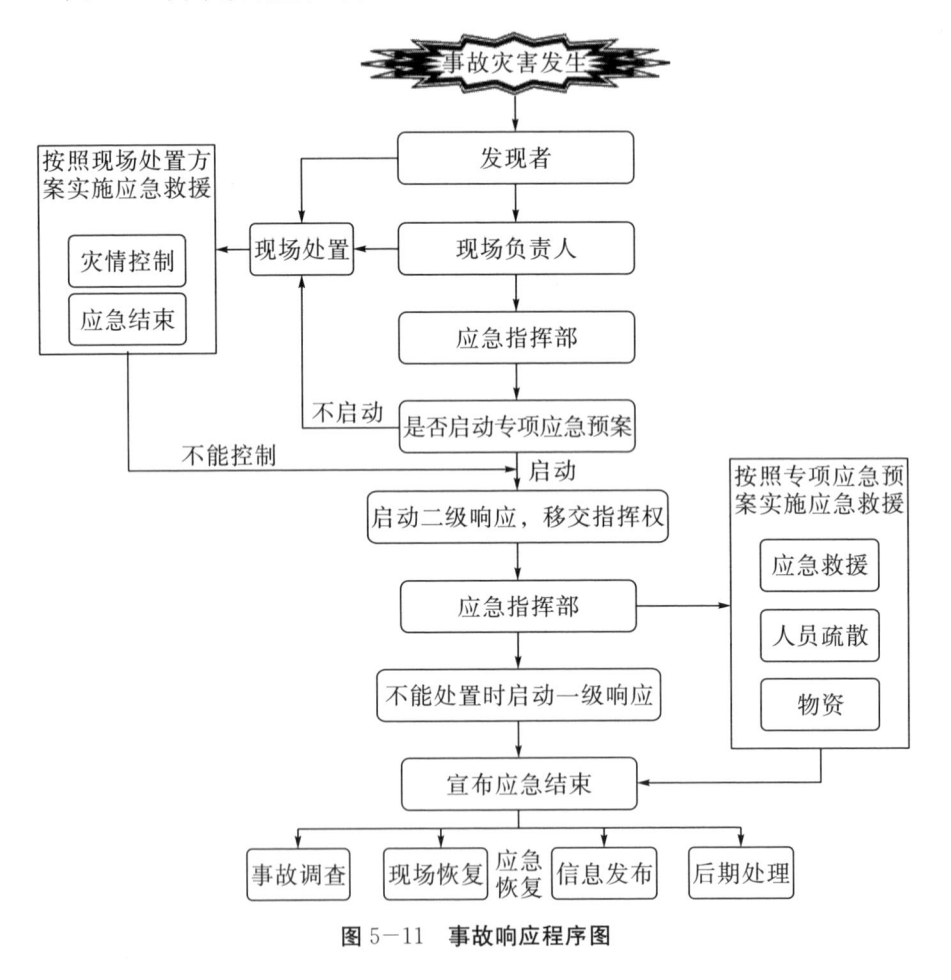

图 5-11　事故响应程序图

为确保消防灭火的安全,应当及时对警戒区域内实施断电。常见危险化学品的特殊灭火要求见表 5-2。

表 5-2 按物料分灭火注意事项

序号	名称	燃烧分解产物	灭火方法	灭火剂	禁用灭火剂
1	1,4-二甲苯	一氧化碳、二氧化碳	喷水冷却容器,可能的话将容器从火场移至空旷处	泡沫、二氧化碳、干粉、砂土	
2	2-丙醇	一氧化碳、二氧化碳	尽可能将容器从火场移至空旷处。喷水保持火场容器冷却,直至灭火结束。处在火场中的容器若已变色或从安全泄压装置中产生声音,必须马上撤离	抗溶性泡沫、干粉、二氧化碳、砂土	
3	2-巯基乙醇	一氧化碳、二氧化碳、氧化硫	消防人员须佩戴防毒面具、穿全身消防服,在上风向灭火。尽可能地将容器从火场移至空旷处。喷水保持火场容器冷却,直至灭火结束。处在火场中的容器若已变色或从安全泄压装置中产生声音,必须马上撤离。用水喷射逸出液体,使其稀释成不燃性混合物,并用雾状水保护消防人员	水、雾状水、抗溶性泡沫、干粉、二氧化碳、砂土	
4	氨	氧化氮、氨	消防人员必须穿全身防火防毒服,在上风向灭火。切断气源。若不能切断气源,则不允许熄灭泄漏处的火焰。喷水冷却容器,可能的话将容器从火场移至空旷处	雾状水、抗溶性泡沫、二氧化碳、砂土	
5	苯酚	一氧化碳、二氧化碳	消防人员须佩戴防毒面具、穿全身消防服,在上风向灭火	水、抗溶性泡沫、干粉、二氧化碳	

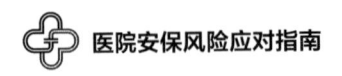

续表5-1

序号	名称	燃烧分解产物	灭火方法	灭火剂	禁用灭火剂
6	丙三醇	一氧化碳、二氧化碳	消防人员须佩戴防毒面具、穿全身消防服，在上风向灭火。尽可能地将容器从火场移至空旷处。喷水保持火场容器冷却，直至灭火结束。处在火场中的容器若已变色或从安全泄压装置中产生声音，必须马上撤离。用水喷射逸出液体，使其稀释成不燃性混合物，并用雾状水保护消防人员	水、雾状水、抗溶性泡沫、干粉、二氧化碳、砂土	
7	丙酮	一氧化碳、二氧化碳	尽可能将容器从火场移至空旷处。喷水保持火场容器冷却，直至灭火结束。处在火场中的容器若已变色或从安全泄压装置中产生声音，必须马上撤离。用水灭火无效	抗溶性泡沫、二氧化碳、干粉、砂土	
8	次氯酸钠溶液	氯化物	采用雾状水、二氧化碳、砂土灭火	水、二氧化碳、砂土	
9	丁醇	一氧化碳、二氧化碳	用水喷射逸出液体，使其稀释成不燃性混合物，并用雾状水保护消防人员	抗溶性泡沫、干粉、二氧化碳、雾状水、砂土	
10	多聚甲醛	一氧化碳、二氧化碳	消防人员须戴好防毒面具，在安全距离以外，在上风向灭火	雾状水、泡沫、干粉、二氧化碳、砂土	
11	二甲基亚砜	一氧化碳、二氧化碳、氧化硫	消防人员须戴好防毒面具，在安全距离以外，在上风向灭火。尽可能地将容器从火场移至空旷处。喷水保持火场容器冷却，直至灭火结束。处在火场中的容器若已变色或从安全泄压装置中产生声音，必须马上撤离	雾状水、泡沫、干粉、二氧化碳、砂土	
12	二氯甲烷	一氧化碳、二氧化碳、氯化氢、光气	消防人员须佩戴防毒面具、穿全身消防服，在上风向灭火。喷水冷却容器，可能的话将容器从火场移至空旷处	雾状水、泡沫、二氧化碳、砂土	

续表5-1

序号	名称	燃烧分解产物	灭火方法	灭火剂	禁用灭火剂
13	环己烷	一氧化碳、二氧化碳	喷水冷却容器，可能的话将容器从火场移至空旷处。处在火场中的容器若已变色或从安全泄压装置中产生声音，必须马上撤离。用水灭火无效	泡沫、二氧化碳、干粉、砂土	
14	己烷	一氧化碳、二氧化碳	喷水冷却容器，可能的话将容器从火场移至空旷处。处在火场中的容器若已变色或从安全泄压装置中产生声音，必须马上撤离。用水灭火无效	泡沫、二氧化碳、干粉、砂土	
15	甲苯	一氧化碳、二氧化碳	喷水冷却容器，可能的话将容器从火场移至空旷处。处在火场中的容器若已变色或从安全泄压装置中产生声音，必须马上撤离。用水灭火无效	泡沫、干粉、二氧化碳、砂土	
16	甲醇	一氧化碳、二氧化碳	尽可能将容器从火场移至空旷处。喷水保持火场容器冷却，直至灭火结束。处在火场中的容器若已变色或从安全泄压装置中产生声音，必须马上撤离	抗溶性泡沫、干粉、二氧化碳、砂土	
17	甲醛	一氧化碳、二氧化碳	用水喷射逸出液体，使其稀释成不燃性混合物，并用雾状水保护消防人员	雾状水、抗溶性泡沫、干粉、二氧化碳、砂土	
18	甲酸	一氧化碳、二氧化碳	消防人员须穿全身防护服，佩戴氧气呼吸器灭火。用水保持火场容器冷却，并用水喷淋保护去堵漏的人员	抗溶性泡沫、干粉、二氧化碳	
19	硫酸	氧化硫	消防人员必须穿全身耐酸碱消防服。避免水流冲击物品，以免遇水会放出大量热量发生喷溅而灼伤皮肤	干粉、二氧化碳、砂土	

续表5-1

序号	名称	燃烧分解产物	灭火方法	灭火剂	禁用灭火剂
20	氢氧化钾	可能产生有害的毒性烟雾	用水、砂土扑救，但须防止物品遇水产生飞溅，造成灼伤	水、砂土	
21	氢氧化钠	可能产生有害的毒性烟雾	用水、砂土扑救，但须防止物品遇水产生飞溅，造成灼伤	水、砂土	
22	三氟乙酸	一氧化碳、二氧化碳、氟化氢	用干粉、砂土灭火。禁止用水和泡沫灭火	干粉、砂土	水和泡沫
23	三氯甲烷	氯化氢、光气	消防人员必须佩戴过滤式防毒面具（全面罩）或隔离式呼吸器，穿全身防火防毒服，在上风向灭火	雾状水、二氧化碳、砂土	
24	十二烷基硫酸钠	一氧化碳、二氧化碳、硫化物、氧化钠	消防人员须佩戴防毒面具、穿全身消防服，在上风向灭火	雾状水、泡沫、干粉、二氧化碳、砂土	
25	石油醚	一氧化碳、二氧化碳	喷水冷却容器，可能的话将容器从火场移至空旷处。处在火场中的容器若已变色或从安全泄压装置中产生声音，必须马上撤离。用水灭火无效	泡沫、二氧化碳、干粉、砂土	
26	盐酸	氯化氢	用碱性物质如碳酸氢钠、碳酸钠、消石灰等中和。也可用大量水扑救	水、沙土、干粉	
27	乙醇		尽可能将容器从火场移至空旷处。喷水保持火场容器冷却，直至灭火结束	抗溶性泡沫、干粉、二氧化碳、砂土	
28	乙腈	一氧化碳、二氧化碳、氧化氮、氰化氢	喷水冷却容器，可能的话将容器从火场移至空旷处。用水灭火无效	抗溶性泡沫、干粉、二氧化碳、砂土	

续表5-1

序号	名称	燃烧分解产物	灭火方法	灭火剂	禁用灭火剂
29	乙醚	一氧化碳、二氧化碳	尽可能将容器从火场移至空旷处。喷水保持火场容器冷却,直至灭火结束。处在火场中的容器若已变色或从安全泄压装置中产生声音,必须马上撤离。用水灭火无效	抗溶性泡沫、二氧化碳、干粉、砂土	
30	乙酸	一氧化碳、二氧化碳	用水喷射逸出液体,使其稀释成不燃性混合物,并用雾状水保护消防人员	雾状水、抗溶性泡沫、干粉、二氧化碳	
31	乙酸乙酯	一氧化碳、二氧化碳	采用抗溶性泡沫、二氧化碳、干粉、砂土灭火。用水灭火无效,但可用水保持火场中容器冷却	抗溶性泡沫、二氧化碳、干粉、砂土	

事故现场隔离区域由警戒组派专人警戒并设置危险警告标志。例如,采用安全标志或警戒带将事故现场隔离。在抢救伤员、防止事故扩大以及疏散人员等原因需要移动现场物件时,应做出标示、拍照或绘制事故现场图,并有效保护好现场重要痕迹、物证等。

如危及周边其他单位时,通知可能受到事故影响的单位和人员,隔离事故现场,划定警戒区域,疏散受到威胁的人员,实施交通管制。

(二)危险化学品泄漏事故的应急处置方法

当作业现场任何作业人员发现某处作业地点发生危险化学品泄漏事件,应立即进行现场处置,并应立即口头或电话报告科室安全负责人。若发生的事件不可控制,还应立即拨打紧急报警电话110、火警电话119、急救电话120联系,请求援助。

危险化学品的泄漏,容易发生中毒或转化为火灾爆炸事故。因此,泄漏处理要及时、得当,避免重大事故的发生。要成功地控制化学品的泄漏,必须对化学品的化学性质和反应特性有充分的了解。泄漏事故控制一般分为泄漏源控制和泄漏物处置两部分。

1. 进入泄漏现场进行处理时的注意事项

(1) 进入现场人员必须配备必要的个人防护器具。

(2) 如果泄漏物化学品是易燃易爆的,应严禁火种。扑灭任何明火及任何其他形式的热源和火源,以降低发生火灾爆炸危险性。

(3) 应急处理时严禁单独行动。

(4) 应从上风、上坡处接近现场,严禁盲目进入。

2. 泄漏源控制

(1) 通过关闭有关阀门、停止作业或通过采取改变工艺流程、减负荷运行等方法。

(2) 容器发生泄漏后,应采取措施修补和堵塞裂口,制止化学品的进一步泄漏,对整个应急处理是非常关键的。能否成功地进行堵漏取决于:接近泄漏点的危险程度、泄漏孔的尺寸、泄漏点处实际的或潜在的压力、泄漏物质的特性等因素。

3. 泄漏物处置

(1) 泄漏被控制后,要及时将现场泄漏物进行覆盖、收容、稀释、处理使泄漏物得到安全可靠的处置,防止二次事故的发生。

(2) 若化学品为液体,泄漏到地面上时会四处蔓延扩散,难以收集处理,为此需要筑堤堵截或者引流到安全地点。为降低物料向大气中的蒸发速度,可用泡沫或其他覆盖物品覆盖外泄的物料,在其表面形成覆盖层,抑制其蒸发,或者采用低温冷却来降低泄漏物的蒸发,可用沙子、吸附材料、中和材料等吸收中和。

常见危险化学品泄漏处理措施见表5-3。

表5-3 常见危险化学品泄漏处理措施表

名称	泄漏处理	禁忌物	灭火剂
1,4-二甲苯	迅速撤离泄漏污染区人员至安全区,并进行隔离,严格限制出入。切断火源。建议应急处理人员戴自给正压式呼吸器,穿防毒服。尽可能地切断泄漏源。防止流入下水道、排洪沟等限制性空间。小量泄漏:用活性炭或其他惰性材料吸收。也可以用不燃性分散剂制成的乳液刷洗,洗液稀释后放入废水系统。大量泄漏:构筑围堤或挖坑收容。用泡沫覆盖,抑制蒸发。用防爆泵转移至槽车或专用收集器内,回收或运至废物处理场所处置	强氧化剂	泡沫、二氧化碳、干粉、砂土

续表5-2

名称	泄漏处理	禁忌物	灭火剂
2-丙醇	迅速撤离泄漏污染区人员至安全区，并进行隔离，严格限制出入。切断火源。建议应急处理人员戴自给正压式呼吸器，穿防静电工作服。尽可能地切断泄漏源。防止流入下水道、排洪沟等限制性空间。小量泄漏：用砂土或其他不燃材料吸附或吸收。也可以用大量水冲洗，洗水稀释后放入废水系统。大量泄漏：构筑围堤或挖坑收容。用泡沫覆盖，降低蒸气灾害。用防爆泵转移至槽车或专用收集器内，回收或运至废物处理场所处置	强氧化剂、酸类、酸酐、卤素	抗溶性泡沫、干粉、二氧化碳、砂土
2-巯基乙醇	迅速撤离泄漏污染区人员至安全区，并进行隔离，严格限制出入。切断火源。建议应急处理人员戴自给式呼吸器，穿防毒服。不要直接接触泄漏物。尽可能地切断泄漏源。防止流入下水道、排洪沟等限制性空间。小量泄漏：用活性炭或其他惰性材料吸收。大量泄漏：构筑围堤或挖坑收容。用泵转移至槽车或专用收集器内，回收或运至废物处理场所处置	强氧化剂、潮湿空气、强碱	水、雾状水、抗溶性泡沫、干粉、二氧化碳、砂土
氨	迅速撤离泄漏污染区人员至上风处，并立即隔离150m，严格限制出入。切断火源。建议应急处理人员戴自给正压式呼吸器，穿防静电工作服。尽可能地切断泄漏源。合理通风，加速扩散。高浓度泄漏区，喷含盐酸的雾状水中和、稀释、溶解。构筑围堤或挖坑收容产生的大量废水。如有可能，将残余气或漏出气用排风机送至水洗塔或与塔相连的通风橱内。储罐区最好设稀酸喷洒设施。漏气容器要妥善处理，修复、检验后再用	卤素、酰基氯、酸类、氯仿、强氧化剂	雾状水、抗溶性泡沫、二氧化碳、砂土
苯酚	隔离泄漏污染区，限制出入。切断火源。建议应急处理人员戴防尘面具（全面罩），穿防毒服。小量泄漏：用干石灰、苏打灰覆盖。大量泄漏：收集回收或运至废物处理场所处置	强氧化剂、强酸、强碱	水、抗溶性泡沫、干粉、二氧化碳
丙三醇	迅速撤离泄漏污染区人员至安全区，并进行隔离，严格限制出入。切断火源。建议应急处理人员戴自给正压式呼吸器，穿防毒服。尽可能地切断泄漏源。防止流入下水道、排洪沟等限制性空间。小量泄漏：用砂土、蛭石或其他惰性材料吸收。也可以用大量水冲洗，洗水稀释后放入废水系统。大量泄漏：构筑围堤或挖坑收容。用泵转移至槽车或专用收集器内，回收或运至废物处理场所处置	强氧化剂、强酸	水、雾状水、抗溶性泡沫、干粉、二氧化碳、砂土

续表5-2

名称	泄漏处理	禁忌物	灭火剂
丙酮	迅速撤离泄漏污染区人员至安全区，并进行隔离，严格限制出入。切断火源。建议应急处理人员戴自给正压式呼吸器，穿防静电工作服。尽可能地切断泄漏源。防止流入下水道、排洪沟等限制性空间。小量泄漏：用砂土或其他不燃材料吸附或吸收。也可以用大量水冲洗，洗水稀释后放入废水系统。大量泄漏：构筑围堤或挖坑收容。用泡沫覆盖，降低蒸气灾害。用防爆泵转移至槽车或专用收集器内，回收或运至废物处理场所处置	强氧化剂、强还原剂、碱	抗溶性泡沫、二氧化碳、干粉、砂土
次氯酸钠溶液	迅速撤离泄漏污染区人员至安全区，并进行隔离，严格限制出入。建议应急处理人员戴自给正压式呼吸器，穿防酸碱工作服。不要直接接触泄漏物。尽可能地切断泄漏源。小量泄漏：用砂土、蛭石或其他惰性材料吸收。大量泄漏：构筑围堤或挖坑收容。用泡沫覆盖，降低蒸气灾害。用泵转移至槽车或专用收集器内，回收或运至废物处理场所处置	碱类	水、二氧化碳、砂土
丁醇	迅速撤离泄漏污染区人员至安全区，并进行隔离，严格限制出入。切断火源。建议应急处理人员戴自给正压式呼吸器，穿防静电工作服。尽可能地切断泄漏源。防止流入下水道、排洪沟等限制性空间。小量泄漏：用活性炭或其他惰性材料吸收。也可以用大量水冲洗，洗水稀释后放入废水系统。大量泄漏：构筑围堤或挖坑收容。用泡沫覆盖，降低蒸气灾害。用防爆泵转移至槽车或专用收集器内，回收或运至废物处理场所处置	强酸、酰基氯、酸酐、强氧化剂。	抗溶性泡沫、干粉、二氧化碳、雾状水、砂土
多聚甲醛	隔离泄漏污染区，限制出入。切断火源。建议应急处理人员戴防尘面具（全面罩），穿防毒服。用砂土、干燥石灰或苏打灰混合。小心扫起，转移至安全场所。若大量泄漏，用塑料布、帆布覆盖。收集回收或运至废物处理场所处置	强酸、强碱、酸酐、强氧化剂、强还原剂、铜	雾状水、泡沫、干粉、二氧化碳、砂土
二甲基亚砜	迅速撤离泄漏污染区人员至安全区，并进行隔离，严格限制出入。切断火源。建议应急处理人员戴自给正压式呼吸器，穿防毒服。尽可能地切断泄漏源。防止流入下水道、排洪沟等限制性空间。小量泄漏：用砂土、蛭石或其他惰性材料吸收。也可以用大量水冲洗，洗水稀释后放入废水系统。大量泄漏：构筑围堤或挖坑收容。用泵转移至槽车或专用收集器内，回收或运至废物处理场所处置	卤化物、强酸、强氧化剂、强还原剂	雾状水、泡沫、干粉、二氧化碳、砂土

续表5-2

名称	泄漏处理	禁忌物	灭火剂
二氯甲烷	迅速撤离泄漏污染区人员至安全区,并进行隔离,严格限制出入。切断火源。建议应急处理人员戴自给正压式呼吸器,穿防毒服。尽可能地切断泄漏源。防止流入下水道、排洪沟等限制性空间。小量泄漏:用砂土或其他不燃材料吸附或吸收。大量泄漏:构筑围堤或挖坑收容。用泡沫覆盖,降低蒸气灾害。用泵转移至槽车或专用收集器内,回收或运至废物处理场所处置	碱金属、铝	雾状水、泡沫、二氧化碳、砂土
环己烷	迅速撤离泄漏污染区人员至安全区,并进行隔离,严格限制出入。切断火源。建议应急处理人员戴自给正压式呼吸器,穿防静电工作服。尽可能地切断泄漏源。防止流入下水道、排洪沟等限制性空间。小量泄漏:用活性炭或其他惰性材料吸收。也可以用不燃性分散剂制成的乳液刷洗,洗液稀释后放入废水系统。大量泄漏:构筑围堤或挖坑收容。用泡沫覆盖,降低蒸气灾害。用防爆泵转移至槽车或专用收集器内,回收或运至废物处理场所处置	强氧化剂	泡沫、二氧化碳、干粉、砂土
己烷	迅速撤离泄漏污染区人员至安全区,并进行隔离,严格限制出入。切断火源。建议应急处理人员戴自给正压式呼吸器,穿防静电工作服。尽可能地切断泄漏源。防止流入下水道、排洪沟等限制性空间。小量泄漏:用砂土或其他不燃材料吸附或吸收。也可以用不燃性分散剂制成的乳液刷洗,洗液稀释后放入废水系统。大量泄漏:构筑围堤或挖坑收容。用泡沫覆盖,降低蒸气灾害。用防爆泵转移至槽车或专用收集器内,回收或运至废物处理场所处置	强氧化剂	泡沫、二氧化碳、干粉、砂土
甲苯	迅速撤离泄漏污染区人员至安全区,并进行隔离,严格限制出入。切断火源。建议应急处理人员戴自给正压式呼吸器,穿防毒服。尽可能地切断泄漏源。防止流入下水道、排洪沟等限制性空间。小量泄漏:用活性炭或其他惰性材料吸收。也可以用不燃性分散剂制成的乳液刷洗,洗液稀释后放入废水系统。大量泄漏:构筑围堤或挖坑收容。用泡沫覆盖,降低蒸气灾害。用防爆泵转移至槽车或专用收集器内,回收或运至废物处理场所处置	强氧化剂	泡沫、干粉、二氧化碳、砂土

续表5-2

名称	泄漏处理	禁忌物	灭火剂
甲醇	迅速撤离泄漏污染区人员至安全区,并进行隔离,严格限制出入。切断火源。建议应急处理人员戴自给正压式呼吸器,穿防静电工作服。不要直接接触泄漏物。尽可能地切断泄漏源。防止流入下水道、排洪沟等限制性空间。小量泄漏:用砂土或其他不燃材料吸附或吸收。也可以用大量水冲洗,洗水稀释后放入废水系统。大量泄漏:构筑围堤或挖坑收容。用泡沫覆盖,降低蒸气灾害。用防爆泵转移至槽车或专用收集器内,回收或运至废物处理场所处置	酸类、酸酐、强氧化剂、碱金属	抗溶性泡沫、干粉、二氧化碳、砂土
甲醛	迅速撤离泄漏污染区人员至安全区,并进行隔离,严格限制出入。切断火源。建议应急处理人员戴自给正压式呼吸器,穿防酸碱工作服。从上风处进入现场。尽可能地切断泄漏源。防止流入下水道、排洪沟等限制性空间。小量泄漏:用砂土或其他不燃材料吸附或吸收。也可以用大量水冲洗,洗水稀释后放入废水系统。大量泄漏:构筑围堤或挖坑收容。用泡沫覆盖,降低蒸气灾害。喷雾状水冷却和稀释蒸汽、保护现场人员、把泄漏物稀释成不燃物。用泵转移至槽车或专用收集器内,回收或运至废物处理场所处置	强氧化剂、强酸、强碱	雾状水、抗溶性泡沫、干粉、二氧化碳、砂土
甲酸	迅速撤离泄漏污染区人员至安全区,并进行隔离,严格限制出入。切断火源。建议应急处理人员戴自给正压式呼吸器,穿防酸碱工作服。不要直接接触泄漏物。尽可能地切断泄漏源。防止流入下水道、排洪沟等限制性空间。小量泄漏:用砂土或其他不燃材料吸附或吸收。也可以将地面洒上苏打灰,然后用大量水冲洗,洗水稀释后放入废水系统。大量泄漏:构筑围堤或挖坑收容。用泡沫覆盖,降低蒸气灾害。喷雾状水冷却和稀释蒸汽。用泵转移至槽车或专用收集器内,回收或运至废物处理场所处置	强氧化剂、强碱、活性金属粉末	抗溶性泡沫、干粉、二氧化碳
硫酸	迅速撤离泄漏污染区人员至安全区,并进行隔离,严格限制出入。建议应急处理人员戴自给正压式呼吸器,穿防酸碱工作服。不要直接接触泄漏物。尽可能地切断泄漏源。防止流入下水道、排洪沟等限制性空间。小量泄漏:用砂土、干燥石灰或苏打灰混合。也可以用大量水冲洗,洗水稀释后放入废水系统。大量泄漏:构筑围堤或挖坑收容。用泵转移至槽车或专用收集器内,回收或运至废物处理场所处置	碱类、碱金属、水、强还原剂、易燃或可燃物	干粉、二氧化碳、砂土

续表5-2

名称	泄漏处理	禁忌物	灭火剂
氢氧化钾	隔离泄漏污染区，限制出入。建议应急处理人员戴防尘面具（全面罩），穿防酸碱工作服。不要直接接触泄漏物。小量泄漏：用洁净的铲子收集于干燥、洁净、有盖的容器中。也可以用大量水冲洗，洗水稀释后放入废水系统。大量泄漏：收集回收或运至废物处理场所处置	强酸、易燃或可燃物、二氧化碳、酸酐、酰基氯	水、砂土
氢氧化钠	隔离泄漏污染区，限制出入。建议应急处理人员戴防尘面具（全面罩），穿防酸碱工作服。不要直接接触泄漏物。小量泄漏：避免扬尘，用洁净的铲子收集于干燥、洁净、有盖的容器中。也可以用大量水冲洗，洗水稀释后放入废水系统。大量泄漏：收集回收或运至废物处理场所处置	强酸、易燃或可燃物、二氧化碳、过氧化物、水	水、砂土
三氟乙酸	迅速撤离泄漏污染区人员至安全区，并进行隔离，严格限制出入。建议应急处理人员戴自给正压式呼吸器，穿防酸碱工作服。不要直接接触泄漏物。尽可能地切断泄漏源。小量泄漏：用砂土或其他不燃材料吸附或吸收。也可以将地面洒上苏打灰，用大量水冲洗，洗水稀释后放入废水系统。大量泄漏：构筑围堤或挖坑收容。用泡沫覆盖，降低蒸气灾害。用泵转移至槽车或专用收集器内，回收或运至废物处理场所处置	碱类、强氧化剂、强还原剂	干粉、砂土
三氯甲烷	迅速撤离泄漏污染区人员至安全区，并进行隔离，严格限制出入。建议应急处理人员戴自给正压式呼吸器，穿防毒服。不要直接接触泄漏物。尽可能地切断泄漏源。小量泄漏：用砂土、蛭石或其他惰性材料吸收。大量泄漏：构筑围堤或挖坑收容。用泡沫覆盖，降低蒸气灾害。用泵转移至槽车或专用收集器内，回收或运至废物处理场所处置	碱类、铝	雾状水、二氧化碳、砂土
十二烷基硫酸钠	隔离泄漏污染区，限制出入。切断火源。建议应急处理人员戴防尘面具（全面罩），穿防毒服。避免扬尘，小心扫起，置于袋中转移至安全场所。若大量泄漏，用塑料布、帆布覆盖。收集回收或运至废物处理场所处置	强氧化剂	雾状水、泡沫、干粉、二氧化碳、砂土

续表5-2

名称	泄漏处理	禁忌物	灭火剂
石油醚	迅速撤离泄漏污染区人员至安全区，并进行隔离，严格限制出入。切断火源。建议应急处理人员戴自给正压式呼吸器，穿防静电工作服。尽可能地切断泄漏源。防止流入下水道、排洪沟等限制性空间。小量泄漏：用活性炭或其他惰性材料吸收。也可以用不燃性分散剂制成的乳液刷洗，洗液稀释后放入废水系统。大量泄漏：构筑围堤或挖坑收容。用泡沫覆盖，降低蒸气灾害。用防爆泵转移至槽车或专用收集器内，回收或运至废物处理场所处置	强氧化剂	泡沫、二氧化碳、干粉、砂土
盐酸	迅速撤离泄漏污染区人员至安全区，并进行隔离，严格限制出入。建议应急处理人员戴自给正压式呼吸器，穿防酸碱工作服。不要直接接触泄漏物。尽可能地切断泄漏源。小量泄漏：用砂土、干燥石灰或苏打灰混合。也可以用大量水冲洗，洗水稀释后放入废水系统。大量泄漏：构筑围堤或挖坑收容。用泵转移至槽车或专用收集器内，回收或运至废物处理场所处置	碱类、胺类、碱金属、易燃或可燃物	水、沙土、干粉
乙醇	迅速撤离泄漏污染区人员至安全区，并进行隔离，严格限制出入。切断火源。建议应急处理人员戴自给正压式呼吸器，穿防静电工作服。尽可能地切断泄漏源。防止流入下水道、排洪沟等限制性空间。小量泄漏：用砂土或其他不燃材料吸附或吸收。也可以用大量水冲洗，洗水稀释后放入废水系统。大量泄漏：构筑围堤或挖坑收容。用泡沫覆盖，降低蒸气灾害。用防爆泵转移至槽车或专用收集器内，回收或运至废物处理场所处置	强氧化剂、酸类、酸酐、碱金属、胺类	抗溶性泡沫、干粉、二氧化碳、砂土
乙腈	迅速撤离泄漏污染区人员至安全区，并进行隔离，严格限制出入。切断火源。建议应急处理人员戴自给正压式呼吸器，穿防毒服。不要直接接触泄漏物。尽可能地切断泄漏源。防止流入下水道、排洪沟等限制性空间。小量泄漏：用活性炭或其他惰性材料吸收。也可以用大量水冲洗，洗水稀释后放入废水系统。大量泄漏：构筑围堤或挖坑收容。喷雾状水冷却和稀释蒸汽、保护现场人员、把泄漏物稀释成不燃物。用防爆泵转移至槽车或专用收集器内，回收或运至废物处理场所处置	酸类、碱类、强氧化剂、强还原剂、碱金属	抗溶性泡沫、干粉、二氧化碳、砂土

续表5-2

名称	泄漏处理	禁忌物	灭火剂
乙醚	迅速撤离泄漏污染区人员至安全区，并进行隔离，严格限制出入。切断火源。建议应急处理人员戴自给正压式呼吸器，穿防静电工作服。尽可能地切断泄漏源。防止流入下水道、排洪沟等限制性空间。小量泄漏：用活性炭或其他惰性材料吸收。也可以用大量水冲洗，洗水稀释后放入废水系统。大量泄漏：构筑围堤或挖坑收容。用泡沫覆盖，降低蒸气灾害。用防爆泵转移至槽车或专用收集器内，回收或运至废物处理场所处置	强氧化剂、氧、氯、过氯酸	抗溶性泡沫、二氧化碳、干粉、砂土
乙酸	迅速撤离泄漏污染区人员至安全区，并进行隔离，严格限制出入。切断火源。建议应急处理人员戴自给正压式呼吸器，穿防酸碱工作服。不要直接接触泄漏物。尽可能地切断泄漏源。防止流入下水道、排洪沟等限制性空间。小量泄漏：用砂土、干燥石灰或苏打灰混合。大量泄漏：构筑围堤或挖坑收容。喷雾状水冷却和稀释蒸汽、保护现场人员、把泄漏物稀释成不燃物。用防爆泵转移至槽车或专用收集器内，回收或运至废物处理场所处置	碱类、强氧化剂	雾状水、抗溶性泡沫、干粉、二氧化碳
乙酸乙酯	迅速撤离泄漏污染区人员至安全区，并进行隔离，严格限制出入。切断火源。建议应急处理人员戴自给正压式呼吸器，穿防静电工作服。尽可能地切断泄漏源。防止流入下水道、排洪沟等限制性空间。小量泄漏：用活性炭或其他惰性材料吸收。也可以用大量水冲洗，洗水稀释后放入废水系统。大量泄漏：构筑围堤或挖坑收容。用泡沫覆盖，降低蒸气灾害。用防爆泵转移至槽车或专用收集器内，回收或运至废物处理场所处置	强氧化剂、碱类、酸类	抗溶性泡沫、二氧化碳、干粉、砂土

（三）危险化学品中毒事故的应急处置方法

实验中若感觉咽喉灼痛、嘴唇脱色或发绀，有胃部痉挛或恶心呕吐等症状时，则可能是中毒所致。视中毒原因施以下述急救后，立即将中毒者送医院治疗，不得延误。

（1）首先将中毒者转移到安全地带，解开领扣，使其呼吸通畅，让中毒者呼吸到新鲜空气。

（2）误服毒物中毒者，须立即引吐、洗胃及导泻。对引吐效果不好或昏迷者，应立即送医院用胃管洗胃。孕妇应慎用催吐救援。

（3）重金属盐中毒者，先服下一杯含有几克硫酸镁的水溶液，再立即就医。不要服催吐药，以免引起危险或使病情复杂化。砷和汞化物中毒者，必须紧急就医。

（4）吸入刺激性气体中毒者，应立即将患者转移离开中毒现场，给予2%～5%碳酸氢钠溶液雾化吸入、吸氧。气管痉挛者应酌情吸入解痉挛药物雾化。

（四）危险化学品灼伤事故的应急处置方法

强酸、强碱及其他一些化学物质，具有强烈的刺激性和腐蚀作用，发生这些化学灼伤时，应用大量流动清水冲洗，再分别用低浓度的（2%～5%）弱碱（强酸引起的）、弱酸（强碱引起的）进行中和。处理后，再依据情况而定，作下一步处理。

危险化学品溅入眼内时，在现场立即就近用大量清水或生理盐水彻底冲洗。每一实验室楼层内都应备有专用洗眼器。冲洗时，眼睛置于水龙头上方，水向上冲洗眼睛，时间应不少于15分钟，切不可因疼痛而紧闭眼睛。处理后，再送医院治疗。

实验室若发生上述安全事故，在熟知应急处置措施情况下，可开展安全自救。如若不清楚应急处置措施，应及时到医院救治，避免盲目自救引起次生人身伤害。

（五）危险化学品失窃事故的应急处置方法

现场人员一旦发现危险化学品失窃事件，立即向上级领导及科室主任报告。报告内容须明确事件发生的时间、地点、危险化学品品名及数量并保护好现场等待调查。

应急事件处理领导小组统一指挥、协调、处置紧急事件。视案件情况对案件进行定性，对相关人进行问话，查明失盗物品，并进行登记。如有必要，可以报公安部门或110协助调查。同时，安全保卫部门组织保安至现场设置警戒线，控制人员进出，保护第一现场。

三、常用应急物资的配备

危险化学品常见事故的应急物资配备可以根据常见的两类危险化学品事故类型进行准备。

1. 火灾、爆炸

常用的应急物资装备为消防灭火器材（适用于所存试剂的灭火器、消防栓、消防沙、消防铲、消防桶、灭火毯)、担架、警戒带、纱布、烫伤药、防护服、防烟面具、消防逃生绳索等。自动消防设施原则上应当处于自动状态。

2. 泄漏

常用的应急物资装备为耐腐蚀手套、防护服、防毒面具/防化学试剂口罩/面罩、护目镜、防护鞋、吸附棉、消防沙、消防桶、消防铲、化学试剂中和剂、紧急喷淋洗眼器等。

3. 中毒

常用的应急物资装备为担架、催吐剂、2％～5％碳酸氢钠溶液、硫酸镁试剂。

4. 灼伤

常用的应急物资装备为低浓度的（2％～5％）弱碱（强酸引起的）、弱酸（强碱引起的）中和剂、生理盐水、喷淋洗眼器。

5. 失窃

常用的应急物资装备为紧急报警装置、电棍、应急灯、应急电源。

参考文献

国家安全生产应急救援中心. 危险化学品企业生产安全事故应急准备指南 [M]. 北京：应急管理出版社，2020.

郭依舒. 高等学校危险化学品仓储风险管理研究 [D]. 郑州：郑州大学，2022.

韩思齐. 危险化学品道路运输安全管理现状及发展趋势 [J]. 中国储运，2023 (6)：127－128.

路亚彬，张新晓，马良俊，等. 危险化学品装卸运输一体化安全风险预警平台设计与研究 [J]. 中国安全生产科学技术，2019，15 (5)：179－184.

程国平，刘巧茹. 有机化学实验教学中危险化学品的使用安全与管理 [J]. 广东化工，2021，48 (5)：232－233.

第六章 医院智慧安防建设与风险防范应用

第一节 智慧安防概述

一、智慧安防背景与现状

为保障医院公共财产安全和人身财产安全，创造和谐舒适的诊疗环境和及时消除安全隐患，落实关于"十四五"加强平安医院建设，构建系统、科学、智慧的医院安全防范体系，国务院办公厅于 2021 年 6 月 4 日发布了《关于推动公立医院高质量发展的意见》，旨在推动公立医院高质量发展及更好满足人民日益增长的医疗卫生服务需求，强化信息化支撑作用。要求公立医院发展方式从规模扩张转向提质增效，运行模式从粗放管理转向精细化管理，推进电子病历、智慧服务、智慧管理"三位一体"的智慧医院建设和医院信息标准化建设。图 6-1 为"三位一体"的智慧医院建设体系。

第六章 医院智慧安防建设与风险防范应用

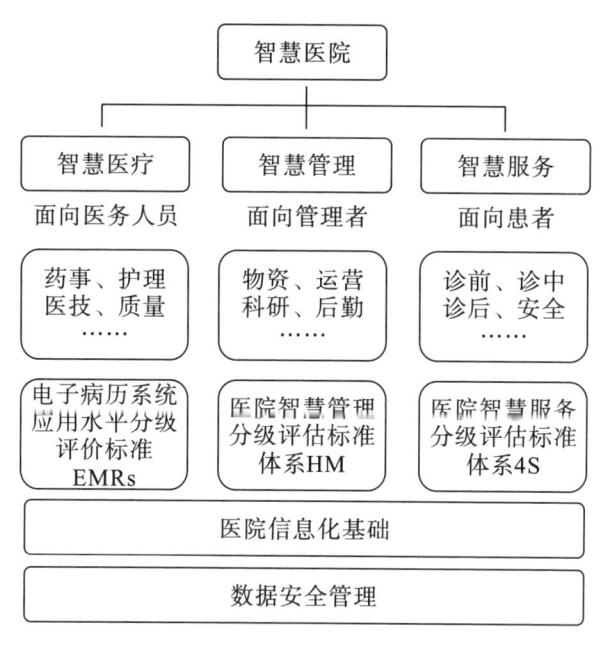

图 6-1 "三位一体"的智慧医院建设体系

2021年3月15日，国家卫健委发布的《医院智慧管理分级评估标准》共包含10个模块，其中"运行保障管理"和"设备设施管理"模块对后勤管理作出了明确的要求，如图6-2所示。

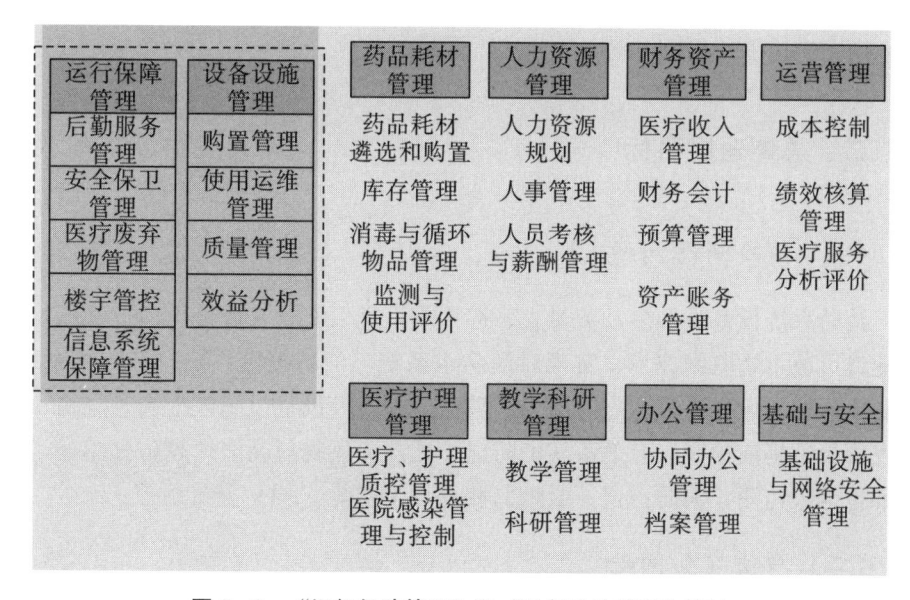

图 6-2 "运行保障管理"和"设备设施管理"模块

根据国家对"公立医院高质量发展"的要求，实现医院运行的精细化管理，需要将各个业务模块在运行过程中产生的数据进行清洗、融合、建模、分析。因此，智慧医院的整体建设需要从顶层做统一规划。而后勤作为医院成本支出的大户，其产生的能耗、人员、维修维护等数据是医院管理中必不可少的一部分，因此需要和其他模块一起，融合到整体智慧医院的体系架构中，一方面将自身的数据上报至上层，另一方面也要与其他如 HIS、OA、HRP 等相关系统进行信息互通，实现业务联动。

随着医院安防、消防设施、设备的不断完善，现有安防、消防系统建设较为全面，基本具备了医院整体智慧安防、消防系统的基础。但目前还存在以下不足：

（1）信息孤岛。因使用功能不同，各个子系统相互独立，没有统一管理平台，无法形成一套互补的完整安防体系。

（2）操作烦琐。系统学习成本高，使用不便。值班员需熟悉多种不同风格、不同控制逻辑的管理客户端，容易造成业务不精或工作疏漏。

（3）联动单一。系统联动多数局限于硬件联动，功能简单，增加实施与维护的复杂度。

（4）监督乏力。值班室人员面对多系统，容易存在监督乏力或疏于管理的问题。

（5）应急滞后。消防事件与治安事件发生时资源信息不能联动共享，更不能提前预警，无法做到高效应急。

二、总体建设目标

（一）解决消防问题

消防系统设备类型多、数量大、巡检难，难以实时掌握设备运行状态，项目建设可通过物联网技术，实现对消防水系统、消防报警系统、消防风系统、消防电系统等设置运行状态、压力、液位、开关等设备设施数据实时监测，做到发现异常提前预警，有效落实消防电子化防火巡查与高清视频防火巡查，重点部位烟火监测、消防占道、吸烟监测等人工智能（AI）分析预警。

（二）解决安防问题

医院安防系统子系统相互独立运行，联动单一。通过整合安防监控、可视报警和门禁系统等，实现对前端设备掉线、故障，开关等的实时监控，发现异常立即报警，巡更电子化管理，重点部位入侵报警、重点人员人脸识别、轨迹智能查询、黑名单预警等。

（三）诊疗与疫情防控支持

AI高清视频分析于助力诊疗区域患者跌倒、人员密度监测等环境特殊管理与疫情防控，解决重点高危人员轨迹快速查询，其录像能逐个回放查找，查询方式由人工逐个查询升级为系统智能查询，提升了安全管理效率，降低了安全隐患。

（四）安全综合监管

医院安全管理系统对治安、消防人员日常工作开展情况、设施、设备运行情况实现实时掌握和全面监管，以三维地图和数据驾驶舱的形式将各种信息进行展现，为管理人员提供可靠的管理决策。

（五）提升人员能力

通过平台系统中的巡查巡更模块和高清视频模块，对重点部位实施多频次多时段自动巡查巡更，并对设定隐患自动预警并生成日志；应急预案模块可在应急事件发生后自动引导或提示值班人员下一步的应急流程；融合通信功能模块可以在平台接到报警的同时将信息发送至管理人员手机，在发生应急事件时自动拨通管理人员电话，由管理人员实施远程应急指挥；人员准入与培训模块能进一步规范和提升相关人员的专业能力。

（六）设备运维管理

系统详细记录设备使用状态、维修保养情况、报废等信息，实现覆盖生命周期的全管理；制订标准的巡检、保养工作任务书和执行计划，完成对设备日常运维监管，实现工作任务自动提醒。

（七）管理工作自动提示

管理驾驶舱，实现设备、隐患、重点区域、安全组织、安保工作、培训演练的定时提醒，对风险隐患预警、数据统计、工作任务量化等信息进行全面分析，为领导决策提供支持。

第二节 医院智慧安全防范技术要求

一、数字视频监控系统

（一）系统构成

数字视频监控系统由前端设备、IP传输网络、系统控制装置、存储装置、显示装置构成。数字视频监控系统结构如图6-3所示。

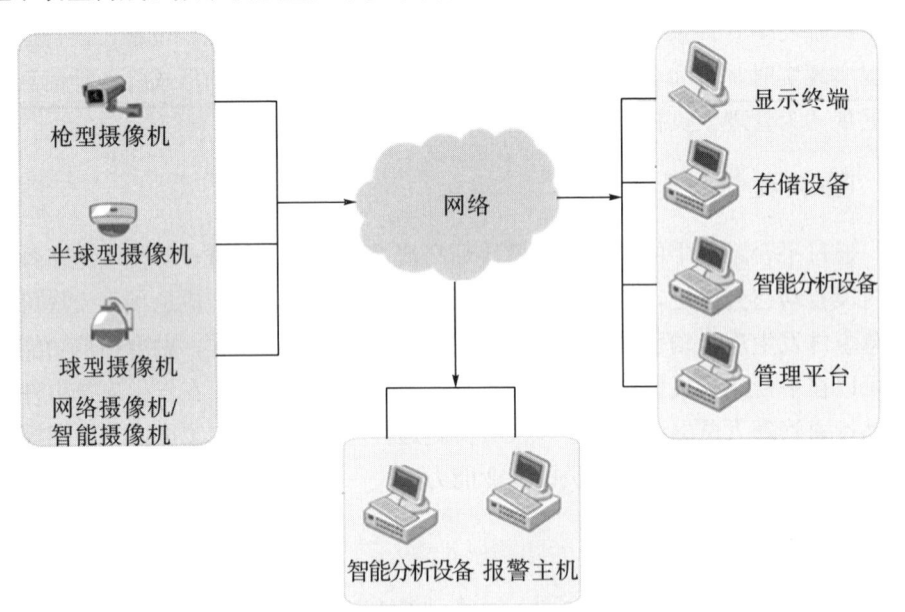

图6-3 数字视频监控系统结构图

（二）系统功能

1. 联动报警

应具备联动报警功能，当报警事件发生时，引发报警设备以外的相关设备进行动作（如报警图像复核、照明控制、声光电报警等），并符合如下要求：

（1）报警信息与图像联动响应时间小于或等于4 s。

（2）当报警发生时，系统应能进行图像复核，并可设置报警预录功能，记录报警触发图像信息。

（3）预录时长大于或等于 10 s，报警图像存储帧率应大于或等于 25 帧。

2. 同步存储

应能够同步存储指定的视频图像和音频信息，按照视频监控系统的控制信令保持相应的时间，并符合如下要求：

（1）支持多用户视音频并发访问或操作、帧标记、多路同时回放功能，便于多用户、多角度同时调用查看。

（2）高像素彩色图像及高保真音像显示、回放，画面、声音应清晰流畅、不间断、不走样。

（3）显示、保存应能在 1~25 帧任意调整，保存的压缩比应能根据实际情况进行调整。图像、音像应能反复循环储存，画面、音质仍能保持良好状态，并能够立刻再现所有储存的图像、音像。

（4）储存系统应具有帧标记、多路同时回放功能，便于按标记快速查找定位录像和多角度同时查看。

（5）应能使用数字介质（如光盘、U 盘、硬盘）进行传输、保存、复制。

（6）当市电中断或设备关机时，对系统原数据库应具有记忆功能，即对所有程序设置、系统时间、各终端地址等信息均可保持。

3. 系统互联

应能够实现不同设备及系统间互联、互通、互控的综合网络系统。互联结构一般为会话初始协议（SIP）监控域互联结构、SIP 监控域与非监控域互联结构、联网系统通信协议结构三种方式，宜符合《公共安全视频监控联网信息安全技术要求》（GB 35114—2017）、《公共安全视频监控联网系统信息传输、交换、控制技术要求》（GB/T 28181—2016）等相关规定。

4. 综合监管

应具备视频图像的实时预览、多画面监视、多画面轮巡、设置、字符叠加、录像回放、多用户并发访问等基本功能，并综合利用智能视频图像分析技术、车牌识别、人脸识别、行为分析、轨迹跟踪、物联网与电子门禁等技术，构建高清化、智慧化、集成化的先进安全防范综合监管系统，实现全局监管指挥及智慧化应用平台。

5. 远程监控

应具备视频监控远程应用传输技术，如 IP 组播传输技术、视频数据的压缩解压缩技术、多线程技术等。

6. 影像采集

系统应可对监控场所的音视频数据进行连续采集，采集音视频质量应满足实际应用需要。采集设备包括摄像头、云台、护罩、控制器、辅助电源等。

（三）配置区域及要求

1. 配置区域

（1）公共区域：医院出入口，门诊部、急诊部、隔离门诊部、住院部主出入口，楼道、通往楼顶的出入口，各楼层对外出入口，候诊区、分诊台、护士站、挂号处、行政办公区域，电梯轿厢和各楼层电梯厅、扶手电梯区域，医院安防监控中心，室外主要通道和人员密集区域。

（2）重点区域：实验室、化验室、手术室、重症监护室、放疗室、隔离病房的出入口，致病性微生物、血液、"毒、麻、精、放"等管制药（物）品、易燃易爆物品、贵重金属等存储场所出入口，收费处、财务室的出入口，药房、药库、计算机中心、档案室（含病案室）的内部、出入口及外部主要通道，机动车停车库（场）出入口和内部，供水、供电、供气（含医用气体）、供热、供氧等设备间的内部区域。

（3）特殊区域：儿童主院区、新生儿主院区的出入口，医患纠纷投诉、调解场所，大中型医疗设备存放场所的出入口、外部主要通道，医疗废物集中存放场所的出入口、外部主要通道，太平间门外区域。

2. 配置要求

（1）摄像机安装应考虑环境光照因素对监控图像的影响，应选用适应环境照度要求的摄像机或采取相应的措施。

（2）室内出入口部位的回放图像应能清晰辨别进出人员的面部特征，室内区域回放图像应能辨别监控区域内人员的基本体貌特征和活动情况。

（3）室外公共区域的回放图像应能辨别监控区域内人员的活动情况。

（四）技术要求

1. 视频图像采集要求

（1）视频图像像素应不低于 1920×1080，信噪比应不低于 56 dB。

（2）单路视频图像显示基本帧率应不低于 25。

（3）回放图像像素应不低于 1280×720；视频图像质量主观评价按《民国闭路监视电视系统工程技术规范》（GB 50198—2011）的五级损伤制评价，应不低于四级要求，回放图像质量主观评价应不低于 3 级要求。

2. 存储要求

（1）应采用网络硬盘录像机（NVR）、中心流媒体写存储（EVS）、云存储等存储模式对实时视频进行分布式存储或集中式存储。

（2）医疗机构视频图像保存时间应不低于 30 d，经复核后的报警图像应长期保存，重要图像宜备份存储。

（3）针对医院人流量大的重点区域，视频图像信息保存期限不低于 90 d（参照《中华人民共和国反恐怖主义法》的要求执行）；视频图像应能进行单幅图像的采集、保存、调用查询，储存的录像资料应不能被剪接、篡改。

3. 网络互联、数据交换要求

（1）网络互联主要是接入各类监控设备资源，为中心管理平台的各项应用提供基础保障，应具备双电源、双引擎，背板带宽及处理能力。

（2）前端网络应采用独立的 IP 地址网段，完成对前端多监控设备的互联，前端视频资源通过 IP 传输网络接入监控中心或者数据机房进行汇聚。

（3）监控中心部署应接入交换机，通过万兆/千兆光纤链路接入到传输网络中，保证监控中心解码器及客户端的正常适用。

（4）数据网络传输、交换应符合《公共安全视频监控联网系统信息传输、交换、控制技术要求》的相关规定。

4. 记录显示要求

（1）视频图像信息和声音信息应具有原始完整性，根据前端摄像机数量及存储时间要求，在具有一定冗余度的前提下合理配置硬盘容量，设备自身应有不可修改的系统特征信息（如系统"时间戳"、跟踪文件或其他硬件措施），以保证系统记录数据的完整性。

（2）显示设备的分辨率应大于或等于系统图像的分辨率；解码设备应支持高清视频图像输出显示，其解码能力与高清视频图像相适应。

（3）视频图像应能记录发生事件的现场及其全过程、报警时间、其他现场动态等图像信息。

5. 时钟同步要求

（1）联网系统内的 IP 网络服务器设备宜支持 NTP 协议的网络统一校时，网络校时设备分为时钟源和客户端，支持客户/服务器的工作模式。

（2）IP 网络接入设备应支持 SIP 信令的统一校时，接入设备应在注册时接受来自 SIP 服务器通过消息头 Date 域携带的授时。

(3) 视频监控系统与医院其他安全技术防范系统具有计时功能设备之间的时间偏差应小于或等于 5 s，与北京时间的偏差应小于或等于 10 s。

6. 传输要求

(1) 数字视频监控系统联网的网络层应支持 IP 协议，传输层应支持 TCP 和 UDP 协议；视音频流在基于 IP 的网络上传输时，应支持 PTP/PTCP 协议；当信息经由 IP 网络传输时，端到端的信息延迟时间应满足前端设备与信号直接接入的监控中心相应设备间端到端的信息延迟时间应不大于 2 s。

(2) 前端设备与用户终端设备间端到端的信息延迟时间应不大于 4 s；网络时延上限值为 400 ms，时延抖动上限值为 50 ms；丢包率上限值为 1×10^{-3}；包误差率上限值为 1×10^{-4}。

(3) 传输方式均应确保传输带宽、信噪比和传输时延满足系统整体指标要求，接口应适应前后端设备的连接要求；同时应保证视频信号输出与输入的一致性、图像质量和控制信号的准确性，传输信道应有加密措施。

(4) 数字视频监控系统与城市监控报警联网平台通信接口应符合《公共安全视频监控联网系统信息传输、交换、控制技术要求》相关规定。

7. 布线要求

(1) 当网络设备到交换机的通信线距离小于或等于 100 m 时，应采用不低于超五类非屏蔽网线；若系统有 20 个普通摄像机，当摄像机到监控主机的平均距离为 50 m 时，应采用 BVV 6mm² 铜芯双塑线作电源主线。不同距离所使用的线缆选型见表 6-1。

表 6-1 不同距离线缆选型

摄像机到监控主机的平均距离/m	34～50	21～33	大于或等于 20
电源线规格（2 线）/mm²	6	4	2.5

(2) 视频监控系统所采用的线料应使用阻燃材料，应根据现场环境条件选用绝缘；信号线和电源线应分离布放，信号线应尽量远离易产生电磁干扰的设备或线缆；接电、焊点可靠，接插件应牢固，确保信号的有效传输，应尽量采用整段的线材，避免转接。

(3) 布线于地沟、桥架的线缆必须绑扎，绑扎后的电缆应相互紧密靠拢；线缆应有编号，线缆头部的标签应做到正确齐全、字迹清晰、不易擦除；编号应与图纸保持一致，按编号应能查出线缆的名称、规格和始终点；室外架空线时应在设备端采取防雷措施，在加装避雷器时一定要确保接地良好。

(4) 应符合现行国家标准《安全防范工程技术规范》（GB/T 50348—2018）和《视频安防监控系统工程设计规范》（GB/T 50395—2007）的要求。

8. 智能服务器

应有视频智能分析功能，包括边界保护、入侵探测、人群及路线控制、定向报警、车牌识别、遗留物体探测、移动和溢出监测。基于三维视场检测，能自动区分目标种类、大小、速度、移动方向等特征；在医院门诊、收费窗口、检查预约处等人员密集场所和停车场管理等应有人数统计、车辆统计以及逗留跟踪；实现"事先预警＋事中处置＋事后取证"的视频监控智能分析。

（五）信息安全要求

1. 身份认证

（1）对接入系统的所有设备进行统一的编码，接入设备认证应根据不同情况采用不同的认证方式。对于非标准 SIP 设备，宜通过网关进行认证。

（2）在低安全级别应用情况下，应采用基于口令的数字摘要认证方式对设备进行身份认证。

（3）在高安全级别应用情况下，应采用基于数字证书的认证方式对设备进行身份认证。

（4）身份标识具有唯一性，身份鉴别信息具有复杂度要求并定期更换；应具有登录失败处理功能，配置并启用结束会话、限制非法登录次数和当登录连接超时自动退出等相关措施。

2. 访问控制

（1）联网系统应实现统一的用户管理和授权，在身份鉴别的基础上，系统宜采用基于属性或基于角色的访问控制模型对用户进行访问控制。

（2）当跨域访问时，宜采用信令 Monitor−User−Identity 携带的用户身份信息进行访问控制。

（3）系统访问分多级权限管理和控制，不同权限级别用户的授权范围不同，应分级定义，高权限用户相对低权限用户拥有更高的优先级，系统管理员账户拥有最高权限。

3. 数据安全

（1）在高安全级别应用情况下，宜在网络层采用 IPSec 或在传输层采用 TLS 对 SIP 消息实现逐跳安全加密；宜在应用层采用 S/MIME 机制的端到端加密（见 RFC 3261 的 23.3），传输过程中宜采用 RSA（1024 位或 2048 位）

对会话密钥进行加密，传输内容宜采用 DES、3DES、AES（128）等算法加密。

（2）在高安全级别应用情况下，数据存储宜采用 3DES、AES（128 位）、SCB2 等算法进行加密。

（3）系统的数据安全等级应至少符合现行国家标准《信息安全技术 数据安全能力成熟度模型》（GB/T 37988—2019）中等级三的要求，同时应符合《信息安全技术大数据服务安全能力要求》（GB/T 35274—2017）的相关规定。

4. 网络安全

（1）系统应具有接收或转发域内外 SIP 信令功能，并且完成信令安全路由网关间路由信息的传递以及路由信令、信令身份标识的添加和鉴别等功能，是一种具有安全功能的 SIP 服务器。

（2）系统网络安全应符合国家标准《信息安全技术网络安全等级保护基本要求》（GB/T 22239—2019）中第三级安全要求的相关规定。

（六）智慧应用

1. 人脸识别

系统主要包括人脸图像采集及检测、人脸图像预处理、人脸图像特征提取以及匹配与识别。

2. 车辆识别

系统应在一次识别基础上，对记录保存的车辆图像进行二次识别，并把识别的数据送入应用系统，供分析处理。

3. 智能分析

系统具有越界检测、区域入侵检测、物品遗留、车辆识别、人脸识别等分析功能。当系统检测到异常状况时，监控中心应能自动弹出异常画面并具有声音警示；根据医院建（构）筑物使用功能应采取不同的智能分析应用场景。

4. AR 监控

系统应能结合 AR 增强现实技术，以视频图像作为全景地图展现，通过全景视角监控医院院区范围情况；同时应支持画中画方式显示人脸布控、车辆布控等信息。

二、入侵报警系统

(二) 系统构成

入侵和紧急报警系统（I&HAS）由前端设备（包括一个或多个探测器和紧急报警装置）、互连媒介（包括电缆、有线或无线数据采集和处理装置）、控制指示设备（包含控制主板、操作输入装置、指示/记录装置以及通信接口）和告警装置等构成。不同模式的系统构成详见图6-4～图6-6。

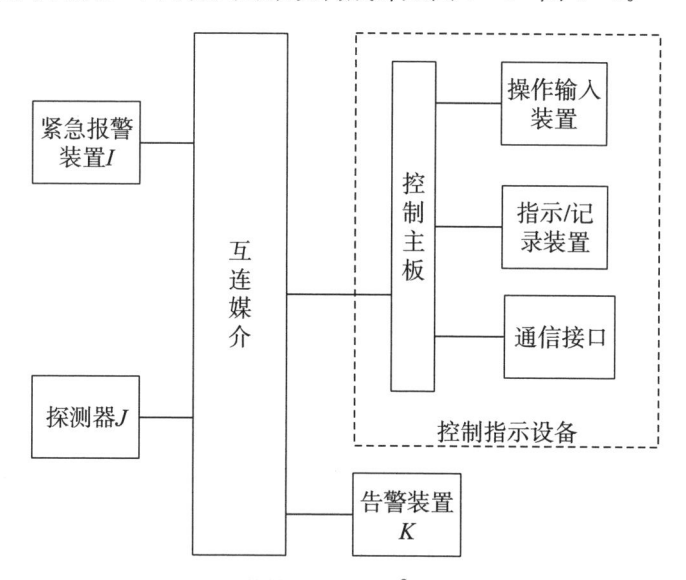

图6-4 单控制器模式 I&HAS 结构图

说明：
I——紧急报警装置的数量，$I \geqslant 0$；
J——入侵探测器的数量，$J \geqslant 0$，I 与 J 不能同时为 0；
K——告警装置的数量，$K \geqslant 1$。

注：①图中虚框内的功能部件，可以是分立的设备，也可以是组合或集成的一体化设备。②图中通信接口能提供与其他应用系统实现联动的信号或信息。

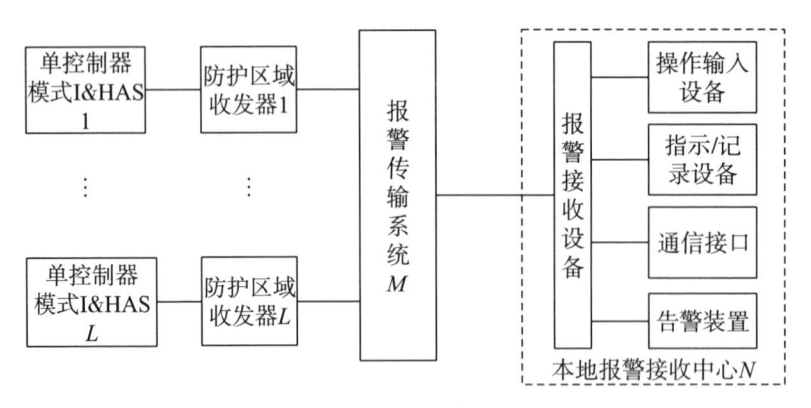

图 6-5 本地联网模式 I&HAS 结构图

说明：

L——单控制器模式 I&HAS 及其防护区域收发器（SPT）的数量，$L \geq 1$；

M——报警传输系统（ATS）的数量，$M \geq 1$；

N——本地报警接收中心（ARC）的数量，$N \geq 1$。

注：①本地报警接收中心位于防护区域内，与所设置的 I&HAS 防护区域均属于对该区域具有行政管理权的单位或部门。②图中操作输入设备可以是控制键盘，也可以是计算机。③指示/记录设备可以是分立的单独设备，也可以是与报警接收设备集成的一体化设备，或计算机的硬盘等。

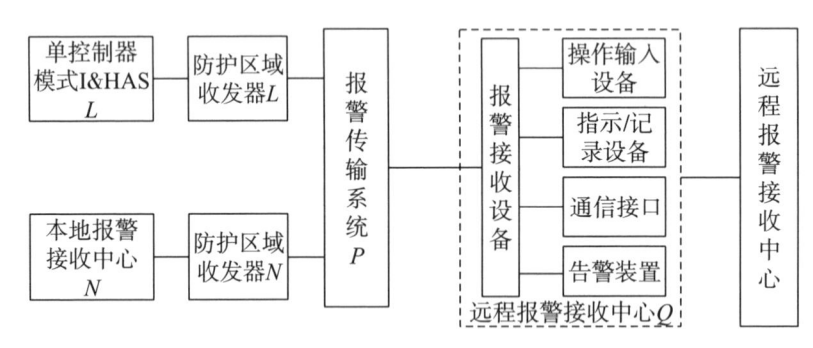

图 6-6 远程联网模式 I&HAS 结构图

说明：

L——单控制器模式 I&HAS 及其防护区域收发器（SPT）的数量，$L \geq 1$；

N——本地报警接收中心（ARC）及其防护区域收发器（SPT）的数量，$N \geq 1$；

P——报警传输系统（ATS）的数量，$P \geq 1$；

Q——远程报警接收中心（ARC）的数量，$Q \geq 1$。

注：①远程报警接收中心位于防护区域外，其地理位置相对独立，与所设置的 I&HAS 防护区域不具有行政管理权的单位或部门。②远程报警接收中心可以是多级的。

（二）系统功能

1. 入侵探测

当入侵探测器被激活时，应能产生入侵信号或信息，其持续时间应能确保信息发送通信成功。入侵探测器应能最大限度地探测到实际的入侵和将误报的风险降到最低。

2. 人为触发

当紧急报警装置被人为触发时，应能产生紧急报警信号或信息，其持续时间应能确保信息发送通信成功。紧急报警装置应设置为不可撤防状态，应有防误触发措施，被触发后应自锁。

3. 防拆探测

当防拆探测被触发时，应能产生防拆探测信号或信息，其持续时间应能确保信息发送通信成功。

4. 故障识别

I&HAS应能识别探测器、紧急报警装置、主电源、备用电源、互连、报警传输系统、告警装置等故障。当出现故障时，应产生故障信号或信息，其持续时间应能确保信息发送通信成功。

5. 设防

当系统处于正常状态时，具有规定权限的用户应能对控制指示设备进行全部和/或部分设防操作。设防成功后，控制指示设备应有相应的指示。设防失败时，控制指示设备应能立即给出指示和/或报警信号和/或信息；具有规定权限的用户应能对控制指示设备进行全部和/或部分撤防操作。

6. 旁路

应按照《入侵和紧急报警系统技术要求》（GB/T 32581—2016）规定的用户类别权限执行。旁路应一直保持到手动复位。

7. 状态恢复

在I&HAS或其中一部分出现入侵报警、紧急报警、拆改、故障、遮挡、探测范围明显减小等状态之后，应有恢复的必要方法。

8. 报警

入侵报警、紧急报警、防拆报警和故障报警等功能要求应符合《入侵和紧

急报警系统 控制指示设备》(GB12663—2019)条的要求。

9. 用户访问控制

用户访问系统部件和控制功能的权限类别应符合《入侵和紧急报警系统技术要求》中6.2条的要求。

10. 指示状态

（1）应按《入侵和紧急报警系统技术要求》中表6的要求执行。

（2）入侵/紧急报警、故障报警、防拆报警、遮挡报警和探测范围明显减小报警所给出的指示应保持到取消指示操作后；当无法同时显示全部指示信息时，应具有"待显示信息"的指示；紧急报警指示应具有最高优先级。

（3）当I&HAS在撤防状态时，如有待显示信息，应向用户给出提示。

（4）在I&HAS具备多个报警传输系统的情况下，当探测到任意一个传输系统故障时，应向系统操作人员给出指示。

（5）具备处理能力的入侵探测器应按《入侵和紧急报警系统技术要求》中表6所规定的独立的报警状态指示。

（6）探测器的无线报警发射机，应有电源欠压本地指示，监控中心应有欠压报警信息。

11. 管理软件

（1）入侵报警系统应支持电子地图显示，能局部放大报警部位，并发出声、光报警提示。

（2）应能实时记录系统开机、关机、操作、报警、故障等信息，并具有查询、打印、防篡改功能。

（3）应能设定操作权限，对操作（管理）员的登录、交接进行管理。

（4）系统管理软件应汉化，应有较强的容错能力，应有备份和维护保障能力，发生异常后，应能在3 s内发出故障报警。

（三）配置区域及要求

1. 重点区域

医院重点部位和重点公共区域应按照《医院安全技术防范系统要求》（GB/T 31458—2015）中5.1和5.2条的要求确定。

2. 其他配置区域

致病性微生物、血液、毒、麻、精、放等管制药（物）品、易燃易爆物品、贵重金属等存储场所内部，收费处、财务室的内部，收费窗口，医患纠纷投诉、调解场所，计算机中心，档案室（含病案室）内部，供水、供电、供气（含医用气体）、供热、供氧等设备间的内部，安防监控中心的内部，医院门卫室，分诊台、护士站、门（急）诊室。

3. 探测器布设要求

所选用的探测器应能避免各种可能的干扰，减少误报，杜绝漏报，灵敏度、作用距离、覆盖面积应能满足使用要求。探测器的设置应符合下列规定：

（1）每个/对探测器应设为一个独立防区。

（2）需设置紧急报警装置的部位宜不少于 2 个独立防区，每一个独立防区的紧急报警装置数量不应大于 4 个，且不同单元空间不得作为一个独立防区。

（3）防护对象应在入侵探测器的有效探测范围内，入侵探测器覆盖范围内应无盲区，覆盖范围边缘与防护对象间的距离宜大于 5 m。

（4）当多个探测器的探测范围有交叉覆盖时，应避免相互干扰。

（5）紧急报警装置应设置在人员易于触及的位置，安装高度应距地面 1.2~1.4m。

（6）紧急报警装置应具有自锁功能。

（四）技术要求

（1）医院重点防护部位和区域的入侵和紧急报警系统设置应无盲区，系统防区划分应有利于报警时准确定位，应能通过电子地图等方式显示报警区域。

（2）医院的紧急报警装置和入侵报警装置被触发后，应在安防监控中心产生声光报警提示并启动报警处置预案。

（3）系统应具有与视频监控系统、出入口控制系统联动的功能，当监控室接收到报警信号时，应能自动显示相关的视频图像。

（4）系统布防、撤防、报警和故障等信息的存储时间应大于等于 30 d。

（5）安装入侵报警装置和紧急报警装置的重点部位和重要公共区域应有声音复核装置。

（6）系统应 24 h 处于设防状态。

（7）联网的紧急报警系统的报警信号应能传至上级接警中心。

（8）系统中选用的入侵探测器、报警控制指示设备等应符合《入侵探测器》（GB 10408）、《入侵和紧急报警系统控制指示设备》（GB 12663）等相关标准的规定。

(9) 入侵和紧急报警系统的其他要求应符合《入侵和紧急报警系统技术要求》的规定。

(五) 供电要求

(1) I&HAS 中所包含的电源应满足《安全防范系统供电技术要求》(GB/T 15408—2011) 的相关要求。

(2) 控制指示设备应具有主电源和备用电源,应能在主电源和备用电源之间转换,当电源转换时,系统工作应正常,不应出现漏报警及误报警。当主电源断电时,应能自动转换至备用电源供电;当主电源恢复时,可自动转换至主电源供电,并对备用电源自动充电;在给备用电源充电的同时,工作应正常。与其他子系统相连接设备的备用电源宜参照其他子系统对备用电源的规定执行。

(3) 根据不同安全等级,备用电源的最短持续时间应满足表 6-2 的要求。

表 6-2 备用电源最短持续时间

安全等级	安全等级 1h	安全等级 2h	安全等级 3h	安全等级 4h
时间/h	8	8	12	12

(六) 智慧应用

(1) 通过继电器输出和第三方软件实现视频、消防等系统联动,扩展系统的应用。

(2) 多级电子地图的多媒体接警,在电子地图上可设置用户、防区、关联点等,报警时声光提示操作员;同时应能在软件上直接控制前端主机,与前端主机有机结合,实现主控、分控统一。

三、一键求助 IP 系统

(一) 系统构成

一键求助 IP 系统由系统管理软件、IP 网络寻呼话筒、IP 网络可视防暴对讲终端构成。

（二）系统功能

1. 系统集成

医院云服务管理端应集视频报警、语音播报、联网报警、报警定位、网络报警、微信报警、PC客户端报警为一体。

2. 扩展报警录像

医院应急预警管理软件具有扩展报警时录像，录像在平台接警端存储，报警事件记录可查询功能；应支持局域网及广域网下的网络视频设备的实时访问及录像；应具有电子地图设置、报警联动触发、医院科室地点和防区详细说明、数据自动同步备份、自动状态检测等功能。

3. 公共广播

一键求助按钮盒应内置3W扬声器，可实现远程双向可视对讲、监听、监视、全区分区广播、定时播放背景音频。公共广播应具有全区广播、分区广播、定时广播、异常行为广播等功能。

4. 对讲通话

应具备一键或双键呼叫模式可指定呼叫特定呼叫目标，全双向视频免提通话、多管理中心呼叫功能、远程监听功能。

5. 主机状态显示

一键求助IP系统的软件系统应能自动搜索局域网内所有嵌入式管理服务器和可视对讲终端、广播终端等设备，并应列出各个设备的详细信息。

6. 报警

触发报警按钮后，医院监控平台主机弹出医院报警科室点、地图等详细信息，报警主机喇叭鸣响。当现场处置完毕解除警报后，在监控平台主机上进行远程复位、布防，处于正常监视状态。

7. 监听/监视服务

寻呼主机可任意选定终端分机进行监听、监视或对所有终端分机进行循环监听、监视，每路停留时长可设置（默认为5 s）。

8. 视频联动

设备自带视频翻转功能，可设置视频的上下、左右翻转，以适应各种安装环境。

9. 防拆报警

一键求助按钮盒应具备防拆报警功能，当一键求助按钮盒在未经允许的情况下被拆除时，可发出报警信号。

（三）配置区域及要求

1. 配置区域

医院应在急诊室、门诊室、治疗室、行政办公室、病房护士站、医护办公室、档案室（病案室）、财务室、收费处（窗口）、医患纠纷投诉调解场所、安防监控中心等重要区域安装一键求助 IP 点位。

2. 配置要求

系统应能满足与安全监控中心和警务室联网（或接入属地公安机关）的要求。

（四）技术要求

（1）主机传输通道应全部采用 TCP/IP，GPRS 协议网络传输。
（2）联网报警系统信息传输到管理中心应不大于 2 s。
（3）应可以组建应急处突系统群。
（4）可以实时对报警节点进行巡检，并可实时设备在线。
（5）可通过 IP 网络以数据包的形式在局域网内传输音视频信号。

（五）智慧应用

（1）系统应能通过软件接口和医院已有的视频监控系统、报警系统、门禁、LED 显示系统、楼宇系统进行对接。
（2）系统应具备报警声音开关配置、Web 远程控制，定时布撤防等功能。
（3）一键求助 IP 系统应软件升级简便，具备微信紧急求救报警等功能，当一键报警时，系统可实时显示报警位置、报警时间、报警人等信息。

四、周界红外报警系统

（一）系统构成

周界红外报警系统由发射机、接收机组成，发射机由电源、发光源和光学系统组成，接收机是由光学系统、光电传感器、放大器、信号处理器等部分组成。

（二）系统功能

1. 入侵探测

探测器为一种红外线光束遮挡型报警器，其原理如图 6-7 所示。由发射机发射出的红外线经过防范区到达接收机，构成了一条警戒线，当该警戒线被入侵时，红外光束被遮挡，控制器发出报警信号。

图 6-7 探测器工作原理图

2. 报警响应、持续及记录储存时间

当前端探测器接收到报警信号后，报警响应时间应小于 0.5 s，报警持续时间应大于或等于 10 s，报警记录储存时间应大于 30 d。

3. 声光告警

控制中心由控制主机及键盘组成，通过键盘对前端设备进行布/撤防。在布防期间，若发生非法入侵，当报警被触发时，报警主机显示具体报警点，并发出声光告警。

4. 传输

从前端接收到的各种报警信息利用通信总线传输到控制中心的报警主机；整个报警系统应采用独立开发的通信编码格式，并为其进行适当的加密，保证整个系统在通信上的安全可靠。

5. 电子地图显示

系统应能够直观地显示建筑的电子平面地图，当接收到前端设备的报警信号时，应在电子地图上显示警情确切位置和报警类型。

(三) 配置区域及要求

1. 配置区域

根据医院建（构）筑物的实际情况，应在围墙、栅栏、隐蔽的玻璃窗外等设置周界报警防区。结合医院管理的实际情况，也可在手术室、ICU、实验室设置周界报警防区。

2. 配置要求

（1）设置在通道上的探测器安装位置一般应距离地面 50 cm 以上，遮光时间应调整到较快的位置，对非法入侵做出快速响应。

（2）设置在围墙上的探测器安装位置一般应高出围墙顶部 25 cm 以上。

（3）设置在玻璃窗外的探测器安装位置在玻璃窗外侧 15-30 cm，具体安装应根据建筑墙体决定距离。

(四) 技术要求

1. 误报率（灵敏度和容错值）

系统在安装时应充分考虑现场环境的干扰，调整合适的安装位置，并应做好长距离瞄准精度和稳定信号传输的调整。

2. 抗干扰

周界报警系统抗辐射干扰值应不低于 30 V/m，10~1000 MHz；抗白光干扰应不低于 6500 lux。

3. 纵深防护性

周界报警系统在建设时，防护应有层次性，合理利用各种技术的特点形成多方式、多层次探测，满足防护的纵深性、均衡性、抗易损性要求，形成物理的隔离和距离，在技术上要利用各种手段的互补性，应合理地采用多重技术形成功能互补。

4. 联动兼容性

周界报警系统联动应做到报警和监控点的一对一联动功能，要求在监控报警点区域有一一对应的摄像头和探测器。当探测器在启动（布防）状态下，探测到环境变化报警后，报警主机启动报警，将警情通过可编程输出端口，输送到监控系统相应的联动报警输入端。

（五）智慧应用

周界安防系统应融合激光对射、震动报警、高压电网、雷达探测等周界安防设备，将原本独立的各个系统模块，通过大数据和人工智能技术，变得相互分离又紧密联动；周界安防系统软件应可以把文字、表格、报表等二维数据库形式的传统数据展示演进为三维实景，并应具备场景交互功能。

五、出入口控制系统

（一）系统构成

电子门禁控制系统由门禁控制器、读卡器/开门按钮、电控锁、卡片、管理终端等构成。门禁系统结构如图6-8所示。

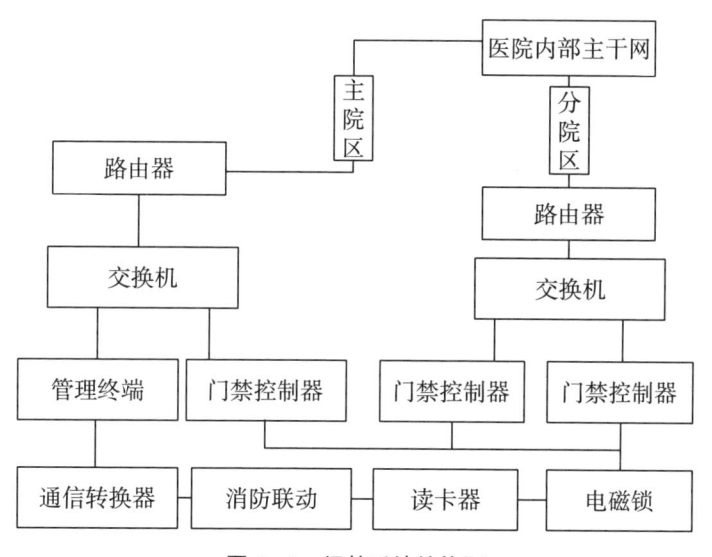

图6-8 门禁系统结构图

注：通过医院内部主干网，实现医院内部网跨区域的门禁系统集中管理。

（二）系统功能

1. 基本功能

（1）系统联网状态出故障时应可脱机运行，应具有消防联动开门的功能。

（2）系统应具备图像抓拍及电子地图功能，刷卡时可抓拍图像并保存，在联网的情况下，应具备刷卡抓拍人脸照片与卡对应的人脸底图比对的功能。

（3）可灵活设定医疗机构师生员工（持卡人）的开门权限、开门时间、有权开门的区域时段。

（4）系统应具有刷卡开门、现场碎玻开门、远程开门（需联网）等多种开门方式。

（5）系统应支持多条件组合查询通行记录、按不同顺序对报表数据排序、报表数据打印及导出到文件等功能，记录储存时间应大于或等于180d。

（6）系统宜具备防尾随功能，在使用双向读卡的情况下，防止一卡多次重复使用，即一张有效卡刷卡进门后，该卡必须在同一门刷卡出门一次，才可以重新刷卡进门，否则将被视为非法卡拒绝进门。

（7）卡片宜具备在医院的通道出入、内部超市消费、停车缴费、会议签到等场合的通用功能。

2. 权限管理

系统应具备按时间段配置门禁出入权限、出入记录保存、出入记录查询等功能。

3. 记录及查询

（1）系统管理人员可以通过客户端或者浏览器实时查看每个门的人员出入情况、每个门的状态（包括门的开关、各种非正常状态报警等），也可以在紧急状态打开或关闭所有的门。

（2）系统应有出入记录查询功能，可储存所有的出入记录、状态记录，可按不同的查询条件查询，配备相应考勤软件；系统的信息处理装置应能对系统中的有关信息自动记录、存储，并有防篡改和防销毁等功能；电子门禁控制系统的事件记录存储要求，应满足各安全等级规定的相关要求。

（3）系统应有异常报警功能，在异常情况下（如非法侵入、门超时未关等）可以通过门禁软件实现微机报警或附加语音声光报警。

4. 系统联动

系统应满足紧急逃生时人员疏散的相关要求，当通向疏散方向为防护面时，系统应与火灾报警系统及其他紧急疏散系统联动，当发生火警或需紧急疏散时，人员应能不使用钥匙安全通过。

（三）配置区域及要求

1. 配置区域

重要的档案室（病案室），计算机中心，药品库，血库，检验科，财务室，手术室，重症监护室，放疗室，隔离病房，致病性微生物、毒、麻、精、放等管制药（物）品、医疗废物集中存放场所，安防监控中心场所，儿童、新生儿住院区，公共区域与办公区隔离的通道门，公共区域中十分重要的设备、管理或办公用房，医院建（构）筑物设防的主要出入通道，需要实行病人及医务人员分开的区域，以及其他闲人兜进的场所（如传染区、信息中心、部分行政区域）。

2. 配置要求

（1）系统设置应考虑保护对象、保护部位和（或）区域两个层次；保护部位和（或）区域分为需要保护的场所、秩序、环境等。

（2）保护对象的安全需求应根据医疗机构的医疗、教学、科研秩序环境需求进行分析和确定。

（3）系统控制不同识读技术类型及其防御非法入侵（强行闯入、尾随进入、技术开启等）的能力。

（四）技术要求

1. 布线

（1）读卡器到控制器的线应采用 8 芯屏蔽多股双绞网线（其中 3 芯备用，如果不需要读卡器声光反馈合法卡可不接 LED 线），数据线 Data1、Data0 互为双绞。线径为 0.3 mm² 以上，最长不可以超过 100 m。

（2）按钮到控制器线应采用两芯线，线径在 0.5 mm² 以上。

（3）电锁到控制器应采用两芯电源线，线径在 1.0 mm² 以上。如超过 50 m 应使用 1.5 mm² 以上的线或多股并联；或者通过电源的微调按钮，调高输出电压到 14 V 左右，最长不超过 100 m。

（4）门磁到控制器的线应采用两芯线，线径在 0.3 mm² 以上。

2. 控制器安装

（1）防电磁干扰。对于读卡器、开门按钮应注意防电磁干扰，特别是照明开关、电动打字机和计算机等的干扰问题。在条件允许的情况下，读卡器安装位置应距离强电电源 30 cm 以上。

（2）预防传输信号的衰减。门禁控制器的安装要考虑到控制器和读卡器之间的距离，最佳的传输距离是 100 m 之内。信号传输电缆，必须考虑电缆屏蔽和因远距离传输带来的信号衰减，在管路施工过程中，应采用材质为钢材的线管和电缆桥架，并做好可靠接地。

3. 出入口控制系统

（1）出入口控制系统/设备分为四个安全等级，一级为最低等级，四级为最高等级。安全等级对应到每个出入口控制点。

（2）应根据对保护对象的防护能力差异化的要求，选择相应的系统和设备的安全等级。设备/部件的安全等级应与出入口控制点的防护能力相适应。共享设备/部件的安全等级应不低于与之相关联设备/部件的最高安全等级。

（3）应根据医院安全管理要求及各受控区的出入权限要求，确定各个受控区，明确同权限受控区和高权限受控区。

4. 供电

（1）主电源应根据电子门禁设备所在区域的市电网供电条件、电子门禁系统各部分负载工作和空间分布的功耗特点、系统投资成本、控制现场安装条件和供电设备的可维修性等诸多因素，并结合电子门禁系统所在区域的风险等级和防护级别，合理选择主电源形式及供电模式。手术室、ICU、心理卫生中心（或封闭病房）、财务收费等高风险部位宜按现行行业标准《民用建筑电气设计规范》（GB 51348—2019）规定的一级负荷中的特别重要负荷进行主电源配置。

（2）备用电源和供电保障应根据电子门禁系统负载的重要程度、使用条件和运行安全需求（安全等级），确定负载的类型。应根据应急负载的功耗分布情况、主电源的供电质量和连续供电保障能力，确定系统或出入口设备的供电保障方式，是否配置备用电源、备用电源形式及其供电模式。具体参照《安全防范工程技术标准》（GB 50348—2018）中 6.12.4 条的要求执行。

（五）智慧应用

1. 系统集成联网方式

（1）出入口控制系统应具备多级联网实时数据集中汇聚、本地授权管理和集中授权管理方式。

（2）出入口控制系统宜采用标准化通信协议，如网管协议采用 SNMP（简单网络管理协议）。

2. 系统管理平台

（1）各级出入口控制系统的现场数据信息应能够实时上传到管理平台，在本级系统和管理平台都可进行出入授权管理。

（2）计时偏差应满足相关要求，一般情况下系统内的时间误差应小于 10 s，系统与北京时间误差小于或等于 30 s。

六、电子巡查系统

（一）系统构成

电子巡查系统由数据采集器、信息表示器、数据下载转换器、管理软件等构成。

（二）系统功能

1. 巡更

在确定的巡更线路上设定一合理的检测点（即巡更点）安装感应式巡更点信号器，以巡更终端读卡作为巡更牌，由控制中心电脑软件编排巡更班次、时间间隔、线路走向，有效地管理巡更员巡视活动，增强医院保安防范措施。

2. 任务推送与识读响应

系统软件设定巡查时间要求、线路要求、次数要求，通过任务推送管理巡更牌（位置信息）、巡更棒（记录巡更员身份、编号，并授予有效巡更活动权限）、巡更点信号器。同时，识读响应需满足以下要求：

（1）采集装置或识读装置在识读时应有声、光或振动等指示。

（2）采集装置或识读装置的识读响应时间应小于 1 s。

（3）采集装置或识读装置采用非接触方式的识读距离应大于 2 cm。

（4）当在线式电子巡查系统采用本地管理模式时，现场巡查信息传输到管理终端的响应时间不应大于 5 s；当采用电话网管理模式时，现场巡查信息传输到管理终端的响应时间不应大于 20 s。

3. 信息记录

（1）巡更员带巡更牌按规定时间及线路要求巡视，将巡更棒在巡更点前一晃，并按动记录按钮，便可记录巡更员到达日期、时间、地点及相关信息。若不按正常程序巡视，则记录无效，查对核实后，即视作失职。

（2）管理终端（管理控制中心）应能通过授权或自动方式对采集装置或识读装置进行校时；采集装置或识读装置计时误差每天应小于 10 s；管理终端宜每天对采集装置或识读装置进行校时。

4. 信息存储

识读装置宜具有巡查信息存储功能，采集装置应能存储不少于 4000 条的巡查信息；可随时或者定时提取各巡更员的巡更记录。采集装置在换电池或断电时，所存储的巡查信息不应丢失，保存时间不少于 10d。

5. 信息查询、统计

计算机应能够对采集回来的数据进行整理、存档，在授权下可按时间、地点、路线、区域、人员、班次等方式对巡查记录查询、统计，自动生成分类记录、报表并打印。采集装置或识读装置内的巡查信息应能直接输出打印，或通过信息转换装置下载到管理终端输出打印。

6. 传输故障监测

电子巡查系统在传输数据时如发生传送中断或传送失败等故障，应有提示信息。

7. 脱机和联机

当在线式电子巡查系统在管理终端关机、故障或通信中断时，识读装置宜独立实现对该点的巡查信息的记录；当管理终端开机、故障修复或通信恢复后，能自动将巡查信息送到管理终端。

8. 警示

在线式电子巡查系统中，管理终端在巡查计划时间内没有收到巡查信息及收到不符合巡查计划的巡查信息时，应有警情显示；管理终端收到设备故障或/和不正常报告应有警情显示；当巡查人员发生意外时，宜具备向管理终端紧急报警的功能。

9. 应用模式

（1）本地管理模式：能够通过信号转换装置或识读装置将巡查信息输出到本地管理终端上并能够打印。

（2）联网管理模式：能够通过网络（有线/无线）或电话网络将巡查记录传到远端的管理中心，根据操作权限实现多点操作。

（三）配置区域及要求

1. 配置区域

住院大楼护士站，办公区，出入口，门、急诊大楼，机动车、非机动停车场（库）周边等公共区域；医院的档案室（病案室），计算机中心，药品库，血库，检验科，财务室，手术室，重症监护室，放疗室，隔离病房，致病性微生物、毒、麻、精、放等管制药（物）品、医疗废物集中存放场所，安防监控中心等重点部位。

2. 配置要求

所有出入口、相距最远的两个楼梯、每隔一层的楼梯走道应设置巡更点。巡更点信号器安装应固定、隐蔽，高度应便于读识。

（四）技术要求

1. 设备外观及机械结构要求

（1）外观：系统各种硬件设备的外形尺寸应符合产品说明书要求；非金属外壳表面应无裂纹、褪色、永久性污渍和明显划痕；金属外壳表面涂覆不能露出底层金属，无起泡、腐蚀、划痕、涂层脱离和沙孔等。

（2）机械结构：系统各种硬件设备依据说明书配合到位，各种功能操作键应手感良好、感应灵敏、便于操作、无卡滞现象。

（3）机械强度：设备外壳应能承受对每个能正常接触到的表面施加 0.5J 的碰撞而不产生破坏和永久变形。

（4）外壳防护等级：系统安装在室外的设备外壳防护等级应符合《外壳防护等级（IP 代码）》（GB/T4208）中 IP55 的要求，并应符合实际使用场所的环境要求，其他设备外壳防护等级应符合 IP30 的要求。

2. 管理软件要求

（1）系统应采用中文界面；应根据管理终端配置相应的通信协议及其接口；并应能设置登陆、操作权限和操作日志。

（2）更新（升级）时应保留并维持原有的参数（如操作权限、密码、预设功能）、巡查记录、操作日志等信息。

（3）对在线式电子巡查系统，应能通过管理终端向各识读装置发出自检查询信号并显示正常或故障的设备编号或代码。

（4）软件应能编制巡查计划，除能设置多条不同的巡查路线外，也能对预定的巡查区域、路线进行巡查时间、地点、人员等信息设置，并有校时功能。巡查信息在管理中心保存应不少于 30d。

（五）智慧应用

（1）通过安防巡检管理系统对各项巡检任务进行调度协调，同时对各个巡检任务时间、执行状态进行管理，提高运作效率。

（2）通过对员工操作流程的规范培训，完成日常、班次、临时等巡检任务，实时监督巡检任务的起始、过程、终止，并实时干预，使安防巡检工作更加安全、专业和高效；通过工作量化，实时显示各区域安防的人员分布、繁忙度，提高效率和生产力。

（3）通过系统安防巡检操作流程的规范，实现管理工作的科学化和精细化；通过系统的规范管理，明确各级岗位的责权关系，量化考核指标，与个人利益结合，形成岗位责权利对应的关系，激发相关责任人工作的主动意识。

（4）充分利用系统数据分析，由模糊式管理转变为数字化管理，形成 PDCA 管理循环，找到存在的问题点，为下一步工作提供科学的指标和决策依据。

七、安全检查系统

（一）系统构成

安全检查系统由微剂量 X 射线安全检查设备、通过式金属探测门、手持式金属探测器、液体检查仪、储物柜等安全检查设备、设施组成。根据管理需要还可增配便携式炸药探测仪。

（二）系统功能

1. 监测报警

应能对枪支弹药、管制器具、易燃易爆等禁限带物品进行有效的探测识别、显示记录和分析报警。应能对汽油、柴油、煤油、乙醇、油漆稀释剂等常见民用易燃液体进行监测和辨识，在不开启容器的情况下，对容器内液体进行监测和辨识。

2. 异常预警

探测门应集成热成像人脸测温装置，实现非接触体温监测功能，能对体温高于 37.3℃的人员进行体温异常预警。

3. 图像分析

探测门应集成视频图像分析系统，具备人脸识别、正确佩戴口罩检测和人数统计功能。系统应支持对人脸进行抓拍和记录，记录信息至少包括照片和时间；支持对通过人员的人脸和其携带身份证中的人脸进行比对，识别准确率不低于98%。

4. 禁限带品智能识别

应具备禁限带品智能识别功能，具有远程联网识图功能。

5. 信息化管理

应具备信息化管理功能，信息化管理系统与医院警务室信息联动，实现医院人员与警务人员对事件的联动处置。

（三）配置区域及要求

1. 配置区域

（1）医院门诊部、急诊部、住院部的入口应设置安检区。

（2）地下车库直接进入门诊、急诊、住院部的区域应设置安检区。

（3）医院应为急危患者、特殊人群设置安全检查绿色通道，并布设引导标识。

2. 配置要求

（1）门诊部、急诊部、住院部的安检区应配备微剂量 X 射线安全检查设备、测温安检门、手持式金属探测器、液体检查仪等安全检查设备。

（2）地下车库的安检区应配备测温安检门、手持式金属探测器、液体检查仪，宜配备微剂量 X 射线安全检查设备。

（3）在人流量大、空间受限的安检区宜配备上下双通道微剂量 X 射线安全检查设备。

（4）根据管理需要，安检区可配备便携式炸药探测仪。

（5）安检区应设置软质导流围栏等隔离疏导设施，并布设安检引导、指示标识，地面标识应清晰、耐磨。

（四）技术要求

1. 微剂量 X 射线安全检查设备

（1）应采用双源双视角 X 射线安全检查设备。

（2）穿透力应满足《微剂量X射线安全检查设备》（GB 15208.2—2018）表4中Ⅲ类设备的要求。

（3）存储的图像应能通过网络或USB等接口导出。

（4）设备应具有禁限带物品智能识别功能，对禁限带物品的检出率、误检率等性能要求应符合国家相关标准的规定。

（5）设备应能通过联网接口实时传输微剂量X射线安全检查设备的扫描图像等数据，支持远程联网识图功能。

（6）设备其他要求应符合《微剂量X射线安全检查设备》（GB 15208.1）的相关规定。

2. 通过式金属探测门

（1）金属探测功能应符合《通过式金属探测门通用规范》（GB 15210—2003）的相关规定。

（2）探测门应集成视频图像分析系统，具备人脸识别、正确佩戴口罩检测和人数统计功能。人脸识别系统应能满足医院对特殊人群的识别需求，人脸识别视频图像采集和应用应符合国家相关标准的要求。

（3）探测门应集成热成像人脸测温装置，实现非接触体温监测，温度超过预先设定的报警阈值时，应有声光及语音报警提示，温度误差不大于±0.3℃。

3. 液体检查仪

（1）使用非侵入式检测技术，不需打开包装即可对玻璃、塑料、陶瓷、纸质材质容器以及简易金属包装内的液体进行检测。

（2）至少能够检测出汽油、煤油、油漆、稀料、香蕉水、松香水等易燃物品。

4. 手持式金属探测器

应符合《手持式金属探测器通用技术规范》（GB 12899—2018）的相关规定。

5. 炸药探测仪

应符合《基于离子迁移谱技术的痕量毒品/炸药探测仪通用技术要求》（GA/T 841—2009）的相关规定。

（五）智慧应用

（1）具有禁限带物品智能识别功能的微剂量X射线安全检查设备，能够智能识别出刀具、枪支、可疑液体、烟花爆竹等禁限带物品。

（2）集成视频图像分析功能的探测门，能够对黑名单人员识别、报警，对未佩戴口罩行为提醒，自动对通过探测门的人员进行数量统计。

（3）集成热成像人脸测温装置的探测门，能够实现非接触体温监测，用于体温异常人员筛查。

（4）安检信息管理系统能够实现安检设备管理、安检人员管理、禁限带物品库在线更新、数据可视化分析、报警信息转发等功能。

（5）具备远程联网识图功能的安全检查系统，能够通过网络动态分配识图任务，将微剂量 X 射线安全检查设备的扫描图像等数据传输至识图中心，识图人员能够远程进行识图处理。

八、无线射频识别（RFID）系统

（一）系统构成

无线射频识别（RFID）系统由无源 RIFD 标签、有源 RIFD 标签、RIFD 标签打印机、RFID 标签读取器、射频识别服务主机等构成。

（二）系统功能

1. 婴儿防盗

（1）应能将发放的手环与婴儿进行绑定，支持对婴儿在病区内各个房间定位，婴儿位置刷新频率不低于每分钟 10 次。

（2）应能支持对婴儿进出病区卡口的事件监测，事件上报时间不超过 2 s；对需正常外出的婴儿进行设置，离开病区时不做报警上报。

（3）婴儿用 RFID 手环或脚环应采用柔性医用材质，对婴儿肌肤无伤害，识别距离应不小于 3m。

2. 安消防资产盘点

（1）应能向手持盘点终端下发盘点任务，由工作人员通过盘点终端实现各楼层点位的无接触式盘点。应能支持接收部署在固定位置的 RFID 标签读取器的数据信息，实现安消防资产的自动化实时盘点。应能针对每次盘点出具报告，明确盘盈或盘亏的具体结果和详细信息。

（2）普通不干胶资产标签，应采用防水防晒材质作为标签纸，打印内容需支持碳带打印机打印。柔抗资产标签，标签纸应支持柔抗材质，可贴至金属材质表面,打印内容需支持碳带打印机。

3. 安消防库房管理

应能实现对安消防设备的电子台账管理,包括但不限于设备的品牌、采购日期、供货商、维保日期等。应能支持对安消防设备的维保实现动态管理,可实现维保、维修、巡检等事件的动态记录和提醒。应能实现对设备从采购、入库、出库、安装、使用、维修直至最终报废的全生命周期的管理。

4. 毒麻品监管

应能对每一件毒麻品生成唯一 ID,并可写入 RFID 标签。应能对毒麻药品的出入柜事件有详细的记录,包括时间、操作人员、毒麻品编号等。

5. 消防设施移动检测

应能支持对医院的空间划定区域网格。应能支持将消防设施 ID 与区域网格进行绑定。应能支持对消防设施的位置进行实时监测,当设施移动出区域时,可触发移动事件报警。

6. 安防平台系统联动

当系统发现异常时,应能发出报警信号,与医院安防中控室进行联动。应能提供数据接口,方便中控室远程查看当前安检信息。

(三) 配置区域及要求

1. 配置区域

产科病房、安消防器材库房、安消防设施存放点、保安巡更点、毒麻品存放处。

2. 配置要求

(1) 产科病房出入口应部署 RFID 读取器,以监管婴儿的出入事件;有条件的可在病房内部部署多个 RFID 读取器,以定位婴儿的实时位置。

(2) 库房出入口部署 RFID 读取器,记录安消防器材的进出事件;对有库房盘点需求的医院,可在库房内响应位置部署 RFID 读取器,以实现库房内的自动化盘点。

(3) 在医院特定区域的出入口部署 RFID 读取器,以监管安消防设施的出入记录;对有移动监管需求的医院,可在各网格部署独立的 RFID 读取器,以判断设备设施是否存在于所属位置。

(4) 在保安巡更位置部署无源 RFID 巡更点,通过保安的主动扫码识别判断其是否到达现场。

(5) 在毒麻品存放处的出入口部署 RFID 读取器，记录毒麻品的出入记录。

（四）技术要求

1. 无源 RIFD 标签技术要求

(1) 工作频率为国标 860~960 MHz。

(2) 支持协议为 ISO18000-6C（EPC GEN2）。

(3) 读写距离 2 m。

(4) 卡内存容量 EEPROM 总共 1024 B。

(5) 读取单个标签内存 EEPROM 数据平均每 32 比特读取最小耗时约 1.4 ms，写入时平均每 32 比特最小耗时 30 ms。

(6) 标签抗干扰性能采用防冲突通信协议，有效的二进制树形防冲突机制，不受工作区内标签数量的限制和影响，每秒可有效识读 50 个以上标签。

(7) PVC 材料工作温度-40~65 ℃，存储温度-55~100 ℃；PET 材料工作温度-40~90 ℃，存储温度-55~100 ℃。

2. 有源 RIFD 标签技术要求

(1) 工作频段为 433 MHz、2.4 GHz、5.8 GHz；

(2) 读写器读取距离 120~150 m。

(3) 通信方式为单向标签、双向标签。

(4) 读写器灵敏度可调节。

(5) 标签存储器容量 EEPROM 总共 1024 B。

(6) 标签电池寿命、发射功率、接收灵敏度。

(7) 标签可以扩展各种类型的传感器。

3. RIFD 标签打印机技术要求

(1) 打印和编码标签最小间距为 16 mm。

(2) 可调节的传感器既支持标准介质，也支持加厚标签。

(3) 兼容全球 RFID 无线电，支持多国部署。

(4) 借助自适应编技术，自动消除复杂的 RFID 设置指南。

(5) 可变嵌体定位支持各类嵌体位置，可很大程度地实现介质灵活性。

(6) 借助 RFID 作业控工具实现出色的跟踪性能。

(7) 支持符合行业标准的基于多厂商芯片的序列化。

（8）打印方式为热转印和热敏。

（9）机身设计采用金属框架和折叠式金属介质盖。

4. RFID 标签读取器技术要求

（1）工作频率 920.125～924.875 MHz，20 个频道。

（2）频道工作模式为跳频扩频模式。

（3）发射功率最大 2 W。

（4）天线阻抗 50 Ω，范围为 900～930 MHz。

（5）读写器与标签之间交换数据，有高/低两种传输速率。

（五）智慧应用

RFID 辨识器应能同时辨识读取数个 RFID 标签，在读取上并不受尺寸与形状限制，向小型化与多样形态发展，应用于不同产品。RFID 标签可以重复新增、修改、删除，方便信息更新。在被覆盖的情况下，RFID 能够穿透纸张、木材和塑料等非金属或非透明材质，并能够进行穿透性通信。数据内容可经由密码保护，使其不易被伪造及变造。

九、应急指挥系统

（一）系统构成

应急指挥系统由调度台、应急指挥平台、手机 App、移动单兵等构成。

（二）系统功能

1. 应急会商

应急调度系统应可以在应急指挥大厅，通过 GIS 调度台或者可视指挥调度台，调度起应急决策会议，会议中可调阅各地视频会议终端视频、监控视频、移动端回传视频，并可同时显示各种应急数据，如 GIS 地图数据等。

2. 监控预览

指挥中心大屏应可以查看现场监控摄像机、移动人员回传的图像，也可以查看无人机、监控布控球等回传图像，方便决策人员了解现场实际情况。

3. 移动指挥

对于重大应急事情，可派驻应急指挥车到现场，进行前线指挥，方便快速决策调度。应可以在指挥车大屏中查看车载监控摄像头、现场布控球、单兵等回传的现场实时视频，并可与后端总部指挥中心联动，快速决策。

4. 预案管理

对于不同的应急场景，指挥中心大屏需要显示不同的内容。系统应能够在可视调度台上设置不同的内容显示预案，方便会商决策会议中根据实际需要快速切换。

5. 值守点名

为加强日常工作和人员的管理，系统应能够在指定时间，通过应急指挥视频调度系统，对各岗位工作人员进行远程的视频值守点名。管理人员在指挥中心或者会商会议室发起值守点名会议，对各个岗位和工作地点人员，进行视频的轮询和视频点名。

（三）配置区域及要求

1. 配置区域

医院监控中心、医院应急指挥中心。

2. 配置要求

（1）实现视频会商系统与监控系统的融合，实现隔离病房监控视频以数字方式与视频会商连通。

（2）实现会议会商终端、移动端、监控摄像头、视频可以通过应急指挥大厅的大屏控制系统，统一控制和显示到应急指挥中心大屏上。

（四）技术要求

1. 可视化调度系统技术要求

（1）应支持多种调度模式，包括预案调度、融合调度等模式。

（2）应支持按用户操作习惯，自定义会控功能按钮的优先顺序，不同的账号可拥有各自界面布局，布局设定后下次登录自动应用，无须重新设置。

（3）应支持一键会控操作，包括呼叫/挂断、设置/取消主席、点名、轮询、广播、静音/闭音、指定会场辅流发送、延长会议、开启/停止录像等功能；支持模糊搜索功能，实现按终端的中文拼音首字母快速检索。

（4）应支持实时音视频预览，实现本地终端同步预监、远端会场预监、预览画面截图保存、远端摄像机PTZ控制、镜头变倍等。支持辅流预览功能，通过调度台可实时预览辅流画面。

（5）应支持单画面轮询、多画面轮询、广播轮询、本地轮询等模式，支持轮询模板自定义及保存、调度功能。

2. 业务管理系统技术要求

（1）统一通信管理系统应支持 B/S 架构，实现设备管理、注册认证、会议管理、会议控制、报表统计等功能。

（2）GK 服务器应支持大容量的节点注册，实现设备的注册、鉴权。

（3）网络应支持 IPv4 协议栈，宜支持 IPv6 协议栈，方便后续扩展。

（4）应支持按组织结构管理用户权限，用户权限可以配置；应支持分级分权管理，系统权限和资源按照企业组织结构树状管理，同一台 MCU 或者会场能够分配给多个组织使用。

（5）平台应可扩容管理多个设备及会场。

（6）应支持设备（MCU 和会场）按组织结构方式管理。

（7）应支持管理主流视讯终端设备，并支持远程添加并管理 MCU 和终端设备，能够查看终端或者 MCU 的品牌型号、GK 注册状态、SIP 注册状态、MAC 地址、终端的视频能力、软件版本号等信息，实时远程修改设备配置，如远程开启、关闭 GK 注册、远程修改 H.323ID、E.164 号码、DNS 服务器地址等。

（8）应支持设备自动发现功能，设备（MCU 和终端）加入系统后自动被管理平台识别，发现设备后可对设备进行信息查看和配置，并且支持对被管理设备的配置备份和远程恢复。

（9）应支持系统告警管理，实现远程查看被管理设备（终端和 MCU 等）告警信息，并且能够针对告警类型进行分类，快速获取被管理设备的运行状态。

（10）应支持对被管理设备的日志进行远程查看。

（11）应支持对录播服务器设备进行远程管理和远程控制。

3. MCU 技术要求

（1）可扩容架构设计：采用嵌入式操作系统；能够通过增加板卡实现系统容量的平滑升级；支持 IPv4，建议支持 IPv6，方便后面扩展。

（2）标清、高清、高标清混合会议和多点会议与速率适配：支持每个参会终端均以不同的协议（H.323/SIP）、不同的带宽（64K~8 Mbps）、不同的音视频编码（H.263/H.264/H.265 等、G.722/G.711/AAC-LD 等）、不同的清晰度（CIF/4CIF/720P 30fps、60fps/1080P 30fps、60fps/4KP30fps）同时加入一个会议中，且同时能够支持多组会议，会议组数不受混网、混速数量的限制。

（3）系统容量：应可以通过人工指定将 MCU 的端口资源根据视频清晰度任意分配，达到资源利用最大化，MCU 端口资源分配不用重启 MCU 设备。

（4）多通道级联：下级 MCU 多个会场能够通过多个独立的视频通道传到上级 MCU。

（5）视频要求：应支持国际标准视频协议，包括 ITU－T H——263、H.263+、H.264 Basic Profile、H.264 High Profile、H.264 SVC、H265 视频协议；应支持 4KP 30 帧、1080P 60 帧、1080P 30 帧、720P 60 帧、720P 30 帧，并可向下兼容 4CIF、CIF 图像格式。

（6）音频要求：应支持国际标准音频协议，包括 ITU－T G.711a、G.711u、G.722、G.728、G.722.1C、G.729、OPUS 音频协议，支持具备 20kHZ 频响的宽频语音编码 AAC_LD 音频协议，应支持一个会场同时传输两路音频区分左右声道，实现立体声效果。

（7）多画面：支持多种多画面类型，并支持多画面模式切换；支持自定义参会会场在多画面中的显示位置；支持每端口多画面；支持将辅流加入多画面中，以便让不支持 H.239 的终端设备收到辅流信息。

（8）双流：支持标准 H.239 双流和 BFCP 双流，支持静态双流和动态双流，辅流带宽可以按需要手工设置，辅流最大支持 1080P 60fps 图像格式；支持辅流适配功能，在一个高清、标清混合的会议中，能够实现不同视频解码能力的终端接收到不同清晰度的辅流信息，保证不会因为某个参会会场辅流接收能力较低而影响其他会场。

（9）应支持主控板和媒体板热备份，且主控板在倒换过程中不影响正在召开的会议，支持双电源冗余备份。

（10）设备应支持 H.235（AES256）、SRTP、TLS、HTTPS、SSH、SNMP V3 等媒体、信令、管理加密，提供身份验证与加密通信的安全通道，防止用户被仿冒，保护会议信息在传送过程中不被截获翻译，全面保证会议信息安全。

（11）MCU 设备应具备较强的抗丢包能力，在 10% 丢包下，语音连续清晰，视频清晰流畅，基本感觉不到丢包影响；在 20% 丢包下，语音较清晰连续，视频偶有卡顿。

4. 视频录播设备技术指标

（1）应支持 ITU－T H.323 和 IETF SIP 通信标准，录制带宽支持 128Kbps~8Mbps；应支持 H.264、H.264 High Profile 等视频编解码协议，具备较强的兼容性，支持 1080p60、1080p30、720p60、720p30、4CIF、CIF 等视频格式。

（2）应支持 G.711、G.722、G.722.1AnnexC 等音频协议。

（3）应支持 H.239 标准双流协议，支持录制静态双流图像，支持录制动态双流图像，最大 1080P 30fps。

（3）应支持不少于 10 组会议录像，服务器存储容量不小于 2TB。

（4）应支持不少于 100 路并发点播观看或直播观看。

（5）应支持模糊搜索、下载、修改、删除文件；支持不同用户组看到不同文件；支持显示每路录像的状态。

（6）应支持在 PC、平板、手机等移动设备上基于浏览器可观看会议点播，无须安装客户端软件。

5. 应急指挥终端技术要求

（1）宜采用嵌入式操作系统，不建议采用 PC、工控机架构；宜提供多路高清视频输入、多路高清视频输出接口。

（2）宜支持多路音频输入和多路音频输出接口，具有标准的卡农头麦克风接口和数字音频接口。

（3）视频应支持 H.263、H.263＋、H.264、H.264HP、H.264SVC、H.265 图像编码协议；图像格式应支持 4K 30 帧、1080P 50/60 帧、1080P 25/30 帧、1080i 50/60 帧、720P 50/60 帧、720 P25/30 帧、4CIF、CIF。

（4）音频应支持 G.711、G.722、AAC－LD、OPus 等音频协议，并且应支持 20 kHz 以上的宽频音频协议，支持双声道立体声功能。

（5）应支持标准 H323 下 H239 协议，支持标准 SIP 协议下 BFCP，支持主辅流达到 4K 30 帧效果，最高在主流 1080P 60 帧的情况下，辅流支持 4K 30 帧。

（6）应具备良好的网络适应性，最大 20％网络丢包下，图像流畅、清晰、无卡顿、无马赛克现象，确保会议正常进行。

（7）应支持在 H.323 协议下，使用 H.235 信令加密；应支持在 SIP 下，TLS、SRTP 加密；应支持 AES 媒体流加密算法。

（8）应支持 LDAP 地址本，能够直接从地址本服务器下载、更新地址本条目，应支持 LDAP 访问认证和加密，同时应支持网络地址本同步功能，通过地址本服务器更新联系人目录。

（9）数字麦克风，应支持 360°全向拾音，最大拾音距离达到 5m 以上。

（10）应支持自适应回声抵消，自动增益控制，自动噪声摄制；采样率不小 48 kHz；支持通过麦克风的触摸面板进行闭音和开音操作。

6. 移动接入终端技术要求

（1）应支持标准的 IETF SIP 协议，适应 3G/4G/Wi-Fi 网络接入；支持 64 Kbps~4 Mbps 呼叫带宽；需支持在电脑、手机、平板电脑等终端上安装部署。

（2）应支持 H.264BP、H.264 HP、H.264SVC 等视频编解码；支持 G.711A、G.711U、G.722、G.729、Opus 等音频编解码。

（3）应支持 BFCP 双流协议，活动图像清晰度不低于 1080P，双流清晰度不低于 1080P，需支持共享桌面、共享程序、共享文档功能。

（4）应具备良好的网络适应性，最大 20％网络丢包下，语音清晰连续、视频清晰流畅；支持 TLS、SRTP 加密算法，保证会议安全；支持客户端初始密码修改。

（5）应支持会控功能，具备删除/添加会场、呼叫/挂断会场、会场静音、广播多画面、广播会场、延长会议、结束会议等功能。

（6）应支持主叫呼集功能，通过软终端界面可方便地发起多方会议，无须通过会控平台操作和其他管理人员的协助。

（五）智慧应用

1. 3D 地图可视化管理

综合监测模块应可将医院的各类安全信息在主界面上进行集中实时显示与监控，并结合医院二、三维地图进行展示，包括地图的基础操作、业务数据的查询显示及定位、业务数据的统计分析、监控报警定位、视频预览等实用信息。通过系统对接实现部件（如消防部件、安防部件）、服务器设备（如存储状态）运行状态的监测，一旦出现报警等异常情况，系统应能自动弹出报警信息提醒用户进行处理，包括设备名称、所在地点、异常内容、异常时间等。

2. 综合监测联动报警

（1）应采用最新的网络化、数字化、智能化安全检测监控管理技术；应能够实现对医院各类安全环境的感知，并集检测监控、联动、应急指挥多种功能于一体。

（2）应具备多系统集中监控管理和多系统协调联动功能，将视频监控、入侵报警、门禁、巡更、消防、求助等系统状态数据快速进行汇总、分析，实现快速联动响应，及时正确地协调处理事故。

（3）应能够满足对突发事件的"快速报警、快速响应、科学决策"，保障医患人员生命财产安全。

3. 智能人脸识别

（1）人脸抓拍：当有人闯入重点区域时，前端摄像机应能够自动抓拍人脸图像，并将其从复杂的背景中提取出来，人脸图像信息应可以被实时传输到平台，系统有效抓拍率应不低于90%。

（2）黑名单注册：应能够支持人员单个注册及批量注册功能；应能够将指定人员信息及人脸图像添加到黑名单内，同时能够将黑名单内的人员移除，恢复到正常人脸库。

（3）黑名单报警：当被注册为黑名单的人员识别后应能够报警，报警信息应能够传到综合管理平台，平台根据报警信息迅速处理事件，实现身份识别与平台的联动。

（4）联动信息应包含报警定位显示、报警区域周边关联视频、语音播报提醒、处置流程显示、应急预案显示、接处警单等。

（5）黑名单报警信息应包含报警地点、可疑人员姓名、对比相似度、可疑人员类型、实时捕获图、人员抓拍图、抓拍全景图等信息。

4. 智能行为分析

智能行为分析通过深度学习算法对摄像机视频进行分析，系统应能够实现人员行为、区域状态的行为分析功能，行为分析功能包括周界监测、人员密度监测、物品遗失遗留监测、徘徊/快速移动监测等功能。

5. 报警推送

发生报警事件时，系统应可以根据联动预案设置流程，根据事件的重要、紧急程序、处理进度等，将报警事件以手机短信或电子邮件的形式自动发送给值班领导。

十、远程视频探视系统

（一）系统构成

远程视频探视系统由业务管理系统、护士站主机、探视分机、病床分机及其他相关配件组成。

（二）系统功能

1. 远程探视

家属可通过探访分机呼叫护士站主机，护士接听后可与家属进行双向可视全双工对讲；护士站主机可接听探访分机的呼叫并与之视频对讲，根据探访请求转接至病床分机，当患者家属不方便去医院探访时，可通过手机或电脑对医院患者进行远程探视。

2. 管理功能

应具备 HIS 系统对接功能，护士站主机可自动获取患者基本信息，可在病员一览表、病房门口机、病床分机上显示患者姓名、床位号、护理等级等基本信息。

3. 监听、插话、强切功能

护士通过护士站主机对家属与患者之间的通话进行监听，如探访过程中涉及某些敏感话题或者双方情绪不稳定时，护士可以插话提醒，如提醒无效可根据实际情况切断通话。

4. 洗手间报警功能

患者在洗手间遇到突发状况，可通过防水按钮发出呼叫请求，护士站收到报警请求后需前往相应的洗手间处理报警。

5. 呼叫护工功能

护工佩戴手表接收机，患者及家属可通过病床分机手持呼叫器呼叫护工。

（三）配置区域及要求

1. 配置区域

ICU 重症监护室、负压监护病房、普通隔离病房、远程探视中心、感染门诊留观室。

2. 配置要求

（1）在ICU重症监护室、负压监护病房、普通隔离病房配置一体化医疗推车，可对接多种常规医学检查设备，实时采集并远端呈现病人检查数据。

（2）在远程探视中心、感染门诊留观室配置高清探视终端。

（3）在接待室配备高清探视终端和高清摄像机。

（四）技术要求

（1）应基于局域网，以TCP/IP协议传输视频、音频和控制信号，实现双向可视对讲。

（2）应满足呼叫转接、技术监视、通话计时和强切通话功能，可实现呼叫病床及对讲、可外接耳麦、可开启探访分机的电控锁。

（3）应满足免提高清可视对讲，内置高灵敏度麦克风、高保真立体声喇叭，并具有16K以上声音采样率。

（五）智慧应用

（1）输液报警：输液完毕后，输液报警器可自动阻断输液并向护士站主机报警。护士站主机接收到输液报警会有语音、文字等提示，护士接收到报警信息后可前往解除输液报警。

（2）查看病床：护士可在护士站通过护士站主机查看病床患者，以随时监看患者情况。

（3）留影留言：护士站主机具有交接班留影留言功能，护士可以将交班需要交代的事物以留言、留影的方式在主机里面保存，供接班的护士阅览。

十一、麻醉品、危化品等特殊药品的管理系统

（一）系统构成

麻醉品、危化品等特殊药品管理系统通常由安全台账软件系统、检查终端、物联网无线网关、危化品检测传感器、物联管控主机等构成。

（二）系统功能

1. 毒麻品台账管理

应能对毒麻品详细信息做记录，包括但不限于类型、名称、数量、位置、所属科室等；同时能对毒麻品台账的变动做记录，提供历史查询界面，可以看到台账变化过程。

2. 危化品台账管理

应能对危化品详细信息做记录，包括但不限于类型、名称、数量、位置、所属科室等；同时能对危化品台账的变动做记录，提供历史查询界面，可以看到台账变化过程。

3. 重点台账管理

应能支持重点台账的管理，按照生产安全、建筑安全、社会安全、环境安全进行分类。

4. 日常检查管理

应能制订周期性的检查计划，包括但不限于日计划、周计划、月计划及临时一次性的检查计划；同时能针对不同计划提供标准检查模板，支持对模板进行自定义编辑。

5. 危化品泄露监测

应能对危化品存放点进行实时危险气体监测。当监测数据发现异常时，系统应可实现自动报警。

6. 安防平台系统联动

当系统发现异常时，应能发出报警信号，与医院安防中控室进行联动。提供数据接口，方便中控室远程查看当前安检信息。

（三）配置区域及要求

在危化品存放处，根据存放的不同危化品种类，放置不同的危化品检测传感器。

（四）技术要求

1. 安全台账

对医院重点区域、重点设备、重点安全隐患关注点、安全进行全面台账管理，对医院的台账情况进行汇总和检查。重点是危化品的安全台账管理。

2. 消毒化学品的监管

（1）包括乙醇、高锰酸钾、次氯酸钠等，其采购、储存由药剂科全面负责，严格入库、出库手续，定期进行数量盘点，做到账物相符，保卫科负责定期进行监管，杜绝发生损坏、丢失、私拿、转让等不安全因素。

（2）药剂科指定专人负责酒精的入库、储存及保养，并每日进行安全检查，杜绝明火隐患。如遇发生泄漏，管理人员应及时上报科室主任以及保卫科，按规定进行处理，严禁泄漏区发生明火，避免自燃自爆。

3. 危化品的监管

包括甲醛溶液、氯化物等，保管应做到专区存放，标识明确（品名、数量、批号），互起理化反应的危化品应严格分离保管。危化品的保管员应每天进行清查，在每次领发危化品后应进行账物核对，确保其品种、数量、标志准确无误。

4. 麻醉药品的监管

（1）医院药剂科应责任到人，采购、验收、入库、保管人员须具有药学专业主管药师及以上职称。实行专人负责，专柜加锁，入库验收必须货到即验，至少双人开箱验收，清点验收到最小包装，验收记录双人签字。

（2）入库验收应当采用专簿记录，内容包括日期、凭证号、品名、剂型、规格、单位、数量、批号、有效期、生产单位、供货单位、质量情况、验收结论、验收和保管人员签字。

5. 安全检查

计划和发起安全检查（月、周、日、专项等），监督检查效果，核对检查闭环，部门进行统计和考核，计划落地情况留痕。对安全隐患进行管理，通过隐患提交、问题核对、责任分派，形成管理闭环，对隐患分级分类，形成隐患数据历史库。

6. 医废管理

配合医院智能医废管理系统，统计和全面掌握全市医疗废物流向，对医疗产生的废物进行核对和统计，避免医疗废物非法流出。

7. 安全责任人管理

（1）医院落实三级安全生产责任制，规定领导、科室和安全人员的安全生产责任目标书，进行签约率管理、安全岗位职责管理；对下属医院的安全责任人、值班人员进行统一管理、统一考核和应急联动沟通，实现值班打卡、交接班内容备案等。

（2）安全人员专业台账，包括职责管理、许可管理、证书管理、考核和培训管理、安全人员变更同步、安全人员组织管理。

8. 安全信息管理

包括安全通知下发，协同审阅，同步办公等，以及安全资料下发，提出安全学习要求，组织线上和线下培训。

（五）智慧应用

利用麻醉品、危险化学品集中管理系统平台采集麻醉品、危化品的生产、经营、运输、仓储、使用和回收等环节的流通信息资源，通过对流通信息的实时监测和数据挖掘分析，为危险化学品相关监管部门提供数据支撑及决策支持。

十二、人员定位监测系统

（一）系统构成

人员定位监测系统由移动定位终端、物联网无线网关、无线定位信标、定位报警管控主机等构成。人员定位监测系统结构如图6-9所示。

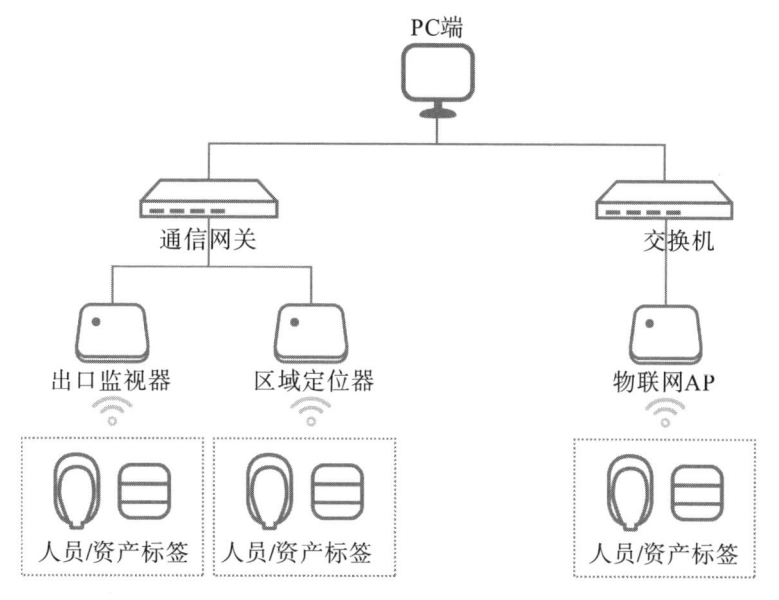

图6-9 人员定位监测系统结构图

（二）系统功能

1. 医护人员定位报警

医护人员配备的智能胸卡及工牌应具备区域定位和紧急呼叫功能；设立在过道、科室内的呼叫单元应具备紧急呼叫功能。当发生紧急情况时，医护人员可以通过按下按钮进行一键定位报警。

2. 保安人员指挥调度

系统应可以与安防平台系统联动，实现指挥调度。

3. 特殊病患定位监管

特种腕带应具备防拆、防爆、人员定位检测等功能，用于对特殊病患进行定位监管。

（三）配置区域及要求

1. 配置区域

门诊、急诊、病房、手术室、医技楼、感染楼、医护人员胸卡等。

2. 配置要求

（1）门诊应配备人员定位管理系统、资产定位管理系统、消毒供应室系统、医疗废弃物管理系统等。

（2）急诊应配备输液监护系统、人员定位管理系统、资产定位管理系统、医疗废弃物管理系统等。

（3）病房应配备输液监护系统、智慧病房系统、生命体征监测系统、移动护理系统、手卫生管理系统、医疗废弃物管理系统等。

（4）手术室应配备被服管理系统、手卫生管理系统、医疗废弃物管理系统等。

（5）医技楼应配备人员定位管理系统、资产定位管理系统、医疗废弃物管理系统、手卫生管理系统、无线呼叫系统、冷链管理系统等。

（6）感染楼应配备人员定位管理系统、资产定位管理系统、医疗废弃物管理系统、手卫生管理系统、无线呼叫系统、生命体征监测系统、冷链管理系统等。

（四）技术要求

1. 定位基站技术要求

（1）平均定位精度不大于 50 cm；单基站覆盖面积不低于 2000 m^2。

（2）室内基站天线应采用 360°全内置，室外基站应采用高增益外置天线。

（3）数据上传应支持 3 种方式自适应：有线以太网、Wi-Fi 兼容，4G 为可选方式。

（4）实施方便，应支持快速布设、临时搭建。

（5）应无须同步控制器，系统简易。

（6）基站应具有 POE 功能。

2. 定位标签技术要求

（1）应采用先进的无线脉冲技术，与定位基站进行双向通信。

（2）定位精度应不大于 50 cm。

（3）适应多种场景，可以针对人员、设备等做定位监测。

（4）标签状态可监测，标签命令可下发。

（5）刷新率单频段应可调整，无须其他频段辅助。

（6）标签应具备震动和蜂鸣报警提示。

（7）工牌标签应内置 RFID，可用于刷门禁。

（8）标签应具备主动报警功能。

（五）智慧应用

人员定位系统应采用超宽带（UWB）定位技术，通过人员定位管理对作业人员进行定位、跟踪；实时了解人员的流动情况、了解当前现有服务人员的数量、统计与考核人员的出勤情况。

十三、系统的兼容性要求

（一）电磁兼容性设计要求

（1）安全防范系统的电磁兼容性设计应综合考虑现场的电磁环境、系统电磁敏感度、电磁骚扰和周边其他系统的电磁敏感度等因素。

（2）安全防范系统所用设备的静电放电抗扰度、电快速瞬变脉冲群抗扰度、浪涌（冲击）抗扰度应符合现行国家标准《安全防范报警设备电磁兼容抗扰度要求和试验方法》(GB/T 30148—2013) 的相关规定。

（3）监控中心防静电环境等级、防静电地面面层的表面电阻值和接地电阻值应符合现行国家标准《建筑电气工程电磁兼容技术规范》（GB 51204—2016) 的相关要求。

（二）集成与联网设计要求

（1）安全防范系统的集成设计应包括子系统的集成设计、总系统的集成设计，必要时还应考虑总系统与上一级管理系统的集成设计。

（2）应根据安全防范管理业务需求、系统资源联网共享、事件快速处置响应和系统运行安全可控等要求，选择系统集成与联网方式，确定系统架构。

（3）对设备或系统进行互联时，应采用适宜的接口方法和通信协议，保证信息的有效提取和及时送达。

（4）应根据信息安全的相关要求，合理规划系统内、外安全边界及安全管控措施，选择安全可控的硬件或软件产品。

（5）视频监控系统与公共安全视频监控联网系统集成联网时，其传输、交换、控制协议应符合现行国家标准《公共安全视频监控联网系统信息传输、交换、控制技术要求》(GB/T 28181—2016) 的要求。

（6）安全防范管理平台的故障不应影响各子系统的正常运行；某一子系统的故障不应影响安全防范管理平台和其他子系统的正常运行；上级安全防范管理平台的故障不应影响下级安全防范管理平台的正常运行。

（三）环境适应性设计要求

（1）安全防范系统选用的设备和材料应满足其使用环境的要求，并应符合现行国家标准《安全防范报警设备环境适应性要求和试验方法》（GB/T 15211—2013) 中相应环境类别的规定。

（2）在海滨地区盐雾环境下工作的系统设备、部件、材料，应具有耐盐雾腐蚀的性能。

（3）在有腐蚀性气体和易燃易爆环境下工作的系统设备、部件、材料，应采取符合国家现行相关标准规定的保护措施。

（4）在有声、光、热、振动等干扰源环境中工作的系统设备、部件、材料，应采取相应的抗干扰或隔离措施。

（5）设置在室外的设备、部件、材料，应根据现场环境要求做防晒、防淋、防冻、防尘、防浸泡等设计，其外壳防护等级宜不低于 IP54。

（6）地埋设备的外壳防护等级应不低于 IP66。

（四）防雷与接地设计要求

（1）建于山区、旷野的安全防范系统，或前端设备装于楼顶、塔顶，或电缆端高于附近建筑物的安全防范系统，应按现行国家标准《建筑物防雷设计规范》（GB 50057—2010）的要求设置防雷装置。

（2）建于建筑物内的安全防范系统，其防雷设计应采用等电位连接与共用接地系统的设计原则，并应满足现行国家标准《建筑物电子信息系统防雷技术规范》（GB 50343—2012）的要求。

（3）安全防范系统进出建筑物的电缆，在进出建筑物处应采取防雷电感应过电压、过电流的保护措施。

（4）监控中心内应设置接地汇集环或汇集排，汇集环或汇集排宜采用裸铜质导体，其截面积不应小于 35 mm^2。

（5）安全防范系统的重要设备应安装电涌保护器，电涌保护器接地端和防雷接地装置应作防雷等电位连接。防雷等电位连接带应采用铜导体，其截面积不应小于 16 mm^2。

（五）安全性设计要求

（1）安全防范系统所用设备、器材的安全性指标应符合现行国家标准《安全防范报警设备安全要求和试验方法》（GB 16796—2022）和相关产品标准规定的安全性能要求。

（2）安全防范系统的设计应防止造成对人员的伤害，应符合《安全防范工程技术标准》（GB 50348—2018）的相关规定。

（3）安全防范系统的设计应保证系统的信息安全性，应符合《安全防范工程技术标准》的相关规定。

（4）在具有易燃易爆物质的特殊区域，安全防范系统应有防爆措施并满足其行业的有关规定。

（5）安全防范系统监控中心电场强度、磁场强度、磁感应强度、等效平面波功率密度的控制限制应符合现行国家标准《电磁环境控制限制》（GB 8702—2014）相关要求。

（六）可靠性设计要求

（1）安全防范系统可靠性指标的分配应符合《安全防范工程技术标准》的

相关规定。

(2) 采用降额设计时，应根据安全防范系统设计要求和关键环境因素或物理因素（应力、温度、功率等）的影响，使元器件、部件、设备在低于额定值的状态下工作。

(3) 采用简化设计时，在完成规定功能的前提下，应采用尽可能简化的系统结构，尽可能少的部件、设备，尽可能短的路由，来完成系统的功能，以获得系统的最佳可靠性。

(4) 采用冗余设计时，应符合《安全防范工程技术标准》中冗余设计相关规定。

（七）可维护性设计要求

(1) 在安全防范工程的产品选型、工程施工、备品备件和工程技术文档编制等环节应进行可维护性设计。

(2) 产品选型的可维护性设计应符合《安全防范工程技术标准》相关规定。

(3) 工程施工的可维护性设计应符合《安全防范工程技术标准》相关规定。

(4) 备品备件应符合《安全防范工程技术标准》相关规定。

(5) 工程施工技术文档应符合《安全防范工程技术标准》相关规定。

（八）安全防范系统供电设计

应符合国家现行标准《安全防范系统供电技术要求》（GB/T 15408—2011）的有关规定。

十四、检验与验收

（一）工程检验

安全防范工程竣工验收前，应由符合条件的检验机构对安全防范工程的系统架构、设备实体和电子防护的功能性能、系统安全性、电磁兼容性、防雷与接地、系统供电信号传输、设备安装及监控中心等项目进行检验。安全防范工程交付使用后，可进行系统运行检验。

1. 检验标准

应依据竣工文件和国家现行有关标准，检验项目应覆盖工程合同、深化设计文件及工程变更文件的主要技术内容。检验项目、检验要求及检验方法应符合《安全防范工程技术标准》的相关要求。

2. 检验程序

（1）受检单位应提出申请，并至少提交工程合同、深化设计文件、工程变更文件等资料。

（2）检验机构应在实施工程检验前根据本标准和提交的资料确定检验范围，并制订检验方案和实施细则。

（3）检验人员应按照检验方案和实施细则进行现场检验。

（4）检验完成后应编制检验报告，并做出检验结论。

3. 检验判定

工程检验应对系统设备按产品类型及型号进行抽样，抽样数量应符合《安全防范工程技术标准》工程检验相关规定。工程检验中有不合格项时，允许改正后进行复检。复检时抽样数量应加倍，复检仍不合格则判该项不合格。

（二）工程验收

1. 验收组织

（1）安全防范工程竣工后，应由建设单位会同相关部门组织验收。

（2）工程验收时，应组成工程验收组。工程验收组可根据实际情况下设施工验收组、技术验收组和资料审查组。

（3）建设单位应根据项目的性质、特点和管理要求与相关部门协商确定验收组成员，并由验收组推荐组长。

（4）验收组中技术专家的人数不应低于验收组总人数的50%，不利于验收公正性的人员不得参加工程验收组。

（5）验收组应对工程质量做出客观、公正的验收结论。验收结论分为通过、基本通过、不通过。在通过的工程的验收结论中提出建议或整改意见，不通过的工程验收结论中明确指出发现的问题和整改要求。

2. 竣工验收

（1）施工验收应依据设计任务书、深化设计文件、工程合同等竣工文件及国家现行有关标准进行现场检查，并做好记录。

（2）隐蔽工程的施工验收均应复核随工验收单或监理报告。

（3）施工验收应根据检查记录，按照《安全防范工程技术标准》中施工验收表规定的计算方法统计合格率，给出施工质量验收通过、基本通过或不通过的结论。

（三）技术验收

（1）技术验收应依据设计任务书、深化设计文件、工程合同等竣工文件和国家现行有关标准，按照《安全防范工程技术标准》中技术验收表中列出的检查项目进行现场检查或复核工程检验报告，并做好记录。

（2）系统主要技术性能指标应根据设计任务书、深化设计文件和工程合同等文件确定，并在逐项检查中进行复核。

（3）设备配置的检查应包括设备数量、型号及安装部位的检查。

（4）主要安防产品的质量证明检查应包括产品检测报告、认证证书等文件的有效性。

（5）实体防护系统应重点检查下列内容：

①应检查周界实体防护、建（构）筑物和实体装置的设置。

②对于实体防护设备的外露部分，应查验现场实物与设计文件的一致性；对于隐蔽部分，应查验隐蔽工程随工验收单。

③应检查出入口实体屏障、车辆实体屏障的限制挡等功能。

④应检查安防照明的覆盖范围和警示标志的设置。

（6）入侵和紧急报警系统应重点检查下列内容：

①应检查系统的探测、防拆、设置、操作等功能；探测功能的检查应包括对入侵探测器的安装位置、角度、探测范围等。

②应检查入侵探测器、紧急报警装置的报警响应时间。

③当有声音和（或）图像复核要求时，应检查现场声音和（或）图像与报警事件的对应关系、采集范围和效果。

④当有联动要求时，应检查预设的联动要求与联动执行情况。

（7）视频监控系统应重点检查下列内容：

①应检查系统的采集、监视、远程控制、记录与回放功能。

②应检查系统的图像质量、信息存储时间等。

③当系统具有视频/音频智能分析功能时，应检查智能分析功能的实际效果。

④应检查用户权限管理、操作与运行日志管理、设备管理等管理功能。

(8) 出入口控制系统应重点检查下列内容：

①应检查系统的识读方式、受控区划分、出入权限设置与执行机构的控制等功能。

②应检查系统（包括相关部件或线缆）采取的自我保护措施和配置，并与系统的安全等级相适应。

③应根据建筑物消防要求，现场模拟发生火警或紧急疏散，检查系统的应急疏散功能。

(9) 停车库（场）安全管理系统应重点检查下列内容：

①应检查出入控制、车辆识别、行车疏导（车位引导）等功能。

②应检查停车库（场）内部紧急报警、视频监控、电子巡查等安全防范措施。

(10) 防爆安全检查系统应重点检查下列内容：

①应检查防爆安全检查系统的功能和性能。

②应检查防爆处置、防护设施的设置情况。

③应检查安检区视频监控装置的监视和回放图像质量。

(11) 可视对讲（访客对讲）系统应重点检查下列内容：

①应检查双向对讲、可视、开锁等功能。

②有管理机的系统，应检查设备管理和权限管理等功能。

③应检查无线扩展终端、远程控制的安全管控措施。

(12) 电子巡查系统应检查巡查线路设置、报警设置、统计报表等功能。

(13) 集成与联网应重点检查下列内容：

①应检查系统架构、集成联网方式、存储管理模式、边界安全管控措施等。

②应检查重要软硬件及关键路由的冗余设置。

③应检查安全防范管理平台软件功能。

(14) 监控中心应重点检查下列内容。

①应检查监控中心的选址、功能区划分和设备的布局。

②应检查监控中心的通信手段、紧急报警、视频监控、出入口控制和实体防护等自身防护措施。

③应检查监控中心的温湿度、照度、噪声、地面等环境情况。

(15) 根据检查记录，按照《安全防范工程技术标准》中技术验收表规定的计算方法统计合格率，并给出技术验收通过、基本通过或不通过的结论。

（四）资料审查

按《安全防范工程技术标准》中资料审查表中所列项目与要求，审查竣工文件的规范性、完整性、准确性，并做好记录。

（五）验收结论

（1）安全防范工程的施工验收结果 K_s、技术验收结果 K_j、资料审查结果 K_z 均大于或等于 0.8 的，应判定为验收通过。

（2）安全防范工程的施工验收结果 K_s、技术验收结果 K_j、资料审查结果 K_z 均大于或等于 0.6 的，且 K_s、K_j、K_z 出现一项小于 0.8 的，应判定为验收基本通过。

（3）安全防范工程的施工验收结果 K_s、技术验收结果 K_j、资料审查结果 K_z 中出现一项小于 0.6 的，应判定为验收不通过。

（4）填写验收结论汇总表（见表 6-3），汇总验收中存在的主要问题，提出建议和要求。

表 6-3 验收结论汇总表

工程名称：		工程地址：			
建设单位：		设计单位：			
施工单位：		监理单位：			
施工验收结论		验收人签名：	年	月	日
技术检验结论		验收人签名：	年	月	日
资料审查结论		审查人签名：	年	月	日
工程验收结论		验收组组长签名：			
建议与要求：					
			年	月	日

注：①本汇总表应附施工验收表、技术验收表、资料审查表及出席验收会与验收组人员名单（签名）；②验收（审查）结论一律填写"通过""基本通过""不通过"。

（5）验收不通过的工程不得正式交付使用。施工单位、设计单位、建设

（使用）单位等应根据验收组提出的意见与要求，落实整改措施后方可再次组织验收；工程复验时，对原不通过部分的抽样比例应加倍。

（6）验收通过或基本通过的工程，施工单位、设计单位、建设（使用）单位等应根据验收组提出的建议与要求，落实整改措施。施工单位、设计单位的整改落实后应提交书面报告并经建设（使用）单位确认。

十五、使用与维护

（一）一般规定

（1）安全防范工程竣工移交后，应开展安全防范系统的运行与维护工作。

（2）建设（使用）单位应根据安全防范管理要求、系统规模和竣工文件，编制系统运行与维护的工作规划，建立系统运行与维护保障机制。

（3）系统运行与维护单位可以是建设（使用）单位，也可以是建设（使用）单位委托的第三方运维服务机构。

（4）系统运行与维护单位应建立安全防范系统设备台账，并对系统和设备的全生命周期进行管理。

（5）系统运行与维护工作应落实保密责任与措施。

（6）系统运行与维护人员应经培训和考核合格后上岗。

（7）第三方运维服务机构在退出系统运行与维护工作时，应做好移交工作。

（二）系统使用

1. 组建团队

系统运行单位应组建系统运行工作团队，制订日常管理、值班、现场处置、例会、安全保密、培训和考核等制度，统筹协调与系统运行有关的机构、人员等各项资源。

2. 确认系统环境

（1）应确认入侵报警系统的探测点位、布撤防时间、报警信息记录与存储、与视频和（或）出入口控制系统联动规则、操作权限、运行日志和操作日志存储时间等系统配置和参数。

（2）应确认视频监控系统监视点位、视频信息记录与存储、与入侵和紧急报警和（或）出入口控制系统联动规则、操作权限、运行日志和操作日志存储时间等系统配置和参数。

（3）应确认出入口控制系统的受控点、出入控制权限、人员出入信息记录与存储、与入侵和紧急报警和（或）视频监控系统联动规则、操作权限、运行日志和操作日志存储时间等系统配置和参数。

（4）应确认其他子系统前端设备点位、工作要求、联动规则、操作权限、运行日志和操作日志存储时间等系统配置和参数。

（5）应确认系统和设备的时钟偏差是否符合国家现行有关标准的规定。

（三）确认作业内容

（1）应确认系统运行中需要管理的事件、报警信息类型清单等内容。

（2）应根据事件、报警信息类型清单，结合保护对象所在的周边、道路、人流密集区域、案（事）件多发地段等情况，确认相应运行作业的报警和接收、监视和录像、授权和控制等要求。

（四）编制指导文件

系统运行单位应根据国家现行有关标准的规定，编制系统运行作业指导文件。作业指导文件应至少包括下列内容：

（1）值班员、现场处置员岗位职责。
（2）运行作业内容、要求与处置流程。
（3）突发事件应急预案。
（4）值班日志要求。
（5）值班交接班要求。

（五）现场操作

系统运行应根据作业指导文件值班、进行现场处置等操作，并符合下列规定：

（1）对值班员、现场处置员的操作、处置过程进行记录。

（2）应对事件/报警信息处置操作情况进行监督、检查，对事件/报警信息进行分类统计和分析。

（3）宜对报警信息采用包括视频、电话、声音等手段进行复核，无法确认现场情况的，应指派现场处置员赴现场复核。

(六) 系统检查

系统运行单位应对系统运行环境、运行作业和内容进行符合性检查。

(七) 报警核实

同时接入监控中心和公安机关接警中心的紧急报警,监控中心值班人员应核实公安机关是否收到报警信息。

十六、系统维护

(一) 维护内容

系统维护应包括日常维护、故障处理、特殊时期保障、维言息护评价等。日常维护中遇故障报修时,应优先按故障处理程序对故障进行处理。特殊时期保障应根据需要加强维护人员、备件的配置。

(二) 维护团队

系统维护单位应组建专业的系统维护工作团队,维护人员应培训上岗,制订日常管理、岗位责任、培训、评价和考核等制度,建立工作程序,编制维护工作技术手册。

(三) 维护工具

系统维护单位应有保障系统和设备正常运行、数据安全的措施。系统维护单位宜建立系统维护需要的针对维护对象的监测工具、专用工具和维护过程的电子信息化管理工具等。接入设备多、规模大的系统,可根据需要建设专门的运行维护管理平台。

(四) 准备工作

(1) 应进行系统勘察并编制勘察报告。
(2) 应根据勘察报告编制系统维护方案。
(3) 系统维护单位部署系统维护监测工具、专用工具和管理工具等,应取得建设(使用)单位的授权。
(4) 系统维护单位应根据维护方案做好有关技术、文件等资料的准备工作。

（五）日常维护

（1）应按照现行行业标准《安全防范系统维护保养规范》（GA 1081—2013）的相关规定进行维护保养。

（2）对安全防范涉及的实体防护系统及其他系统，应根据维护工作的内容、要求等，制订相应的维护方案并实施维护保养。

（3）应按照国家现行有关标准的规定，对系统涉及的弱电间、线缆与管道等进行维护。

（4）应定期统计各子系统设备的在线率和完好率。

（5）应对系统维护的过程进行详细记录，对出现问题或相关性能指标有偏差的系统和设备，应根据系统维护方案的要求进行处理和调整，并经相关方确认后存档。

（6）系统和设备的维护周期应根据安全防范管理要求与各系统/设备的运行情况综合确定，不应超过 6 个月。

（7）应编制日常维护报告。

（六）故障处理

（1）应根据安全防范管理要求和（或）服务合同确定故障处理响应时间，并应符合国家现行有关标准的规定。

（2）应对系统和设备故障进行分级，并优先对高等级故障进行处理。

（3）应对故障维修情况进行详细记录，并对故障设备后续运行情况进行跟踪。

（4）应编制故障处理报告。

（七）特殊时期保障

（1）应根据特殊时期保障的要求组建保障工作小组，确认保障的系统、工作程序、故障处理原则、应急预案等，配备仪器仪表、备品备件、应急通信设施等。

（2）应进行系统现场勘察，对需要保障的系统进行资料整理、核查。

（3）应对需要保障的系统进行预检、预修和调整。

（4）应编制特殊时期保障工作报告。

（八）维护总结

系统维护单位应根据系统维护工作情况，优化管理制度和工作程序。建设（使用）单位应对系统维护工作进行评价，包括系统维护效果和维护人员的工作态度、工作效率、安全生产等。

第三节　智慧安防风险防范应用

一、智慧安防平台

（一）安全保卫管理

1. 安全网格管理

安全网格管理是对医院重点区域，按照用途、类型等不同维度进行网格划分，将横向划分网格管理与纵向垂直网格管控相结合，通过区域划分责任、落实层级任务、完善岗位职责，形成安全网格电子台账，并将安全网格内各类安防、消防业务和资源与网格进行对应关系建立，形成网格、人员、业务、数据的多维度对应和统一。

（1）网格台账管理：对医院重点监管区域进行网格化管理，可以支持按照防火分区、重点区域、部门科室等划分不同的网格管理区域；可以支持设置网格的安全监督管理部门、责任人和网格使用管理部门、责任人。以上各类信息均应形成网格电子台账。

（2）网格数据关联管理：可以根据网格类型关联相关网格内消防设备、安防设备、防火巡查、治安巡更、风险隐患、危险源等数据。

（3）网格业务关联管理：可以监督和分析网格内设备运行状态，并对网格内防火巡查、治安巡更等工作执行情况进行监督。

（4）视频调阅管理：主要是对医院监控视频图像进行查询和回放，包括视频图像的实时预览、视频回放、视频轮巡等功能，以实现视频画面的快速调阅；同时支持视频画面的上墙和下墙，提升视频巡查效率。

（5）实时图像预览：可以实现医院实时监控图像的浏览，可以实时显示前端任意一个监控点的图像，可以支持视频抓拍、本地录像、云台控制、即时回放、声音开启/关闭、语音对讲等操作。

（6）历史图像回放：可以基于时间、地点等信息进行录像检索并支持对历史图像的回放。录像回放时，可以进行播放、快放、慢放、拖曳、暂停等操作，并能够按照时间点精确定位播放位置进行历史图像回放。

（7）视频分组管理：可以按照监控区域、管理权限和实际使用情况对监控设备进行分组管理，可以轮巡播放分组视频，可以同时轮巡多个分组进行播放；

（8）视频上墙：可以将监控画面上传到电视墙上播放，可以完成视频一键上墙、场景之间的切换、电视墙的切换、监控点图像的上墙和下墙、轮巡控制等操作。

（9）视频画面轮巡管理：可以对重点关注的视频，在重点关注时段自动开启视频画面，进行多画面轮巡操作。

（10）视频追踪：当切换至视频追踪模式时，打开目标监控画面后可以自动关联周边视频画面，动态追踪人员行动轨迹，发现目标转移至下一视频监控画面后，自动截图保存记录，追踪完成后形成轨迹追踪记录。

（11）视频回放安全验证：在进行视频回放时需登录个人账号，成功登录后，所有画面自动打上回放人员的水印，下载录像或拍摄时都会留存水印效果，保障视频泄漏风险。

2. 治安巡更管理

治安巡更管理是针对医院各重点安防部位的预防管理工作，包括安防设备的查看、安防点位的巡逻等。

治安巡更管理可以自定义巡更任务，在为医院巡更人员佩戴智能巡检终端后，可在监控大屏实时查看巡更人员的位置及路线。当发现巡更路线偏离或巡更路线异常时，应及时报警提醒。

（1）巡更点管理：可按照巡检路线，在路线中设置需要打卡的巡检点，可设置巡检点的名称、位置、地图上的坐标等信息；巡检点设置完成后可生成RFID和电子二维码，可通过生成的点位信息来制作电子巡更点。巡更点可绑定点位周边设摄像机信息，在执行任务时可抓拍巡更执行情况。

（2）巡更内容管理：可按照不同的巡更位置设置不同的巡更内容模板，模板支持单选、多选、文字填写等多种方式来进行完成巡更任务；支持每个巡更点都可单独进行配置不同的巡更内容。

（3）巡更路线管理：可选择巡更点位，按照点位的顺序组合成巡更路线。巡更人员在执行任务时必须按照路线的顺序进行执行，如未按照顺序执行系统自动进行提醒，并在后台记录异常路线信息。

（4）巡更计划管理：可设置巡更计划，选择巡更点配置巡更路线、配置巡更任务书、设置巡更频率、巡更时间、巡更队伍等信息后，到点自动生成巡更任务。

（5）巡更任务管理：巡更员通过无线巡更终端，查看巡更任务和路线，1 m内无接触识别巡更点位，填写巡更内容后实时上传巡更内容，如发现问题可通过拍照、语音、文字等方式快速上报。巡更过程中，可通过巡更点关联的附近摄像机，自动抓拍巡更执行情况，并保存到巡更记录中，监督巡更执行的过程。

（6）巡更定位管理：巡更时可在三维可视化地图上实时定位巡更人员的位置，如发现路线偏移、未按路线顺序执行等问题及时预警提醒，并记录到巡更历史记录中；领导也可通过系统实时查看巡更任务的执行进行，进行远程监督。

（7）历史轨迹回放：可通过巡更的历史记录，查看当前巡更任务的历史巡更轨迹，可在三维可视化地图上呈现出行走的轨迹路线。

（8）巡更统计分析：可按照巡更任务、巡更点打卡数量、巡更人员、巡更时间等多维度去统计任务的执行情况，支持按照图标和列表的方式呈现出统计结果，巡更计划、任务、人员统计。

3. 保安岗位值守管理

保安岗位值守管理能够提供对值班人员的位置、值班安排、值班情况的记录与管理。通过该功能管理值班室能够掌握医院所有保安人员的值班情况；同时可实时获取安保人员的所在位置，设置值班人员活动范围，如安保人员位置偏离规定区域，系统自动提出告警信息，并对值班人员发送回岗提醒。

（1）岗位台账管理：按照医院的不同管理位置设置不同的岗位，可设置岗位的名称、位置、负责区域、岗位职责、岗位需求资质、岗位人员数量等信息。

（2）岗位监督设置：可给每个岗位分配岗位的所属位置，在三维可视化地图标注位置信息、活动的范围、离岗时长、岗位定位终端信息，每个上岗人员携带定位调度终端，当发现人员离岗超时时自己报警提醒，岗位监督。

（3）安保人员台账：录入安保人员的基础信息，包括人员的姓名、性别、年龄、身份证、照片、资质证书、无犯罪证明等数据，然后由保卫处人员进行审核。

（4）安保人员准入：所有保安队提交的安保人员信息，都需要由保卫处管理人员进行审核，满足需求通过审核后自动成为正式职工。

(5) 安保人员定级：把安保人员按照等级进行上岗，新入职的安保人员必须通过入职培训才可正式上岗，上岗时需通过每级岗位要求的学习、培训、考试要求后才可升级上岗。

(6) 安保人员培训：安保人员根据岗位要求的学习、培训、考试内容进行在线学习，通过 App 查看个人的学习内容，在有效时间段内完成学习考试。学习完成后自动分配考试内容，通过 App 人脸识别后进入考试，有效时间内考试完成交卷，系统会自动进行判分，考试通过自动升级为岗位正式职工。

(7) 值班模板管理：可设置不同岗位的排班时间和班次信息，分为 8 小时、12 小时、24 小时、自定义等多种排班模板设置，模板设置完成后，在排班时选择相对应模板自动按照模板的班次进行排班。

(8) 人员排班管理：选择相对应的排班模板、排班的岗位、岗位下的人员、班次的有效时间后，自动把选择的人员按照模板设置的时间段进行排班，当到达班次设置的有效期后需再次进行排班操作。

(9) 值班记录管理：在值班过程中登记值班记录，可在系统中记录值班人员、值班内容，并支持记录下载打印，值班记录的模板可设置为根据医院的实际需求进行定制。

(10) 上岗打卡签到：在岗位签到终端上展示所有岗位当前班次值班人员信息，安保人员在上岗时，需要在岗位打卡终端上进行人脸识别打卡成功后才可上岗；当安保人员请假时可让其他人员进替岗，替岗时也需要进行人脸打卡操作，同时当前岗位上岗信息更新为替岗人员。

(11) 人员实时定位：安保人员在上岗期间，通过智能安保定位终端实时定位安保人员的位置信息，在三维可视化地图上查看安保人员位置，点击可查看岗位和岗位值班人员，以及附近的视频监控。

(12) 脱岗告警提醒：当安保人员在上岗时脱离岗位设置的位置范围和时间后，系统会自动进行报警提醒，并记录脱岗时间。

(二) 安全体系管理

1. 安全体系管理

建立健全完全网格管理体系，科室管辖区域划分为若干网格。在系统中按处科室创建不同的网格区域，并指定网格安全责任人。明确医院党政一把手为医院生产安全第一责任人，医院主管院领导为安全管理人，部门（科室）负责人为本部门（科室）第一责任人，护士长、班组长为本部门（科室）安全管理人。

（1）风险管控：将风险点进行有效管控，从制订目标，到访谈调研、风险辨识、风险评价、资料输出、风险告知、风险培训、分级管控等几个方面进行管控。风险管控如图6-10所示。

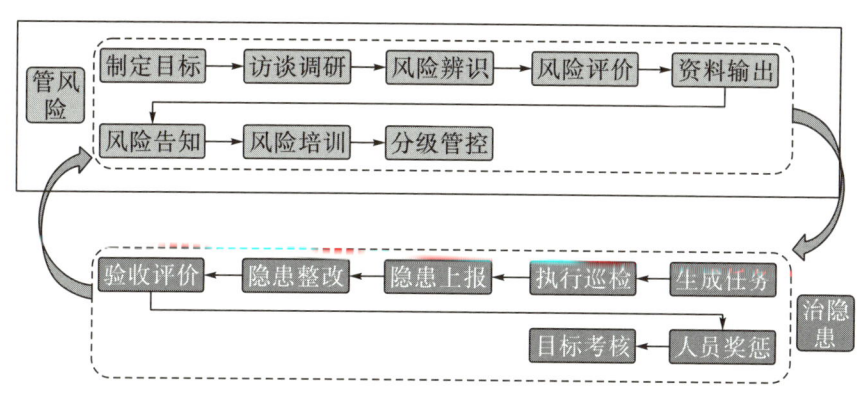

图6-10　风险管控

（2）隐患管控：隐患治理通过生成任务，到执行巡检、隐患上报、隐患整改、验收评价、人员奖惩、目标考核等几个方面进行隐患精准管控。隐患管控如图6-11所示。

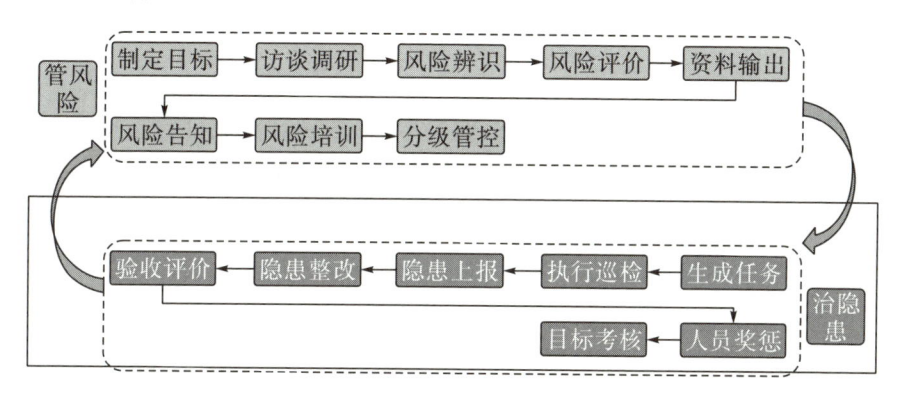

图6-11　隐患管控

（三）隐患闭环管理

完善风险隐患排查、治理、评估、核销全过程的信息档案管理制度，制订隐患闭环管理措施。隐患治理工作包括计划、排查、登记、治理、评估和验收环节，形成闭环管理。

1. 隐患排查

在风险分级管控的基础上，对所存在的风险因素开展全覆盖的隐患排查治理工作。应将存在重大风险和较大风险的场所、环节、部位及其管控措施作为隐患排查治理工作的重点。

2. 任务执行

通过手机端进行任务接收，可直接进行任务执行，还可进行转单、挂单等功能。任务执行支持图片上传和文字输入功能。

3. 隐患验收

隐患发起方根据任务执行人员提交的完工信息进行隐患验收工作，根据完工情况进行隐患整改验收，支持验收通过和不通过功能。

4. 评价管理

系统支持对隐患执行完工情况进行评价，评价包含响应时长、执行情况等进行评价，同时评价内容支持与绩效系统对接。

（四）安全检查管理

安全检查管理是基于对风险识别的基础之上构建的，同时管理员可以灵活配置调整检查项内容。通过风险的分级找到对应责任人，让其进行风险的管控。

1. 下发排查任务管理

下发排查任务管理是日常安全排查重要组成部分，将制订的任务下发医院各部门、服务班组对本部门或负责的区域和设备执行的常规性安全检查。检查内容包括日检查、周检查、月检查等。

2. 隐患上报管理

发现隐患可通过电脑端、手机端进行上报，上报信息支持文字输入、图片视频上传等功能。

3. 隐患处置管理

根据隐患上报内容，系统支持自动进行任务派发，也可通过人工进行任务派发。接到任务后进行隐患治理处置工作，完成后在系统支持文字输入、图片、视频上传功能。

（五）安全教育管理

双重预防体系中培训内容分为线下安全教育培训和线上安全教育培训两部分；平台可以实现全员和定向发送培训通知。

1. 培训通知

系统支持一键群发通知功能,支持按分组进行下发,支持培训通知下发提醒功能。下发消息支持电脑端、微信、短信等。

2. 在线学习

系统支持线下学习的同时,支持线上在线学习,学习资料包含文字、音频、视频等形式,满足不同用户需求。

3. 在线考试

系统支持在线考试功能,系统支持考试时间、时长等设定,支持考题批量上传功能,支持系统自动评分功能。

4. 统计分析

系统支持多维度进行统计分析,支持按年、月等类型进行安全教育培训统计,支持按考试进行数据统计功能,支持一键导出功能。

(六)应急处置管理

1. 报警联动管理

报警联动是指通过将报警系统与其他应急处置资源相连接,实现警情全面展示,提高应急响应效率,减少事故损失的技术手段。报警联动在应急处置工作中的意义主要包括以下几方面。

(1)提高应急响应效率:报警联动能够实现多子系统报警融合,自动报警、自动采集信息、自动处置等功能,使得应急响应时间缩短,减少事故损失。

(2)增强处置能力:能够有效管理和调度处置资源,优化应急处置计划,提高处置效率和准确性。

(3)降低人为操作成本:报警联动能够自动执行警情相关信息,减少了人为操作的成本,降低了人为操作失误的风险。

综上所述,报警联动在应急处置工作中的意义重大,能够提高应急响应效率和处置能力,降低人为操作成本,是应急管理工作中不可或缺的技术手段。

2. 警情配置

支持报警类型的配置、支持消防报警、求助报警、门禁报警、烟火报警、闯入报警、黑名单报警、消防占道报警、吸烟报警等12种报警类型的配置和启停管理。

对所有的报警类型配置报警的级别，共分为四级，即紧急、重要、一般、提示，根据报警的级别系统会自动排列优先级，有效弹窗最高级别报警信息。

根据警情类型配置警情的预案，包括警情的上墙、语音提醒、声光提醒、警情弹窗等功能配置。

（1）报警中心：报警中心实时监测所有报警的信息，当收到新报警时立刻进行提示；同时报警中心展示所有未处理、处置中的报警列表，点击可查看报警的处置情况和报警详细。

（2）报警提示：收到新报警时，通过弹窗的方式展示报警信息，内容包括报警类型、报警级别、报警时间、报警对象、报警位置、报警内容等信息；同时支持通过语音的方式提示报警内容。

（3）警情处置：报警时可进行确警、误报、调试、演练操作；确警和演练后可对报警进行派发工单操作，可制订工单处置人员和时间，误报直接关闭当前报警，可设置报警屏蔽时间，屏蔽时间段内当前设备不再重复报警报警工单。

（4）报警工单：报警信息创建工单后，自动通知相关班组，班组工作人员可通过 App 进行接单、指派、完工、取消、挂单操作；在完工操作时填写处置结果，并上传文字描述、语音、照片等信息，进行完工操作。

（5）报警推送：报警后可根据预案设置的通知人，自动推送报警信息至相关人员 App，点击查看报警的详细信息，包括报警类型、报警级别、报警时间、报警对象、报警位置、报警内容，地图位置等信息。

（6）报警统计：可按照报报警类型、报警区域、报警趋势等多维度进行报警统计分析，支持根据时间、报警类型进行查询相关统计结果。

3. 人员定位管理

人员定位是指通过技术手段对人员进行定位，实现对人员位置的实时监测和跟踪，在应急处置中，人员定位的意义主要体现在以下几个方面。

（1）保障人员安全：应急处置过程中，人员需要进入危险区域进行处置，而人员定位技术能够及时监测人员位置，使命令中心能够第一时间掌握人员安全状况，保障人员安全。

（2）提高处置效率：应急处置需要高效率的指挥调度，而人员定位技术能够实时反馈人员位置，辅助指挥中心迅速调度处置人员，提高处置效率。

（3）优化资源调度：通过人员定位技术，指挥中心可以实时监测和分析处置人员的位置分布，能够快速进行资源调度和协调，避免资源浪费和重复调度。

（4）提高信息共享：人员定位技术能够实现实时监测和信息共享，不同部门之间的信息共享更加方便，可以实现多部门之间更加高效的协同合作。

4. 定位终端配置

可对安保定位终端和移动报警卡等移动定位设备进行添加管理，可分配相对应的管理人员，实时定位人员的位置信息。

系统可实时监测设备的在离线、故障、电量等状态信息，如发现异常则立即报警提醒。

（1）安保人员实时定位：在安保人员上岗时实时定位安保人员的位置信息，并在三维可视化地图上以图标的形式展示，点击相对应的安保人员图标，可展示当前点位的岗位、值班人员、值班时间、周边监控信息。

（2）应急人员出警定位：通过给应急小分队人员配发定位调度终端，在应急小分队出警过程中，可实时定位应急小分队人员的位置，在三维可视化地图上可查看应急小分人员的出警路线。

（3）医护求助报警定位：通过给医护配发的移动定位报警卡，在发生紧急情况时，快速按下报警键，可立即发出求助报警信息，可在三维可视化地图上时间定位报警位置，并播放报警点周边的视频来查看现场情况。医护报警定位如图 6-12 所示。

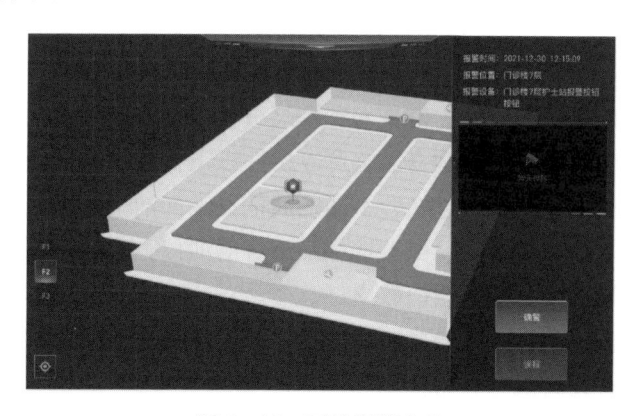

图 6-12　医护报警定位

（4）安保人员调度：在发生报警信息时，系统会自动通知报警点位附近的在岗人员，自动发送信息至人员的智能定位调度终端，支持通过系统快速呼叫在岗人员，支持语音呼叫和视频呼叫。

（5）历史轨迹回放：通过人员行踪和历史时间来查询人员的历史行动轨迹，根据查询出的历史行动轨迹，在三维可视化地图上规划出轨迹路线。

5. 预案联动管理

预案联动可以确保应急处置工作的协调性和高效性，提高应急响应的效率和能力。在应急事件发生时，各部门、单位和人员都需要按照预案要求进行相应的行动，通过协调、配合、互助等方式，共同完成应急处置任务，从而最大限度地减少损失和影响；同时，预案联动还可以减少信息传递和指挥调度的时间，避免信息交流的滞后和误解，提高应急响应的准确性和及时性，扩大应急处置的范围和深度。因此，预案联动对于应急管理工作的成功实施至关重要。

（1）预案模板管理：系统内置 40 多种预案模板，支持不同的报警类型如消防预案、安防预案、危化品预案等，支持不同的管控区域预案如氧气站消防预案、锅炉房消防预案、门急诊消防预案等不同区域的预案模板。

（2）智能预案台账：支持根据报警类型、预案类型、管理区域等来新增预案内容，支持从预案模板中选择相对应的预案，预案支持基础信息和预案流程两部分，预案流程支持对已有流程进行删除和添加，支持拖动节点的位置、交换并行节点前后位置，支持配置各个节点的内容等。

（3）应急预案执行：报警时，支持根据不同的预案节点、报警类型、报警空间等不同属性进行流程化预案配置，当发生警情时根据预案流程自动执行节点配置。

6. 融合通信管理

融合通信是指将不同的通信技术和网络进行整合，实现多种通信方式的互通和互补。在应急处置中，融合通信可以发挥以下作用。

（1）提高通信效率：通过融合不同的通信技术和网络，可以实现多种通信方式的互通和互补，在紧急情况下选择最适合的通信方式，实现快速、准确的信息传递和指挥调度，提高通信效率。

（2）提高信息利用率：融合通信可以将多种通信方式下的人员拉通，形成统一沟通平台，提高信息利用率。

（3）提高应急响应能力：融合通信可以在不同的通信方式之间进行无缝融合，保证通信的连续性和稳定性，提高应急响应的能力，保障应急处置工作的顺利实施。

（4）提高应急指挥效果：通过融合通信，可以实现更多人员的互联互通，实现信息共享和指挥协同，提高指挥效果，降低应急处置中的风险和损失。

二、智慧安防风险防范应用案例

（一）案例1：重点人员轨迹查询

通过 AI 分析系统与视频筛查系统，将需要查找的重点人员照片信息在系统中进行自动识别查询分析，并将识别率高达 80% 以上的分析信息展现出来，由查询人员简单确认后，被查询信息将按时间顺序自动排列；同时支持不同节点的视频回放。该功能实现了快速查询、快速分析，通过多种不同的智能算法，在佩戴口罩或更换着装的情况也能进行分析，使一般需要人工传统查询时间从 2 小时缩短至 15 分钟以内，大大提升了工作效率，为快速查清事件提供更有力的保障。

（二）案例2：安防消防报警联动

对消防报警和治安报警进行了优化，由平台实现了统一联动报警。在值班人员接警的同时，报警点周边视频图像自动关联并将图像在电控大屏上显示，点位所在建筑的平面地图会自动在大屏上显示，地图报警点位周边的危险源、消火栓、防火门、安保岗位力量等重要信息也会同步显示。值班人员通过视频若发现烟雾与明火，可以第一时间通过专用通信设备向微型消防站及各安保岗发出指令。应急响应能力实现了秒级响应，大大提升了应急事件的处置能力。平台支持报警后应急预案的自动引导，提升了值班人员在应对突发事件时的决策能力。平台融合通信功能在应急事件确认后可将警情信息以短信方式自动推送至设定的管理人员，也可支持一键拨打相关人员电话，管理人员可做到远程应急指挥。报警联动、报警定位分别如图 6-13 和图 6-14 所示。

图 6-13　报警联动

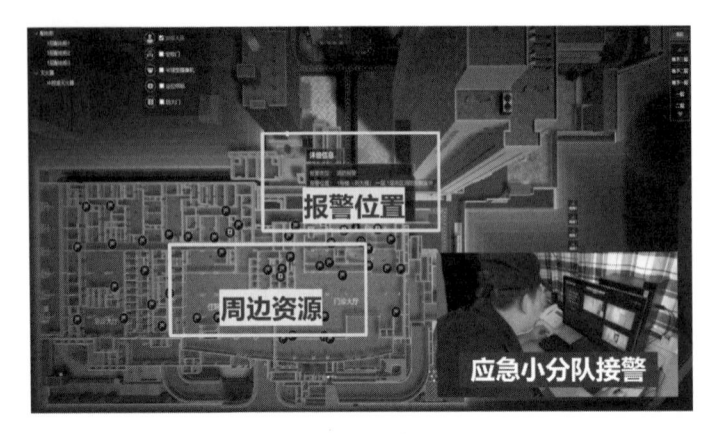

图 6-14　报警定位

(三) 案例 3：智慧院区车辆管理

该案例采用了先进的技术手段打造了智慧安防物联网平台，通过布置在道路上的测速摄像头和传感器等设备，可以监测和管理车辆在医院规定路段的行驶速度和违停行为等异常行为，如图 6-15 所示。与传统的三维图像不同，该智慧安防物联网平台最大的特点是三维画面叠加了现实场景。例如，车场出入口周围的树木场景是以 3D 图像形式呈现的，但通过道闸的车辆却是实时动态的，平台可以精准掌握每辆车的实时动态信息，如图 6-16 所示。当车辆处于异常行为时，比如速度超过规定数值，摄像头会自动捕捉车辆的图像并记录相关的违规信息，如车牌号、时间和地点，传输给 AIDC 数据中心进行记录与备份。此外，该平台还实现了对院区内车位情况进行实时预警提醒和车流密度进行实时监测。所有采集到的数据和图像都会传输到中央管理平台进行处理，然后在平台前端进行展示，以便工作人员及时进行疏导，有效解决了"堵点"问题。此外，如图 6-17 所示，平台能在设定的在检测时间段内，查询出每天时段内车辆出现的频次，统计出每个车牌的总过车次数，再点击查看每一次的过车详情，并且附带有抓拍图片，也可以对当日或者某个时间段内出现车辆次数多的车进行自动排名，方便用户检索。如图 6-18 所示，平台能在设定的检测时间段内，查询在园内内部徘徊的车辆，对车牌，车辆信息进行抓拍，通过后台比对，分析其行为，并且针对其行为采取必要的安全措施。如图 6-19 所示，平台能在设定的在检测时间段内，查询出每天夜间出现频次较多的车辆，系统可以指定时间阈值，通过搜索任意夜间时间内（比如 0 点至 6 点）的车辆出现频次，针对一些频繁夜间出现的车辆可以做一些合理的监测与查询，院区管理员可根据车牌号对夜间频出车辆进行求证，确保院区人员生命财产安全。

第六章　医院智慧安防建设与风险防范应用

图 6-15　管理平台

图 6-16　现场监测图

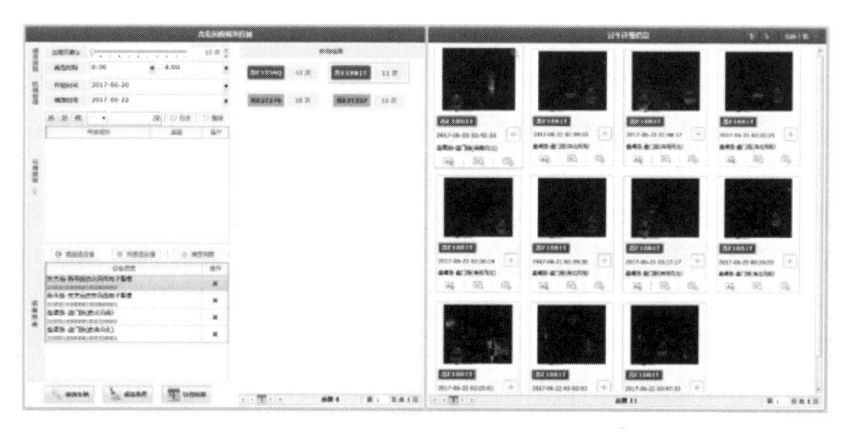

图 6-17　车辆频次分析图

图 6-18　区域徘徊分析图

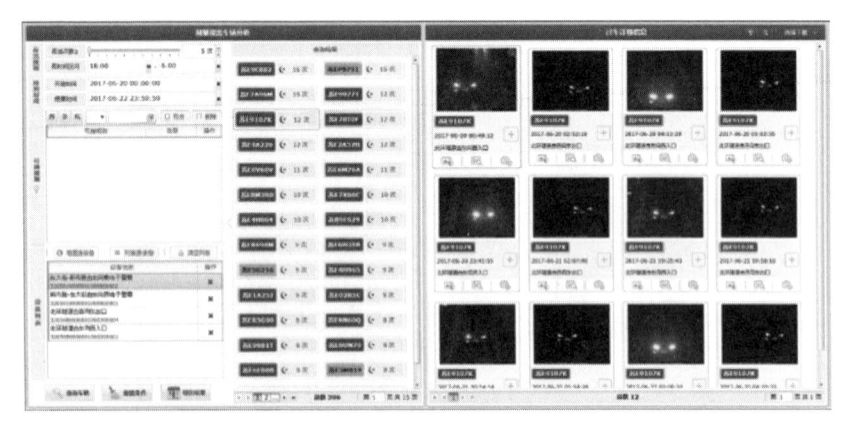

图 6-19　夜间频出分析图

(四) 案例 4：院区应急事件管理

本案例采用了一套综合的系统，集成了多种传感器、监控设备、数据挖掘和分析模型，以便对院区内的各种应急情况进行实时监测和处理。首先通过在院区各个关键位置部署传感器和监控设备，实现对环境设备和人员的实时监测。其中，传感器可以检测温度、湿度、气体浓度等环境参数，监控设备可以实时获取影像数据，如图 6-20 所示。当系统检测到院区内出现应急事件，比如有害气体泄漏、患者突发疾病倒地和持刀伤人等事件，平台中部署的 AI 大模型算法会对事件进行推理和评估，会自动触发相应的应急响应机制，并将异常信息发送给相关的应急部门和工作人员；同时，系统还提供了一个检索功能模块，如图 6-21 所示。该平台基于 AIDC 数据中心进行数据的前后端交互，用于实时展示和监控应急事件的状态和处理进展，并且可以筛选出符合条件的人或物体。操作人员可以通过它查看事件位置、类型、紧急程度等关键信息，并进行实时沟通和协作。此外，平台还支持数据可视化和报表生成，以便对应急事件的统计和分析。

在应急事件发生后，系统会自动调度院区内的资源和通知人员，为异常事件的处理提供支持。它可以向指定的人员发送任务指令和位置信息，协助他们及时赶到事发地点并进行救援和处理。系统还可以提供实时导航和路径规划，帮助人员快速到达目的地，如图 6-22 所示。

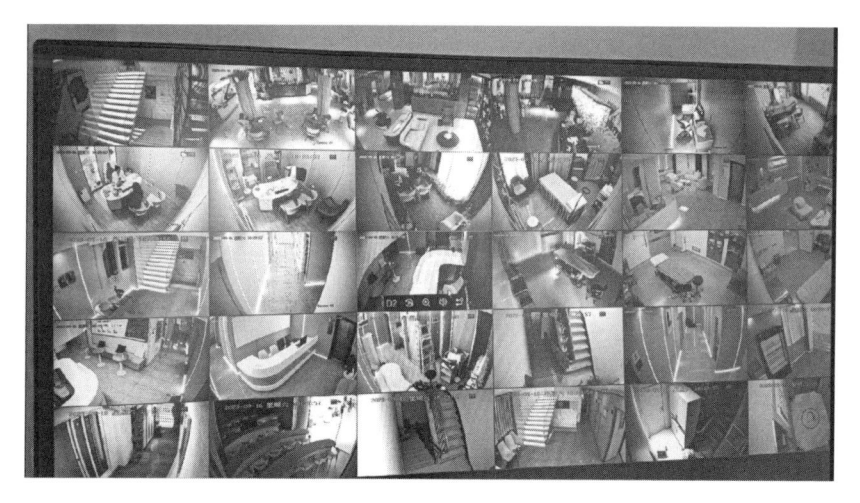

图 6-20　实时监测画面

图 6-21　检索平台

图 6-22 AR 实景导航

（五）案例 5：智慧安防管理平台

智慧安防管理平台的流程如图 6-23 所示。对于一些重点关注的人员，通过对其外出时间，外出频次等信息重点关注其动向。同时，能够按照特定的属性定制特殊人员的关怀，例如设置一段时间内，需要扶助的对象或者病患人员，在系统预置的规则中查看其出入记录，对于一些异常情况进行相对应的信息预警。基于以上需求，如图 6-24 和图 6-25 所示，该智能安防管理平台融合了人员轨迹分析和图像建模与分析等功能，为相关工作人员提供了清晰可见的图形可视化界面，最大限度地减少了工作人员的工作量，以节省更多的人力物力。

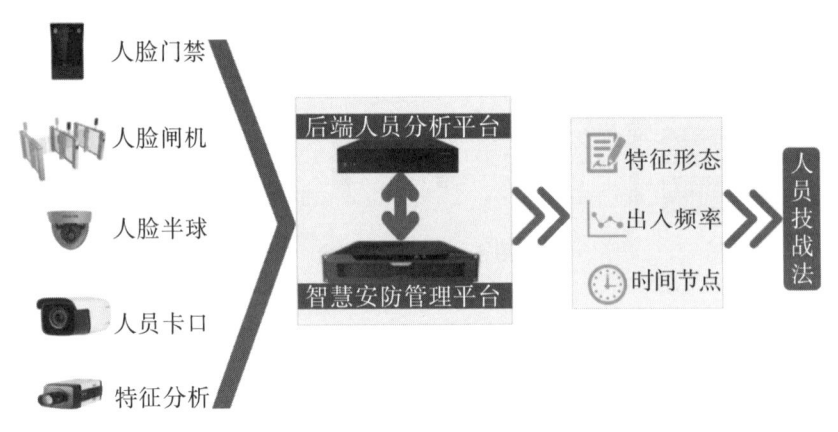

图 6-23 智慧安防管理平台流程

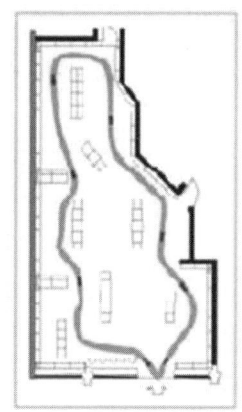

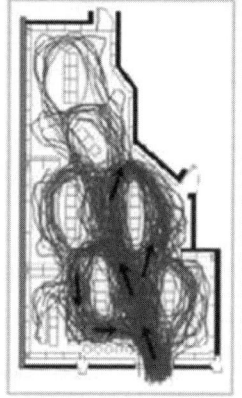

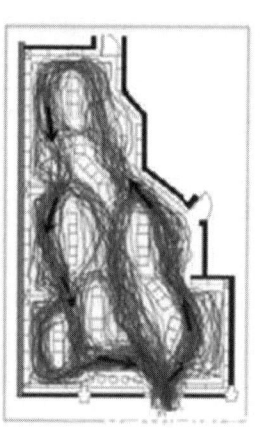

图 6-24 轨迹分析图

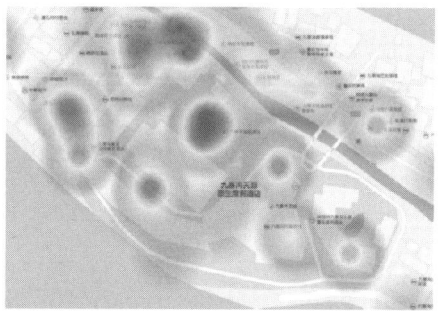

图 6-25 热力图

（六）案例 6：医疗设备追踪与安全管理

实现医疗设备的安全监控是医院实现智慧安防的核心功能之一。该系统是通过集成了多种传感器、数据挖掘和分析模型、自然语言处理模型、目标检测模型和强化学习模型的综合性系统。通过在设备内、外部的关键部位部署传感器、标签和监控设备，实现对医疗设备的实时追踪和监测，如图 6-26 所示。每个设备都配备了唯一的 UDI 码或标签，系统能通过监控设备识别唯一特征来准确追踪设备的位置和状态。其中，部署的物理类、化学类和生物类传感器可以监测设备的运行状况、温度、湿度等参数，也能监测院区内的环境参数，如温度、某气体浓度和气压等物理量。一旦发现异常情况，平台将立即启动应急响应机制，并向相关应急部门和工作人员发送警报信息。

此外，系统提供一个可视化程度高的集中管理平台，如图 6-27 所示。平台通过获取医疗设备的运行数据和监控设备捕获的数据流并进行分析，最终能显示医疗设备的位置、状态和使用情况。操作人员可以通过平台查看设备的实时位置、历史轨迹和相关信息。当设备出现异常或离开指定区域时，系统会自动发出警报并提供位置、类型、紧急程度等关键信息来帮助工作人员采取相应的措施，以实现实时监测各种智能医疗设备的运行状态，并确保医疗设备的有效运行和安全使用的目的。为了增强设备的安全性，系统基于量子通信加密技术配备了访问控制和防盗功能，保护数据完整性并具有一定抗干扰能力。通过使用该功能模块后只有授权人员才能访问和使用设备，系统还会记录设备的使用记录和操作者信息。在设备离开指定区域或未经授权使用时，系统会发出警报并触发相应的安全措施，如锁定设备或远程关闭设备。

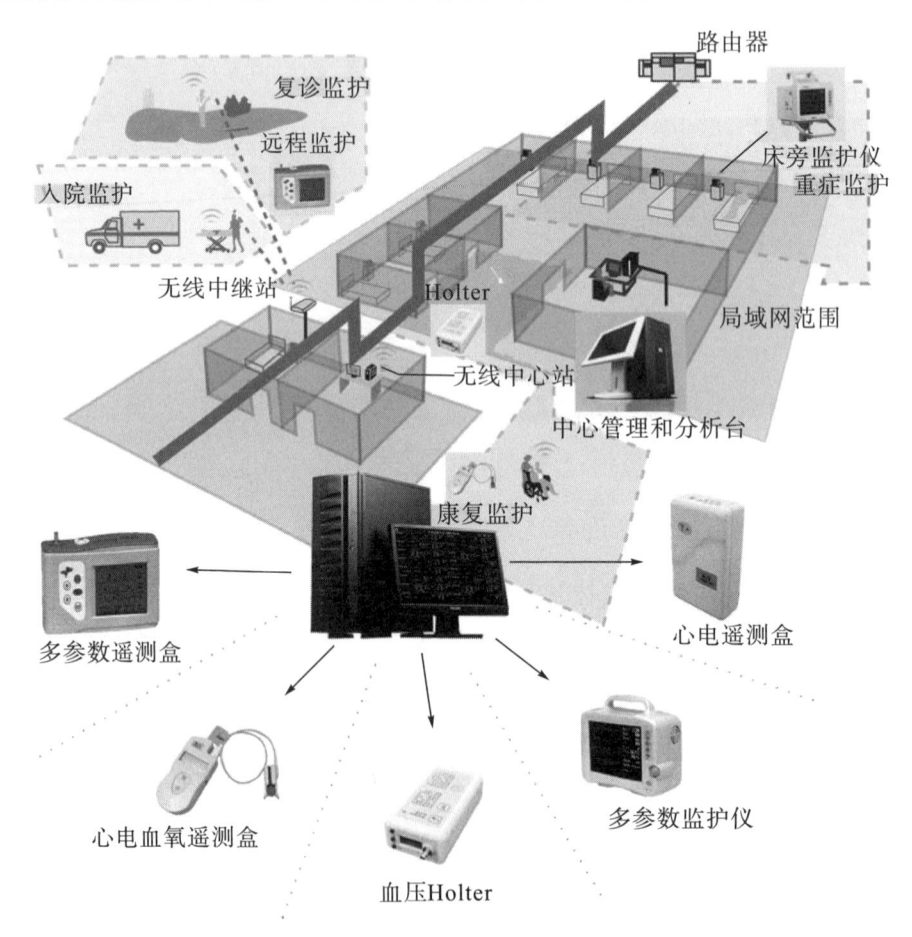

图 6-26 监控原理图

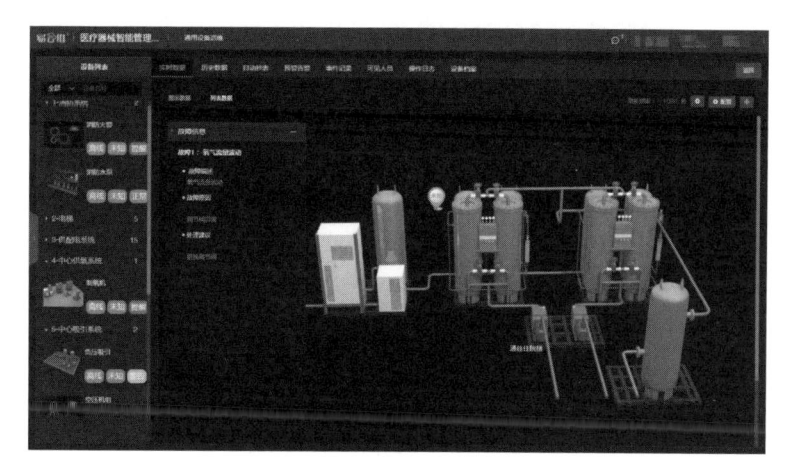

图 6-27　医疗器械管理平台

（七）案例 7：生物识别技术

生物识别技术是一种基于人体生物特征进行身份认证和识别的先进技术，是实现智慧安防的重要途径之一。通过在敏感环境和特定区域内部署生物识别技术，医院可以进一步提升整体安全性和管理效率。在生物识别技术方面，医院可以采用指纹识别或虹膜扫描等技术，利用个体独有的生物特征，如指纹、虹膜、面部、声纹等进行身份验证和识别，确保只有授权人员能够访问特定的区域，如病房或手术室，如图 6-28 所示。这种技术可以提高病患的身份验证和安全性，以实现高度安全和准确的身份认证，防止未经授权的人员进入敏感区域，从而降低医疗事故的风险。

此外，医院还可以基于传感器技术部署生物识别传感器和门禁系统等，以实现全面的安防措施。将生物识别技术与传感器数据结合，能提供更精确的身份认证和访问控制。例如，特定医疗设备中可以配备指纹传感器，以便在设备被移动或非授权人员接触时触发警报，或者用于门禁系统，员工将手指放在传感器上即可完成身份认证，避免了传统的密码或卡片方式可能存在的安全隐患。将上述技术成功部署后，这样医疗机构可以迅速响应并采取适当的措施，并最大限度地确保数据、人员和设备的安全和完整性。

图 6-28 虹膜识别

（八）案例 8：患者安全监控系统

医院智慧安防平台在患者安全监控方面的创新应用为医疗环境带来了更高水平的安全性和紧急响应能力。该系统基于传感器等 IOT 设备、云端部署的数据分析模型和智能优化算法来整合智能手环、智能床垫等下游设备，实现实时监测患者的生命特征，如心率、血压和呼吸速率等指标，并记录、备份相关数据，生成报告和统计数据。这不仅可以提高患者的整体安全水平和舒适性，防止患者走失或发生意外，还可以协助医护人员进行分析和决策。

以智能手环的应用为例，如图 6-29 所示，医院通过采用智能手环技术，可以实时追踪患者的位置和监测身体状况，并且系统能够自动判断患者是否偏离了安全区域或者是否做出过激行为。当患者走失或产生异常行为时，系统会通知医护人员进行紧急处理。这项技术特别适用于需要医院中额外关注的患者群体，为他们提供更为全面的安全保障，如失智症患者和抑郁症患者等。以智慧床垫为例，如图 6-30 所示，提供了个性化、舒适和安全的床位环境，以支持患者的康复和全面护理。它们结合了传感器技术、自动调节和远程监控等功能，为医疗机构提供了更高效和精确的患者护理工具。它能够监测患者的睡眠、脉搏和血压等关键指标。平台接受这些信息后进行分析，能够评估患者的身体状况，在发现异常特征时会自动向护理人员发出预警。这不仅有助于提高患者的整体生活质量，还能减少人工干预的需求，提高护理效率，并为患者提供更好的体验和预防不安全行为。

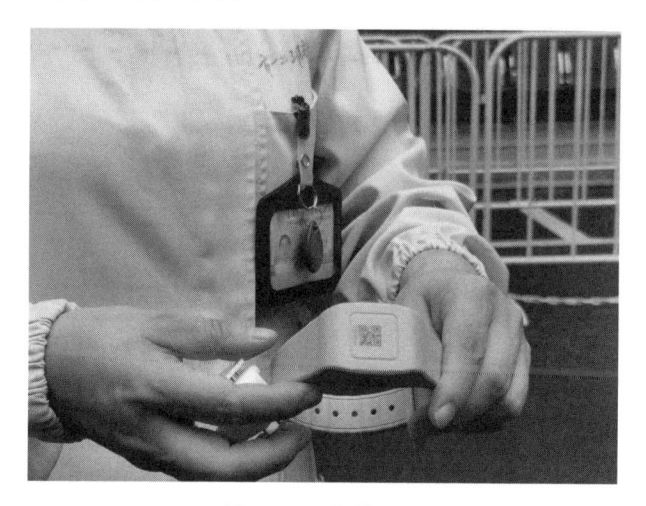

图 6-29　智能手环

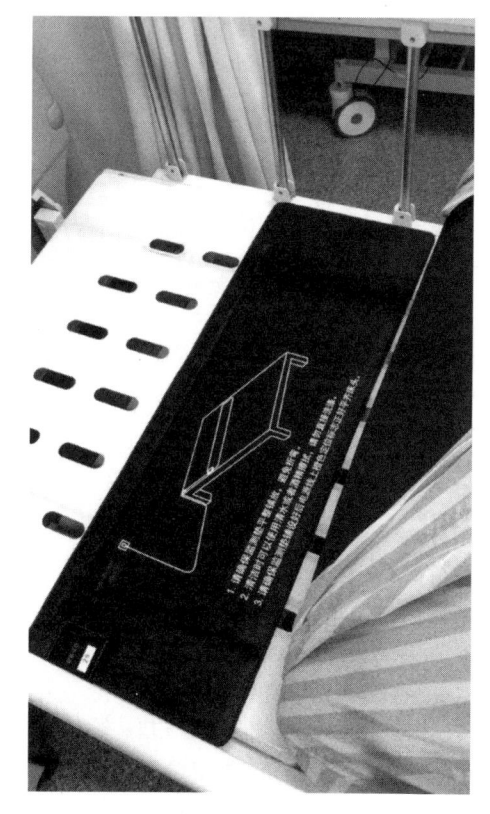

图 6-30　智慧床垫

第四节　智慧安防展望

一、展望与结论

总的来说，常见医院的安防系统通常由传统单传感器等 IOT 设备、传统通信方式、数据中心和传统机器学习算法等组成，如图 6-31 所示。基于伦理和行业标准等角度分析当前安防系统的应用技术，不难发现存在一定劣势。本节提出三种可能在未来会应用于智慧安防的技术，并从当前安防技术存在的优劣势和原理角度进行剖析，为今后医院建设智慧安防系统提供思路。

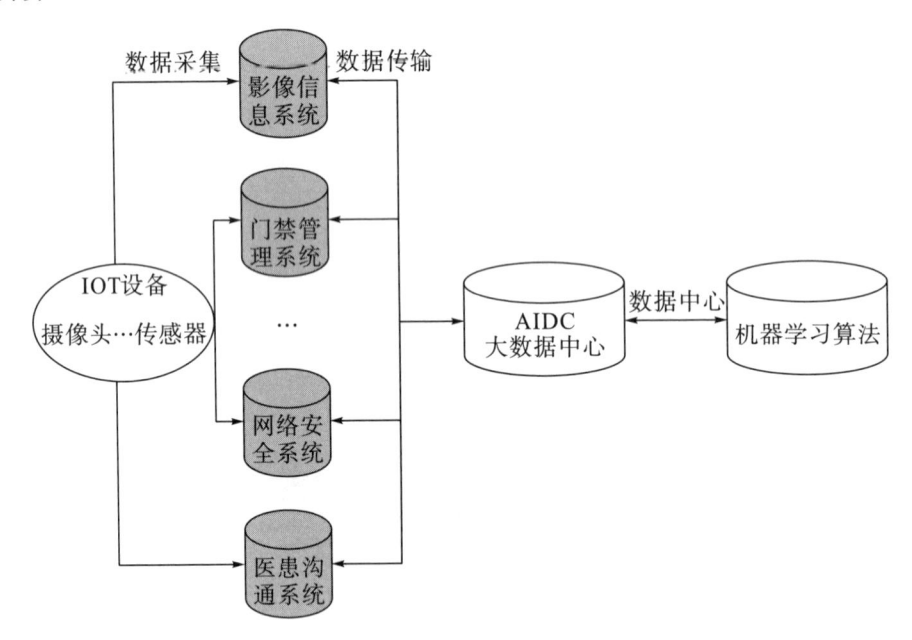

图 6-31　安防总览图

（一）数据采集——智能传感器网络

在数据采集层面，大多数医院目前是通过配备传感器和摄像头等传统 IOT 设备来帮助医院获取安全信息。但是简单的基于摄像头和传感器获取信息会存在有限的监测范围等问题，并且在医院等敏感环境中，摄像头的广泛使用可能会引发一系列隐私问题。此外，传统的安防系统普遍采取模拟传输和数字硬盘录像机的控制方式，存在系统升级维护不便、扩展性差、功能单一和结构复杂等问题，导致最终运行效果不理想。基于上述情况，智能传感器网络技术应运而生。该系统主要由传感器节点、汇聚节点和任务管理节点三部分组成，其网络体系结构如图 6-32 所示。

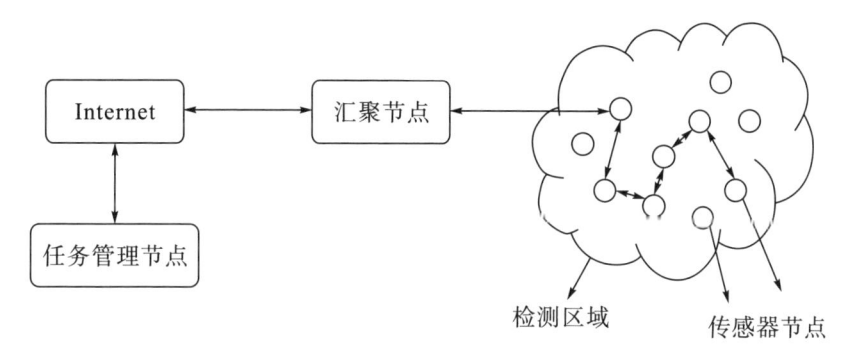

图 6-32　智能传感器网络体系结构

1. 具体优势

将短距低速低功耗的传感器网络技术引入安防系统中来，能实现对医疗安防参数的采集和处理，以及报警信息的及时收发。相比于现在的安防系统，它有如下的优势：

（1）扩展性强。

采用传感器节点来监控安防网络，采用无线通信且系统无须布线，扩展监测对象后不需要设计独立的控制系统，只需要设计该系统的端点控制即可。

（2）可靠性高。

通过合理设计网络中传感器节点能实现良好的短距通信质量，相较于传统传感器基本不会出现丢包与误包的情况。系统中还能设计一系列报警消息应答通信机制以保证数据传输的可靠性，实现报警数据的可靠发送。

（3）成本与功耗低。

能通过不同业务场景在不同片上系统设计传感器节点，安防模块的选取和设计都遵循低功耗的要求。例如，从控制系统建设的维护成本角度出发，可以选择功耗与成本较低的 ZigBee 技术，它的工作频段为 2.4 GHz，传输速率为 0.25 Mbps，最大功耗仅为 1~3 mW。相较于传统单传感器检测方式能实现低电压供电且功耗表现卓越，4000 mAh 即可让某节点工作多天。如若采用合适节点设计安防系统，则每个节点的成本都在百元以下，非常适合在医院等复杂环境内大范围地布置，符合市场的需求。

2. 应用场景

具体而言，智能传感器网络首先会感知网络覆盖范围内的信息，并对信息进行采集和处理，然后转发给以数据处理为中心的系统。智能传感器网络采用自组网的方式，拥有灵活和扩展性强的特点，适用于移动的目标。此外，作为一项新的网络技术，由于上述低成本和功耗、小型化和稳定性高等优点得到广泛的应用，在今后将会越来越受到人们的重视。最重要的是在医院等敏感环境中，传感器网络相较于摄像头更注重隐私保护，可以解决特定环境下的需求。可能存在的应用场景如下：

（1）实时监控与响应。

智能传感器网络可以用于实时监控医院内部和周边环境。例如温度、湿度和气体浓度等传感器可以检测设备运行状况和环境中的参数，用于监测环境中的病原体或其他疾病相关因素，监测流程如图 6-33 所示。此外，在医院走廊、手术室等关键区域布置的声音传感器和运动传感器可以用于监控与收集患者和员工的行为信息。这些传感器可以与医疗设备或移动设备连接，最后通过量子安全通信的方式将信息传输到监控中心或医护人员的终端，以便及时监测患者的病情变化并采取必要的响应措施。

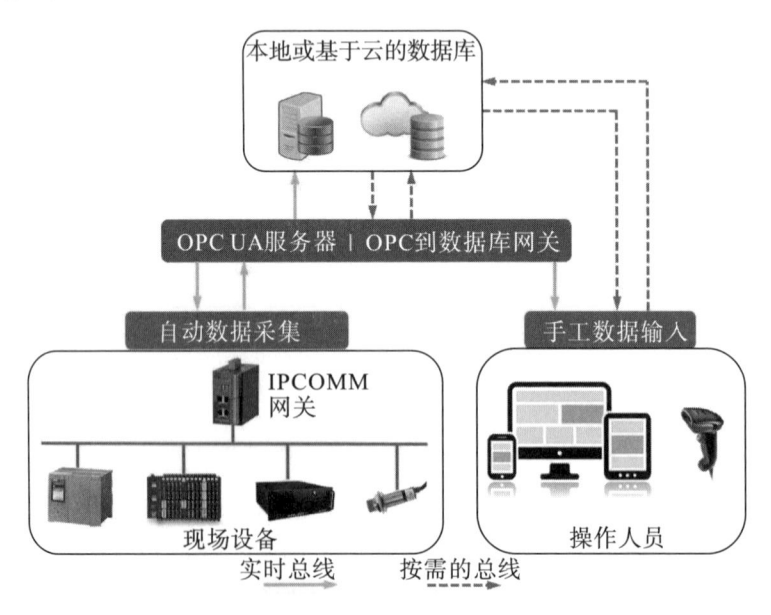

图 6-33 监测流程

在医院安防中基本需要智能机器人协助工作人员的工作，如图 6-34 所示。通常一个机器人内部会有很多不同的传感器的组成，根据分布式架构融合来自各个传感器的数据，拥有更强的健壮性，而且在通信资源方面与常规的方案相比，拥有更高的效率。智能机器人可以 24 小时不间断地进行监控，只要发现入侵等异常行为时即可报警，从某一方面来说减轻了人力监控的负担。此外，智能机器人拥有高度定制化的特性，可以根据不同的场景和环境进行调整和优化，包括设置特定的监控区域、调整监控参数和设置响应规则。这种特性使得智能机器人适应性强，能够满足不同安防需求的要求。

图 6-34　智能机器人

（2）患者定位与紧急响应。

通过将传感器嵌入患者的佩戴设备中，医院可以实时跟踪患者的位置，如图 6-35 所示。在紧急情况下，传感器网络可以触发警报并提供精准的患者位置，以便快速响应；或者一旦患者离开指定区域或发生紧急情况，系统会自动触发警报并通知医护人员，以便及时采取行动。

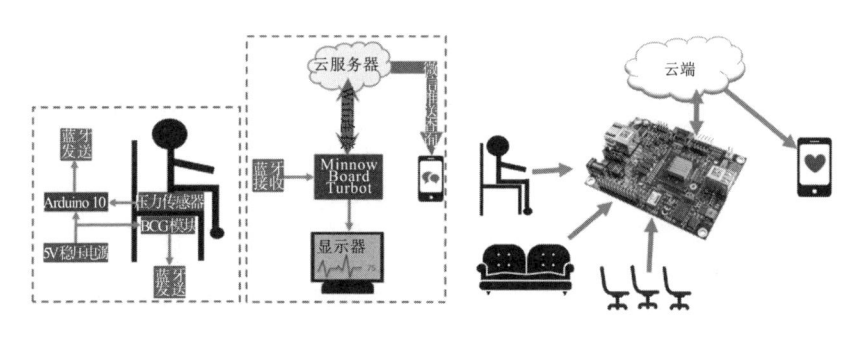

图 6-35　定位与响应

（3）资产追踪与管理。

智能传感器网络还可用于追踪和管理医疗设备、药品等资产。通过在这些资产上安装传感器，可以实时监测其位置、状态和使用情况。这可以帮助医疗机构提高资产利用率，减少资产丢失或滥用，优化设备维护和库存管理。当资产被移动到未授权区域或需要维修时，传感器会发出特定频段的信号，终端接收后可以自动触发警报，并提醒相关人员采取适当的措施，资源管理如图6-36所示。

图6-36 资源管理

（二）数据传输——量子安全通信

在数据传输层面，大多数医院可能会基于私有局域网（LAN）、数据中心和云存储或配置私有网络和虚拟专用网络（VPN）进行信息的传输与备份。但这难免会面临带宽限制、安全风险和数据完整性等问题。此外，大部分传统的保密通信系统基于线路加密与终端加密相结合的方式对信息数据进行保护。这样无法安全地实时分发完全随机密钥，只能人工非实时分发完全随机密钥。因此，传统加密方法不具有严格安全性。

理想量子通信系统模型与经典的通信系统模型的设计一致，由信源、信道、变换器、反变换器、信宿组成，如图6-37所示。

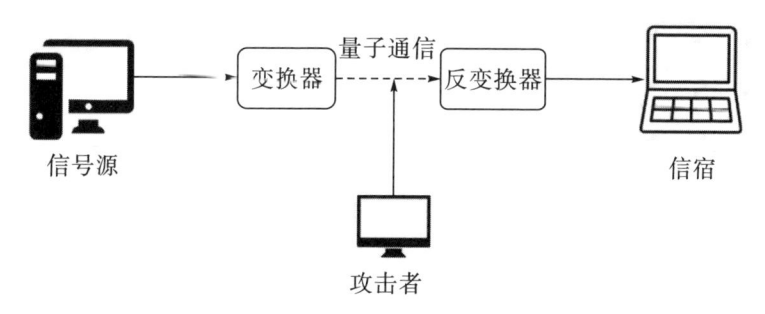

图 6-37　理想量子通信系统模型

1. 具体优势

量子通信的密钥分发能建立安全的通信密码，通过"一次一密"的加密方式实现点对点的安全通信。将量子通信引入安防系统中通信传输部分，能实现对指标参数、信息数据和网络进行加密，拥有更高的安全性。与传统通信方式相比，量子加密通信有如下优势：

（1）安全性高。

如果无法在不破坏或不改变量子态的情况下通过测量确定地得到量子状态，那么在量子信道上传送的信息不会被窃听、被截获和被复制。量子通信的信息传递过程中采用"一次一密"的加密方式，任何异常操作量子密钥的行为都会改变量子状态。

（2）无障传输信息的能力。

量子纠缠态，相互纠缠的两个粒子无论被分离多远，一个粒子状态的变化都会立即使得另一个粒子状态发生相应变化的现象。利用量子纠缠态进行量子态隐形传输是间接传输技术，具有极好的实现无障碍通信的能力。

（3）信道容量大。

量子通信的信息传输载体为光量子态，其 1 个光量子在室温下可携带几十比特信息。对比目前的传统光通信系统，折合 1 个光量子在室温下只能携带几十分之一比特信息。不难看出，量子通信能传输的信息容量比传统光通信提高了几个数量级。

（4）通信速率快。

量子通信传递信息的速率取决于量子态的塌缩速度，但是塌缩速度大大超过光速。从理论上来说，量子信息的传递速度是超光速的。

2. 应用场景。

已有实验结果表明，量子通信技术在各领域应用的攻防效用最高可达

92%。量子通信技术的误码率较小，应用范围广泛，在更大程度上能应用于医院等安全级别要求更高的敏感环境。

（1）实时数据与指令传输。

医院内的各种防护设备，如监护仪、传感器和门控等，都会产生大量的实时数据，所以通常需要传输大量的实时物理量信息，包括监控摄像头捕捉到的图像和视频流。使用量子密钥分发（Quantum Key Distribution，QKD）技术可以实现安全的数据传输。QKD 利用量子力学原理，在传输过程中生成和分发不可窃听的加密密钥，可用于保护传感器等 IOT 设备采集数据的传输过程，保证了机密性。

此外，安防系统需要进行远程控制和指令传输，如远程激活和停用 IOT 设备、调整监控范围、设置报警参数等指标。这些控制指令的安全性直接影响系统的可靠性和操作的有效性。利用量子安全通信，可以保护控制指令的传输过程，防止指令被篡改或伪造，确保系统的安全运行。量子通信加密流程如图 6-38 所示。

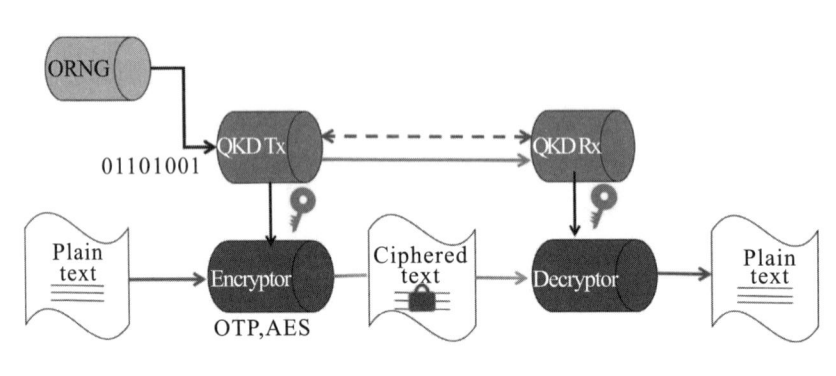

图 6-38　**量子通信加密流程**

（2）网络安全和防御。

在医疗等精细领域中对通信传输的安全性要求很高，比如医院内部的不同区域和医院之间的信息交互可能有不同的安全级别和访问权限。使用量子通信可以防止未经授权的访问、数据泄露和恶意攻击，确保只有授权人员可以访问特定区域，如图 6-39 所示；同时也需要实时性，以迅速响应潜在的安全威胁。量子安全通信可以应用于医院网络的加密和认证，确保网络通信的安全性和可靠性，提高医院内部的安全性和保护机制。

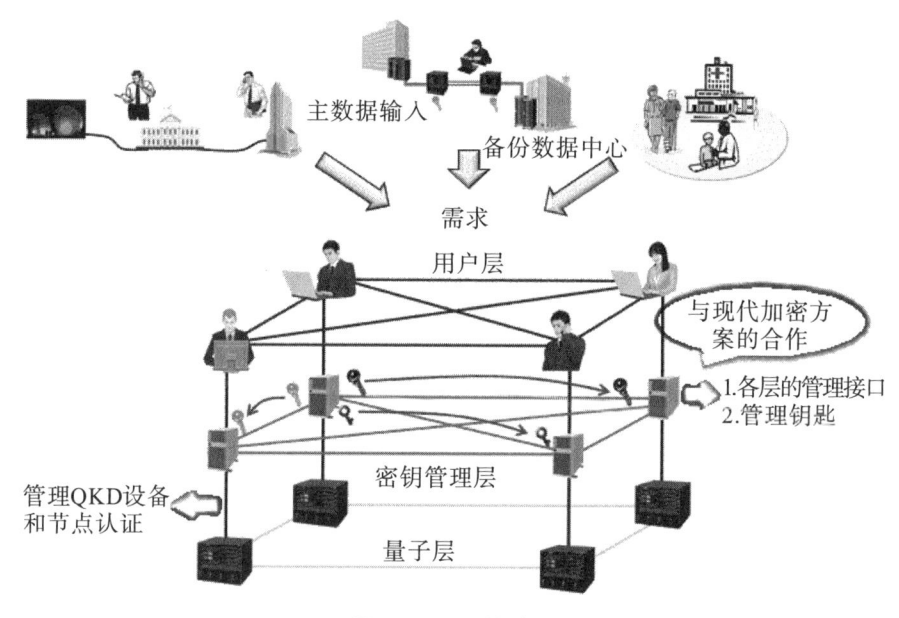

图 6-39　网络防御

（3）无线通信安全。

现如今大多数医院通常使用无线通信技术以支持安防设备和医疗设备的连接，如 Wi-Fi 和蓝牙等。使用量子安全通信可以加密和保护无线通信的数据传输，防止未经授权的访问和窃听，确保数据的机密性和完整性。这有助于确保在敏感业务环境中无线通信的可信性，有效地防止数据泄露和设备被入侵。量子安全通信流程如图 6-40 所示。

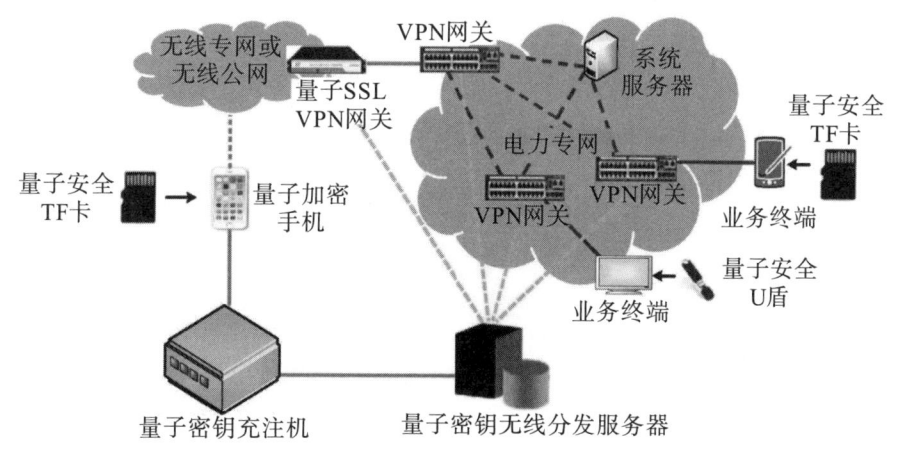

图 6-40　量子安全通信流程

(三) 数据处理——AI 垂类大模型

在数据处理层面，大多数医院会基于一些弱人工智能模型进行数据分析与推理，如 YOLO 等目标检测算法或 U-Net 等语义分割算法。这些算法相较于参数量上百亿参数的 Transformer 网络的深度学习架构，会存在难以捕捉复杂的语义、泛化能力差和灵活性差等问题。

1. 具体优势

相较于传统人工智能模型，AI 垂类大模型的输入端、骨干部分（Backbone）、颈部（Neck）以及预测头（Prediction head）的设计和训练网络的部分针对特定领域的数据和任务进行了优化。通过前期的预训练后在该领域内的数据和任务上进行再一次训练，能够在特定领域内提供更高质量的预测、分析和决策。具体而言，AI 垂类大模型有如下优势：

（1）精确度更高。

AI 垂类大模型基于特定领域的数据进行又一轮训练，因此能更好地理解该领域的数据、任务和语境。此外，大模型具有复杂的网络结构和上千亿级别的参数，这使得模型能够更充分地学习和表示特定领域的复杂关系和特征，从而提高了模型的准确性和精度。

（2）样本训练量较少。

AI 垂类大模型基于通用大模型，可以在相对较小的数据集上进行训练，并且能够更好地利用领域内的特定知识和结构。这使得 AI 垂类大模型在数据资源有限的情况下仍能表现出色。

（3）适应性和灵活性高。

AI 垂类大模型的面向对象可以根据特定领域的需求进行灵活的调整和改进。由于它拥有高度定制化的特性，主要专注于特定领域，可以根据该领域的新数据、新任务和新需求进行迭代和优化。这使 AI 垂类大模型能够更好地适应特定领域的变化和发展、大幅度提升用户体验感并能更好地应用于现实生活。

2. 应用场景

基于医院等专业度较高的业务环境来说，一个在特定领域中使用的大型垂类人工智能模型是不可或缺的。这些模型已经提前通过与训练学习了大量通用知识，具有更强大的准确性和泛化能力、更高的效率和自动化程度、更好的可扩展性和适应性，可以更快速准确地应对复杂的任务和数据，并且用于处理和分析特定类型的数据和实现特定任务。

(1) 患者行为分析。

在医院等复杂的业务场景下，通常会涉及大量的多模态数据，包括图像、视频、声音、文本等。AI 垂类大模型具有处理和整合高维数据的能力，可以同时处理并分析来自不同类型传感器和设备的数据，其功能包括活动模式、异常行为、跌倒检测等，如图 6-41 所示。

图 6-41 异常行为识别

(2) 智能 QA 系统。

在 AI 通用大模型中，通常不能掌握专业领域的知识，只能给出模糊的指引和指导。通过在相关安防设备上应用垂类大模型，在事件报告、病历摘要和其他文档生成方面，大型预训练模型能够快速适应专业任务，通过小样本的学习后自动化辅佐工作人员完成任务，其原理如图 6-42 所示。这不仅可以减轻相关人员的工作负担，提高效率，而且可以减少文档错误的可能性。

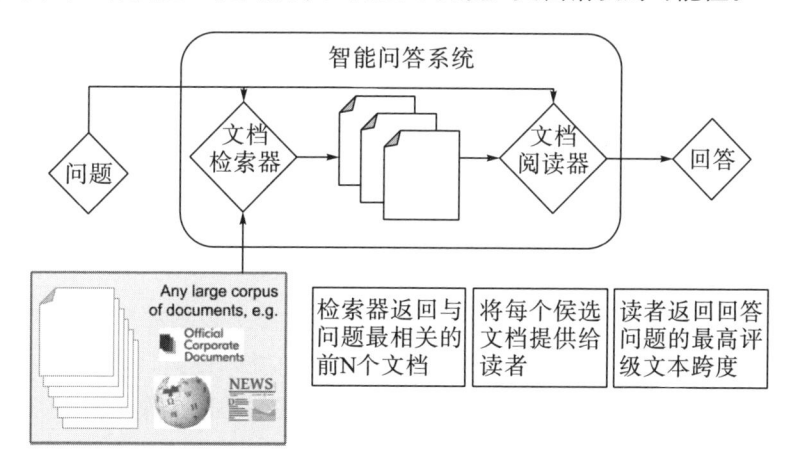

图 6-42 QA 回答系统原理

(3) 人员识别与访问控制。

AI 垂类大模型可以基于人脸识别、指纹对比和声纹对比共计三个维度的信息，对医院内的人员进行识别和验证，最终可以实现个性且智能化的访问控制。该模型可以根据不同人的人脸轮廓、声纹和指纹等信息进行分析识别。访问控制如图6-43所示。

图6-43 访问控制

二、结论

综上所述，当前大医院的智慧安防布控存在一定的局限性。针对这些问题，上文提出的智能传感器网络、量子安全通信和AI垂类大模型等技术能成功地发挥各自的作用并规避弊端。一体化的智慧安防系统建设将全面整合患者的诊疗信息与保障患者与医护人员的安全，有助于建立集临床与管理于一体的安全产业信息系统，为后续科研基础数据的完整性、延续性并打下了坚实的基础。

总的来说，本书在智能安防领域中会涉及信息采集、信息传输和信息处理共三个维度上各自提出新的见解与可能的应用领域。但还有很多方面有待进一步改进和完善。展望未来医院中智慧安防的发展趋势，不同维度中的新兴技术尚不成熟，比如大模型训练时所需资源与时间过长、量子存储和量子中继技术等技术壁垒。结合本章论述，未来实践中可以对以下问题进行深入探讨与优化，具体如下：

（1）复杂的电路系统集成。

整合智能传感器网络、量子安全通信和AI垂类大模型需要进行复杂的系统集成工作。不同组件之间的协调和通信可能面临技术难题，需要解决不同设备和平台之间的兼容性问题，确保各个组件能够无缝协同工作是一个需要攻关的问题。

（2）高成本。

智能传感器网络和量子安全通信技术属于前沿技术，如果需要部署和维护这些技术可能需要大量的投资，如传感器设备、网络基础设施和量子通信设备等。这可能对医院的财务预算构成一定的挑战。

(3) 技术可行性和实用性。

尽管智能传感器网络、量子安全通信和 AI 垂类大模型等技术在理论上具有潜力，并且世界各国研究者与机构都成功地在上述三个技术领域中取得了可观的阶段性成果，但其在实际应用中的可行性和实用性仍然需要验证。这需要进行充分的实验和实际部署，以评估其性能、稳定性和可靠性，并根据实际情况进行优化和改进。